Guttentagsche S
Nr. 115 Deutscher Reichs
Textausgaben mit Anm

Das vertra
Wettbewerb
(Konkurrenzkl

Nebst Kommentar
vom 10. Juni

von

Dr. Georg B
Rechtsanwalt am Kam
in Berlin

Berlin 19
J. Guttentag, Verlag
G. m. b. H

Ver

die
läs
läu

Roßberg'sche Buchdruckerei, Leipzig

Vorwort.

Das am 1. Januar in Kraft tretende Gesetz zur Änderung der §§ 74, 75 und des § 76 Abs. 1 HGB. vom 10. Juni 1914 gewinnt sofort für den Kaufmann und seine Angestellten eine einschneidende Bedeutung, als es nach Art. 3 im wesentlichen auch auf schon vorher vereinbarte Wettbewerbsverbote Anwendung findet. Das Gesetz bildet in der Entwicklungsgeschichte der vertragsmäßigen Beschränkung der Erwerbsfreiheit einen gewissen Markstein. Durch klugen Verzicht auf Unerreichbares ist es den Handlungsgehilfenverbänden gelungen, eine gesetzliche Regelung zu erreichen, die wohl, soweit sich voraussehen läßt, allen Mißständen, die bisher sich aus dem vertragsmäßigen Wettbewerbsverbot ergeben haben, bei den Handlungsgehilfen definitiv Abhilfe schaffen wird. Auch dem Prinzipal wird aber innerhalb des für das Wettbewerbsverbot verbliebenen Anwendungsgebiets jetzt durch den Erfüllungszwang die Möglichkeit gegeben, das Verbot dort, wo es wirklich unumgänglich nötig und am Platze ist, auch tatsächlich durchzusetzen. Weniger glücklich sind andere Berufsstände, insbesondere die Techniker gewesen. Sie haben noch nicht einmal das erreicht, was den Handlungsgehilfen bereits durch das HGB. vom 10. Mai 1897 zuteil geworden war. Ob trotz der vom Reichstag gefaßten

Resolution und der Erklärung des Staatssekretärs wirklich bald auch für die Techniker eine Reform zustande kommen wird, muß noch bezweifelt werden.

Bei der starken Verschiedenheit, die sich demnach jetzt auf diesem Rechtsgebiet für die verschiedenen Stände ergibt, schien es angezeigt, neben der Kommentierung des Gesetzes vom 10. Juni 1914 diesem Gesetz auch eine Darstellung des einschlägigen Rechts bei den Technikern und den sonstigen Arbeitnehmern zu geben und ferner auch das Wettbewerbsverbot außerhalb des Arbeitsvertrages zu behandeln, für das sich ja namentlich hinsichtlich der freien Berufe (Ärzte, Zahnärzte, Künstler usw.), aber auch hinsichtlich der Kartelle und der Tarifgemeinschaften, eine umfangreiche Judikatur herausgebildet hat. Infolge der jetzt eingetretenen gesetzlichen Differenzierung gewinnen die Begriffe des Handlungsgehilfen, des Gewerbegehilfen und des Technikers für das Gebiet des Wettbewerbsverbotes eine ganz besondere Bedeutung. Sie sind deshalb an der Hand der Literatur und Judikatur eingehend dargelegt und entwickelt. Besonders verwertet sind hier auch die Ergebnisse der Praxis bei den Kaufmannsgerichten, namentlich wurde auch das unter Leitung des Verfassers stehende Archiv des Verbandes deutscher Gewerbe- und Kaufmannsgerichte benutzt. Vorangestellt ist eine historische Darstellung, da das Verständnis der geschichtlichen Entwicklung des Wettbewerbsverbotes für das geltende Recht unbedingt nötig erscheint.

Sowohl die geschichtliche Entwicklung als die Gegenüberstellung des grundverschiedenen Rechts der verschiedenen Arbeitnehmerkategorien werfen die Frage auf, ob diese Differenzierung denn wirklich innerlich begründet und nicht vielmehr eine Vereinheitlichung des Rechts auf diesem Gebiet für alle Angestellten oder für alle Arbeitnehmer angezeigt erscheint. In diesem Sinne mag das Buch durch die Macht der Tatsachen eine gewisse Propaganda für die von dem größten Teil aller Sozialpolitiker geforderte Vereinheitlichung des Angestelltenrechts machen.

Berlin, den 10. Juli 1914.

Dr. Georg Baum.

Literatur-Verzeichnis.

(Wo nichts Besonderes angegeben, ist der Verfasser mit dem bloßen Namen zitiert.)

Baum, Das Recht des Arbeitsvertrages. Leipzig 1911.

Baum und Grünspach, Technikerrecht. Düsseldorf 1914.

Besgen, Die Konkurrenzklausel des Handlungsgehilfen. Leipzig 1909.

Beyer, Die Konkurrenzklausel der Gewerbeordnung — geltendes Recht und legislatorische Betrachtungen. Bremen 1914.

Brand, Handelsgesetzbuch. Berlin 1911.

Cantor, Die Konkurrenzklausel, geltendes Recht und legislatorische Betrachtungen. Berlin 1911.

Centralverband Deutscher Industrieller, Die Berechtigung und Notwendigkeit der Konkurrenzklausel. Berlin 1913.

Droysen, Die §§ 74, 75 des Handelsgesetzbuches vom 10. 5. 1897. Berlin 1908.

Flechtheim, Deutsches Kartellrecht. Mannheim 1912.

Fort mit der Konkurrenzklausel! Ein Wort zur Reform des Technikerrechts. (Schriftensammlung des deutschen Technikerverbandes.) Berlin.

Fuld, Mietsrecht. Berlin 1908.

Guggisberg, Die Konkurrenzklausel mit besonderer Berücksichtigung der schweizerischen Praxis und der Artt. 1400, 1401 und 1402 des Gesetzentwurfs, betr. die Ergänzung des Entwurfs eines schweizerischen Zivilgesetzbuches, vom 3. 3. 1905. Bern 1907.

Kestner, Organisationszwang. Berlin 1912.

Kohler, Vertragsmäßige Beschränkung des Gewerbebetriebes. (Gesammelte Abhandlungen aus dem gemeinen und französischen Zivilrecht.) Mannheim 1883.

Koslowsky, Die Konkurrenzklausel der Handlungsgehilfen. (Schriften des Deutschnationalen Handlungsgehilfen-Verbandes. Bd. 32.) Hamburg 1907.

Lange, Die Konkurrenzklausel. Denkschrift für den Reichstag. Berlin 1913.

Lemberg, Vertragsmäßige Beschränkungen der Gewerbe- und Handelsfreiheit. Dissertation. Breslau 1888.

Martin, Die Konkurrenzklausel der technischen Privatbeamten. (Schriftensammlung des Deutschen Technikerverbandes.) Berlin 1910.

Mittelstein, Die Miete nach dem Bürgerlichen Gesetzbuch. 3. Aufl. Berlin 1913.

Niendorff, Mietsrecht. 10. Aufl. Berlin 1914.

Planck, Bürgerliches Gesetzbuch. 3. Aufl. Berlin 1905/1908.

Potthoff und Lehmann, Die Konkurrenzklausel. (Schriften des Deutschen Werkmeister-Verbandes.) Düsseldorf 1908.

Reif, Die Konkurrenzklausel im Dienstvertrage. (Heft 26 der Schriften der Gesellschaft für Soziale Reform.) Jena 1908.

Reinshagen, Die Konkurrenzklausel des Handlungsgehilfen. Leipzig 1903.

Renger, Die Beurteilung von Konkurrenzklauseln. Leipzig 1903.

Ritter, Handelsgesetzbuch. Berlin 1910.

Rundstein, Konkurrenzverbote in Kartellverträgen. (Archiv für bürgerliches Recht, Bd. 25.)

v. Schulz, Über die Konkurrenzklausel. (Jahrbuch des Kaufmannsgerichts Berlin, Bd. 1 und 2.) Berlin 1908 und 1910.

Staub, Kommentar zum Handelsgesetzbuch. 9. Aufl. 1912/1913.

Staudinger, Bürgerliches Gesetzbuch. 7./8. Aufl. 1912/1914.

Thulesius, Die Konkurrenzklausel, mit besonderer Berücksichtigung des Entwurfes eines Gesetzes zur Änderung der §§ 74, 75 und § 76 Abs. 1 des Handelsgesetzbuchs. München 1913.

Die benutzten Zeitschriften und Entscheidungssammlungen sind gemäß den Zitierungsvorschlägen des Deutschen Juristentages zitiert.

Inhalts-Übersicht.

Gesetzliche Bestimmungen.

Zur Geschichte des Wettbewerbsverbotes.

Das geltende Recht des vertraglichen Wettbewerbsverbotes.

Anhang.

Gesetzliche Bestimmungen.

1. Gesetz zur Änderung der §§ 74, 75 und des § 76 Abs. 1 des Handelsgesetzbuchs.

Vom 10. Juni 1914 (RGBl. S. 209).

Wir Wilhelm, von Gottes Gnaden Deutscher Kaiser, König von Preußen ꝛc., verordnen im Namen des Reichs, nach erfolgter Zustimmung des Bundesrats und des Reichstags, was folgt:

Artikel 1.

An die Stelle der §§ 74, 75 und des § 76 Abs. 1 des Handelsgesetzbuchs treten folgende Vorschriften:

§ 74. Eine Vereinbarung zwischen dem Prinzipal und dem Handlungsgehilfen, die den Gehilfen für die Zeit nach Beendigung des Dienstverhältnisses in seiner gewerblichen Tätigkeit beschränkt (Wettbewerbverbot), bedarf der Schriftform und der Aushändigung einer vom Prinzipal unterzeichneten, die vereinbarten Bestimmungen enthaltenden Urkunde an den Gehilfen.

Das Wettbewerbverbot ist nur verbindlich, wenn sich der Prinzipal verpflichtet, für die Dauer des Verbots eine Entschädigung zu zahlen, die für jedes Jahr des Verbots mindestens die Hälfte der von dem Handlungsgehilfen zuletzt bezogenen vertragsmäßigen Leistungen erreicht.

§ 74a. Das Wettbewerbverbot ist insoweit unverbindlich, als es nicht zum Schutze eines berechtigten geschäftlichen Interesses des Prinzipals dient. Es ist ferner unverbindlich, soweit es unter Berücksichtigung der gewährten Entschädigung nach Ort, Zeit oder Gegenstand eine unbillige Erschwerung des Fortkommens des Gehilfen enthält. Das Verbot kann nicht auf einen Zeitraum von mehr als zwei Jahren von der Beendigung des Dienstverhältnisses an erstreckt werden.

Das Verbot ist nichtig, wenn die dem Gehilfen zustehenden jährlichen vertragsmäßigen Leistungen den Betrag von fünfzehnhundert Mark nicht übersteigen. Das gleiche gilt, wenn der Gehilfe zur Zeit des Abschlusses minderjährig ist oder wenn sich der Prinzipal die Erfüllung auf Ehrenwort oder unter ähnlichen Versicherungen versprechen läßt. Nichtig ist auch die Vereinbarung, durch die ein Dritter an Stelle des Gehilfen die Verpflichtung übernimmt, daß sich der Gehilfe nach der Beendigung des Dienstverhältnisses in seiner gewerblichen Tätigkeit beschränken werde.

Unberührt bleiben die Vorschriften des § 138 des Bürgerlichen Gesetzbuches über die Nichtigkeit von Rechtsgeschäften, die gegen die guten Sitten verstoßen.

§ 74b. Die nach § 74 Abs. 2 dem Handlungsgehilfen zu gewährende Entschädigung ist am Schlusse jedes Monats zu zahlen.

Soweit die dem Gehilfen zustehenden vertragsmäßigen Leistungen in einer Provision oder in anderen wechselnden Bezügen bestehen, sind sie bei der Berechnung der Entschädigung nach dem Durchschnitt der letzten drei Jahre in Ansatz zu bringen. Hat die für die Bezüge bei der Beendigung des Dienstverhältnisses maßgebende Vertragsbestimmung noch nicht drei Jahre bestanden, so erfolgt der Ansatz nach dem Durchschnitt des Zeitraums, für den die Bestimmung in Kraft war.

Soweit Bezüge zum Ersatz besonderer Auslagen dienen sollen, die infolge der Dienstleistung entstehen, bleiben sie außer Ansatz.

§ 74c. Der Handlungsgehilfe muß sich auf die fällige Entschädigung anrechnen lassen, was er während des Zeitraums, für den die Entschädigung gezahlt wird, durch anderweite Verwertung seiner Arbeitskraft erwirbt oder zu erwerben böswillig unterläßt, soweit die Entschädigung unter Hinzurechnung dieses Betrags den Betrag der zuletzt von ihm bezogenen vertragsmäßigen Leistungen um mehr als ein Zehntel übersteigen würde. Ist der Gehilfe durch das Wettbewerbverbot gezwungen worden, seinen Wohnsitz zu verlegen, so tritt an die Stelle des Betrags von einem Zehntel der Betrag von einem Viertel. Für die Dauer der Verbüßung einer Freiheitsstrafe kann der Gehilfe eine Entschädigung nicht verlangen.

Der Gehilfe ist verpflichtet, dem Prinzipal auf Erfordern über die Höhe seines Erwerbes Auskunft zu erteilen.

§ 75. Löst der Gehilfe das Dienstverhältnis gemäß den Vorschriften der §§ 70, 71 wegen vertragswidrigen Verhaltens des Prinzipals auf, so wird das Wettbewerbverbot unwirksam, wenn der Gehilfe vor Ablauf eines Monats nach der Kündigung schriftlich erklärt, daß er sich an die Vereinbarung nicht gebunden erachte.

In gleicher Weise wird das Wettbewerbverbot unwirksam, wenn der Prinzipal das Dienstverhältnis kündigt, es sei denn, daß für die Kündigung ein erheblicher Anlaß in der Person des Gehilfen vorliegt oder daß sich der Prinzipal bei der Kündigung bereit erklärt, während der Dauer der Beschränkung dem Gehilfen die vollen zuletzt von ihm bezogenen vertragsmäßigen Leistungen zu gewähren. Im letzteren Falle finden die Vorschriften des § 74b entsprechende Anwendung.

Löst der Prinzipal das Dienstverhältnis gemäß den Vorschriften der §§ 70, 72 wegen vertragswidrigen Verhaltens des Gehilfen auf, so hat der Gehilfe keinen Anspruch auf die Entschädigung.

§ 75a. Der Prinzipal kann vor der Beendigung des Dienstverhältnisses durch schriftliche Erklärung auf das Wettbewerbverbot mit der Wirkung verzichten, daß er mit dem Ablauf eines Jahres seit der Erklärung von der Verpflichtung zur Zahlung der Entschädigung frei wird.

§ 75b. Ist der Gehilfe für eine Tätigkeit außerhalb Europas angenommen, so ist die Verbindlichkeit des Wettbewerbverbots nicht davon abhängig, daß sich der Prinzipal zur Zahlung der im § 74 Abs. 2 vorgesehenen Entschädigung verpflichtet. Das gleiche gilt, wenn die dem Gehilfen zustehenden vertragsmäßigen Leistungen den Betrag von achttausend Mark für das Jahr übersteigen; auf die Berechnung des Betrags der Leistungen finden die Vorschriften des § 74b Abs. 2, 3 entsprechende Anwendung.

§ 75c. Hat der Handlungsgehilfe für den Fall, daß er die in der Vereinbarung übernommene Verpflichtung nicht erfüllt, eine Strafe versprochen, so kann der Prinzipal Ansprüche nur nach Maßgabe der Vorschriften des § 340 des Bürgerlichen Gesetzbuchs geltend machen. Die Vorschriften des Bürgerlichen Gesetzbuchs über die Herabsetzung einer unverhältnismäßig hohen Vertragsstrafe bleiben unberührt.

Ist die Verbindlichkeit der Vereinbarung nicht davon abhängig, daß sich der Prinzipal zur Zahlung einer Entschädigung an den Gehilfen verpflichtet, so kann der Prinzipal, wenn sich der Gehilfe einer Vertragsstrafe der im Abs. 1 bezeichneten Art unterworfen hat, nur die verwirkte Strafe verlangen; der Anspruch auf Erfüllung oder auf Ersatz eines weiteren Schadens ist ausgeschlossen.

§ 75d. Auf eine Vereinbarung, durch die von den Vorschriften der §§ 74 bis 75c zum Nachteil des Handlungsgehilfen abgewichen wird, kann sich der Prinzipal nicht berufen. Das gilt auch von Vereinbarungen, die bezwecken, die gesetzlichen Vorschriften über das Mindestmaß der Entschädigung durch Verrechnungen oder auf sonstige Weise zu umgehen.

§ 75e. Die Entschädigung, die der Handlungsgehilfe auf Grund der Vorschriften der §§ 74 bis 75d für die Zeit nach der Beendigung des Dienstverhältnisses beanspruchen kann, gehört zu den Dienstbezügen im Sinne des § 61 Nr. 1 der Konkursordnung.

Der Anspruch auf die Entschädigung kann zum Zwecke der Sicherstellung oder Befriedigung eines Gläubigers erst dann gepfändet werden, wenn der Tag, an dem sie zu entrichten war, abgelaufen ist, ohne daß der Gehilfe sie eingefordert hat. Die Pfändung ist jedoch zulässig, soweit die Entschädigung allein oder zusammen mit den in den §§ 1, 3 des Gesetzes, betreffend die Beschlagnahme des Arbeits- oder Dienstlohns, bezeichneten Bezügen die Summe von fünfzehnhundert Mark für das Jahr übersteigt. Die Vorschriften des § 2, des § 4 Nr. 2, 3 und des § 4a des bezeichneten Gesetzes finden entsprechende Anwendung.

§ 75f. Auf eine Vereinbarung, durch die sich ein Prinzipal einem anderen Prinzipal gegenüber verpflichtet, einen

Handlungsgehilfen, der bei diesem im Dienste ist oder gewesen ist, nicht oder nur unter bestimmten Voraussetzungen anzustellen, findet die Vorschrift des § 152 Abs. 2 der Gewerbeordnung Anwendung.

§ 76 **Abs. 1.** Die Vorschriften der §§ 60 bis 63, 75f gelten auch für Handlungslehrlinge. Vereinbarungen, durch die diese für die Zeit nach der Beendigung des Lehr- oder Dienstverhältnisses in ihrer gewerblichen Tätigkeit beschränkt werden, sind nichtig.

Artikel 2.

Hinter den § 82 des Handelsgesetzbuchs wird folgende Vorschrift eingestellt:

§ 82a. Auf Wettbewerbverbote gegenüber Personen, die, ohne als Lehrlinge angenommen zu sein, zum Zwecke ihrer Ausbildung unentgeltlich mit kaufmännischen Diensten beschäftigt werden (Volontäre), finden die für Handlungsgehilfen geltenden Vorschriften insoweit Anwendung, als sie nicht auf das dem Gehilfen zustehende Entgelt Bezug nehmen.

Artikel 3.

Dieses Gesetz tritt am 1. Januar 1915 in Kraft.

Die neuen Vorschriften finden, abgesehen von den Formvorschriften des § 74 Abs. 1, auch auf die vorher vereinbarten Wettbewerbverbote Anwendung. Ein Wettbewerbverbot, das nach den neuen Vorschriften unverbindlich ist, weil eine dem § 74 Abs. 2 entsprechende Entschädigung nicht vereinbart ist oder die dem Gehilfen zustehenden vertragsmäßigen Leistungen den Betrag von fünfzehnhundert Mark für das Jahr nicht übersteigen, bleibt verbindlich, falls sich der Prinzipal vor dem Ablauf von drei Monaten seit dem

Inkrafttreten des Gesetzes schriftlich erbietet, die vorgeschriebene Entschädigung zu zahlen sowie die dem Gehilfen zustehenden vertragsmäßigen Leistungen auf mehr als fünfzehnhundert Mark für das Jahr zu erhöhen.

Urkundlich unter Unserer Höchsteigenhändigen Unterschrift und beigedrucktem Kaiserlichen Insiegel.

Gegeben Neues Palais, den 10. Juni 1914.

(L. S.) Wilhelm.

von Bethmann Hollweg.

2. Gewerbeordnung § 133 f.

Eine Vereinbarung zwischen dem Gewerbeunternehmer und einem der im § 133a bezeichneten Angestellten, durch die der Angestellte für die Zeit nach der Beendigung des Dienstverhältnisses in seiner gewerblichen Tätigkeit beschränkt wird, ist für den Angestellten nur insoweit verbindlich, als die Beschränkung nach Zeit, Ort und Gegenstand nicht die Grenzen überschreitet, durch welche eine unbillige Erschwerung seines Fortkommens ausgeschlossen wird.

Die Vereinbarung ist nichtig, wenn der Angestellte zur Zeit des Abschlusses minderjährig ist.

Zur Geschichte des Wettbewerbsverbotes.

1. Die Anfänge im römischen und deutschen Recht.

Das vertragsmäßige Wettbewerbsverbot hat noch keine lange Rechtsgeschichte. Dem römischen Recht waren vertragsmäßige Konkurrenzbeschränkungen unbekannt. Jedenfalls werden sie in den Rechtsquellen nicht erwähnt. Das römische Recht verhält sich im allgemeinen ablehnend gegen jede Beschränkung der persönlichen Freiheit; z. B. wird eine Beschränkung des Wohnsitzes auf einen bestimmten Ort allgemein abgelehnt und nur aus besonderen Gründen für Freigelassene des Erblassers zugelassen (l. 71 D. de. cond et dem. 71, 2 „potest dici non esse locum cautioni, per quam ius libertatis infringitur. sed in defuncti libertis alio iure utimur ebenso l. 44 D. de manum. test. 40, 4). Das im gegenwärtigen Recht besonders wichtige Wettbewerbsverbot zwischen Arbeitgeber und Arbeitnehmer konnte im römischen Recht schon aus wirtschaftlichen Gründen kaum in Frage kommen. Der römische kaufmännische Institor, der dem jetzigen „Handelsbevollmächtigten“ entspricht, und seine kaufmännischen Hilfskräfte waren in der Regel Sklaven oder andere gewaltunterworfene Personen des Geschäftsherrn. Sie entbehrten der Freiheit im allgemeinen, also auch der speziellen, die sich im willkürlichen Wechsel der Stellung oder der Begründung eines selbständigen Berufs hätte äußern können. Solange sie nicht durch den ausdrücklichen Willen ihres Machtgebers freigegeben wurden, waren sie niemals imstande, ihm Konkurrenz zu machen. Der Prinzipal hatte es daher nicht nötig, sich vertraglich vor Wettbewerb zu schützen. — Ähnlich war auch die Stellung der Haussöhne. Hatte allerdings der Prinzipal seinen Sklaven oder Haussohn aus seiner Gewalt entlassen, und war dieser dann frei, so konnte er ihm auch nicht mehr den Betrieb eines Geschäfts untersagen (l. 2.*) und l. 18**) Dig. XXXVII, 14 de jure patronatus).

Dem deutschen Recht war das Prinzip der Gewerbefreiheit bis zum Anfang des 19. Jahrhunderts fremd. Den selbständigen Gewerbetreibenden schützte, ohne daß er sich durch besondere Vereinbarungen zu sichern brauchte, der Zunftzwang vor unerwünschter Konkurrenz. Wer nicht zur Zunft gehörte, konnte auf Absatz seiner Erzeugnisse überhaupt nicht rechnen. Innerhalb des Kreises der Zunftgenossen aber war die freie Konkurrenz so gut wie ganz ausgeschlossen. Die Zunft bestrebte sich, für alle Genossen Produktion und Absatz möglichst gleichmäßig zu gestalten. Sie begrenzte die Arbeitszeit, bestimmte das Maß der heranzuziehenden Hilfskräfte, schrieb die Lohnhöhe vor, kaufte das Rohmaterial ein, verteilte es nach Bedarf und regelte auch die Verkaufsbedingungen. Sich gegenseitig die Käufer abspenstig zu machen, das von einem anderen begonnene Werk fortzusetzen usw. war verboten (vgl. Stieda „Zunftwesen" im Handwörterbuch der Staatswissenschaften 7 1012 ff.). Die Zunft schützte aber auch den Selbständigen vor einer späteren Konkurrenz seines Gehilfen. Innerhalb der Zünfte und Innungen

*) Liberti homines negotiacione licita prohiberi a patronis non debent.

**) Quaero an libertus prohiberi potest a patrono in eodem colonia in qua ipse negotiatur idem genus negotii exercere. Scaevola respondit non posse prohiberi.

galten feststehende Statuten für die Gehilfen, die sie fast in die gleiche abhängige Stellung dem Prinzipal gegenüber brachten wie die Lehrlinge. Sie mußten sich für eine bestimmte, ein für allemal festgesetzte Reihe von Jahren ihrem Dienstherrn verpflichten. Für diese Zeit waren sie unter allen Umständen gebunden, falls der Dienstherr nicht vorher das Dienstverhältnis aufhob. Insbesondere enthielten aber die Innungsstatuten meistens auch die Bestimmung, daß der Prinzipal einem anderen einen Angestellten niemals ausmieten und ihn auch nach Ablauf der Dienstzeit bei seinem bisherigen Prinzipal nicht gegen dessen Willen übernehmen durfte. Kontraktbruch seitens des Gehilfen wurde regelmäßig mit Ausschluß aus dem Beruf bestraft. Die Selbständigmachung aber war ihm schon dadurch genügend erschwert, daß er hierzu die Genehmigung der Zunft bedurfte, und daß es seinem bisherigen Prinzipal ein leichtes war, die übrigen Zunftmitglieder, deren Interesse durch eine Etablierung des Gehilfen gleichfalls gefährdet wurde, zu seinen Gunsten zu beeinflussen. Solange die Zunftverfassung solche gesetzlichen Mittel bot, hatte die Konkurrenzklausel keine Existenzberechtigung; immerhin kam sie doch vereinzelt vor. So verpflichtet sich in einem Nürnberger Vertrag vom Jahre 1579 der Gehilfe unter anderem, seinem Herrn, eine Tuchhandlung, zehn Jahre zu dienen und weder am Ort noch anderswo in eine Tuchhandlung einzutreten, wenn ihn der Herr vor Ablauf der zehn Jahre entlasse (vgl. Adler, Handwörterbuch der Staatswissenschaften 4 985 f., Reinshagen, Konkurrenzklausel 5 f., Renger 12 f., Droysen 7 f., Lemberg 9 ff.

Erst mit der Einführung der Gewerbefreiheit machte sich das Bedürfnis nach vertragsmäßigen Wettbewerbsverboten geltend. Im Anschluß an das Gewerbesteueredikt vom

2. 11. 10 (GS. für die preußischen Staaten 1810, 79), das für Preußen die Gewerbefreiheit einführte, erging die Kabinettsorder vom 19. 4. 1813 (GS. 69), die folgende Bestimmung enthielt:

Insofern zwischen verschiedenen Kontrahenten Verträge bestehen, welche die gesetzlich gegebene Gewerbefreiheit beschränken oder hindern, kommt es bei Beurteilung ihrer Gültigkeit darauf an, ob sie vor der Publikation des Gewerbesteueredikts v. 2. 11. 1810 oder erst nach derselben geschlossen worden sind. Im letzteren Falle sind sie gegen die Bestimmungen eines allgemeinen Landesgesetzes errichtet und also dergestalt nichtig, daß daraus keine Klage desjenigen Kontrahenten, der dadurch Rechte erlangt zu haben glaubt, von einem der Gerichtshöfe angenommen werden darf.

Die Kabinettsorder bezog sich aber nur auf den selbständigen Betrieb eines Gewerbes. Vereinbarungen, durch die ausschließlich die unselbständige Tätigkeit für ein Konkurrenzgeschäft untersagt wurde, wurden in der preußischen Praxis als rechtsgültig behandelt (vgl. Oberappellationsgericht Lübeck in einer preußischen Sache v. 23. 6. 59, GoldschmidtsZ. 8 Nr. 15; StriethorstsArch. 11 238 Nr. 52). Die nichtpreußische Rechtsprechung in Deutschland war hinsichtlich der Konkurrenzverbote schwankend. Sie erklärte teils solche Verbote als nichtig, weil sie gegen die Zwecke der Gewerbegesetzgebung verstießen (Oberappellationsgericht München 23. 5. 27, SeuffArch. 2 32 ff.), teils hatte sie gegen ihre Gültigkeit keine Bedenken. (Oberappellationsgericht Rostock 8. 5. 51, SeuffArch. 7 19 Nr. 18; Bad. Oberhof-Gericht 6. 6. 67, BadAnn. 23 214.) Das Oberappellationsgericht zu Kassel erklärte in der Entsch. v. 5. 10. 74 (SeuffArch. 2 341) das Versprechen eines Handlungsgehilfen für rechtsverbindlich, „nie und unter keinem Vorwande“ in die Dienste eines ähnlichen Geschäftsherrn treten zu wollen.

Das erste deutsche Gesetz, das die Konkurrenzverbote gegenüber unselbständigen Personen ausdrücklich regelte, ist das Gesetz der freien Stadt Frankfurt über die Berechtigung zum Gewerbebetriebe v. 12. Januar 1864 (Gesetz- und Statutensammlung 16). Es bestimmt in § 6 ausdrücklich, daß auf das Recht zum Gewerbebetriebe und auf die unselbständige gewerbliche Tätigkeit in Privatverträgen rechtsverbindlich verzichtet werden kann, bestimmt aber zugleich, daß die Wirksamkeit solcher Verträge nach Ablauf von fünf Jahren vom Tage des Verzichts oder der Neuerung desselben erlischt (Reinshagen 9).

Die Gewerbeordnung für den Norddeutschen Bund v. 21. Juni 1869, die spätere Reichsgewerbeordnung, brachte gegenüber der bisherigen Praxis keine wesentliche Änderung und Vereinheitlichung. Sie normierte in § 1 das Prinzip der Gewerbefreiheit und bestimmte in § 10, daß ausschließliche Gewerbeberechtigungen nicht mehr erworben werden können. Das PrOTr. nahm daraufhin zunächst den Standpunkt ein, daß alle vertragsmäßigen Konkurrenzbeschränkungen mit selbständigen Gewerbetreibenden als Verstoß gegen das Prinzip der Gewerbefreiheit nichtig seien (77 231). Bald aber änderte es seine Ansicht und nahm an, daß eine vertragsmäßige Beschränkung der Gewerbefreiheit weder gegen § 1 verstoße, noch eine ausschließliche Gewerbeberechtigung im Sinne des § 10 begründe (Entsch. des OTr. 80 1). Den gleichen Standpunkt vertraten auch das Reichs-Oberhandelsgericht sowie das Reichsgericht (ROHG. 7 418; 12 29; **16** 160; 21 262; RG. 2 119).

Hinsichtlich der Grenzen der Zulässigkeit der Konkurrenzklausel entwickelte im Anschluß an die grundlegende Arbeit von Kohler, Vertragsmäßige Beschränkung der Gewerbefreiheit (BadAnn. 41 339; Gesammelte Abhandlungen aus dem gem. u. franz. Zivilrecht 63) die Praxis des Reichsgerichts den Satz: „daß sie dann für unverbindlich sei, wenn sie sich als eine gegen Sittlichkeit und öffentliche Ordnung verstoßende Beseitigung der Freiheit wirtschaftlicher Selbstbetätigung darstelle“. Insbesondere wurde ein Vertrag für nichtig erachtet, der die Erwerbsfreiheit des einen Teils im ganzen oder nach einzelnen Richtungen vernichtete, was bei einem zeitlich und örtlich unbeschränkten Konkurrenzverbot angenommen wurde (RG. 31 97; Denkschr. zum Entw. des HGB., Verhandlungen des RT., 9. Legislaturperiode 1895/97 Anlage 6 3170).

Die immer größer werdende Verbreitung der Konkurrenzklausel, besonders gegenüber den Angestellten, und zahlreiche Mißstände in der Praxis ließen den Wunsch nach einer gesetzlichen Regelung der Konkurrenzklausel bereits Anfang der neunziger Jahre lebendig werden. Bei der Beratung des G., betr. unlauteren Wettbewerbs, im Jahre 1896 stellte der Abgeordnete Schmidt-Elberfeld den Antrag, in das Gesetz folgenden § 10a aufzunehmen:

Vereinbarungen, durch welche dem Angestellten eines Geschäftsbetriebes Beschränkungen auferlegt werden bezüglich der Verwendung seiner Kenntnisse oder seiner Arbeitskraft nach Ablauf des Dienstverhältnisses sind nichtig, es sei denn, daß der Inhaber des Geschäftsbetriebes sich für die Dauer der Beschränkung verpflichtet hat, dem Angestellten für die in den auferlegten Beschränkungen liegenden Nachteile Ersatz zu gewähren (Verhandlungen des Reichstags, 9. Legislaturperiode 1895/97, 70. Sitzung, StenB. 1744—1749).

Der Antrag wurde, obwohl ihm die meisten Parteien sympathisch gegenüberstanden, in das Gesetz nicht aufgenommen, nachdem der Vertreter der verbündeten Regierungen erklärt hatte, daß die Regelung dieser Frage bei der demnächstigen Beratung des neuen HGB. erfolgen würde.

2. Die Erhebungen der Kommission für Arbeiterstatistik.*)

In der Kommission für Arbeiterstatistik war bei den Erhebungen über die Verhältnisse im Handelsgewerbe (Drucks. der Kommission für Arbeiterstatistik, Verhandlungen Nr. 8, Bericht über die Erhebung, betreffend Arbeitszeit, Kündigungsfristen und die Lehrlingsverhältnisse im Handelsgewerbe. Berlin 1896, Carl Heymann) in den Sitzungen vom 26. und 27. 6. 94 die Frage angeregt worden, ob es nicht zweckmäßig sei, zur Ergänzung der Untersuchungen noch Erhebungen über den Umfang der Konventionalstrafe und Konkurrenzverbote in den Anstellungsverträgen zu veranstalten. Es wurden daher gelegentlich der mündlichen Vernehmungen über die Arbeitsverhältnisse im Handelsgewerbe an die Auskunftspersonen auch Fragen über das Vorkommen, den Inhalt und die Berechtigung der Konkurrenzklausel gestellt. Die Vernehmung ergab ein ziemlich häufiges Vorkommen der Konkurrenzklausel in den offenen Ladengeschäften und zeigte auch, daß die Klausel häufig geeignet war, das Fortkommen und die Existenz des Handlungsgehilfen zu erschweren. Ein großer Teil der Auskunftspersonen hielt aber an der Berechtigung der Konkurrenzklausel fest, jedoch nur unter der Voraussetzung, daß sie die Bewegungsfreiheit des Handlungsgehilfen nicht über das im Interesse des Prinzipals nötige Maß beschränkt. Man bezeichnete die Konkurrenzklausel hauptsächlich aus dem Grunde als nötig, weil der Prinzipal gegen den Verrat seiner Geschäftsinteressen geschützt sein müsse (Vernehmung von Auskunftspersonen über Arbeitszeit, Kündigungsfristen und

*) Vgl. v. Schulz, Jahrb. des KfmG. Berlin 1 35.

Lehrlingsverhältnisse im Handelsgewerbe vor der Kommission für Arbeiterstatistik, Anlage zu den Protokollen über die Verhandlungen der Kommission für Arbeiterstatistik v. 9. bis 20. 11. 94). Die Kommission kam schließlich in den „Vorschlägen, betr. die Regelung der Verhältnisse der Angestellten in offenen Ladengeschäften" zu folgenden Gesetzvorschlägen (Protokoll über die Verhandlungen der Kommission für Arbeiterstatistik vom 10. und 11. 12. 95, S. 34 Anl. a, Drucks. der Kommission für Arbeiterstatistik, Verhandlungen Nr. 8a):

III. Die Rechtswirksamkeit einer Verabredung des Inhabers einer Verkaufsstelle und des Gehilfen sowie des Lehrlings, inhaltlich der den letzteren verboten wird, nach Auflösung des Dienstverhältnisses in ein anderes Geschäft einzutreten, oder ein solches selbständig zu begründen (sog. Konkurrenzklausel) ist von folgenden Voraussetzungen abhängig:

1. Das Verbot darf sich nur auf eine Zeitdauer von höchstens einem Jahre, vom Austritt aus dem Geschäft ab gerechnet, erstrecken.
2. Es darf nur der Eintritt in ein Geschäft gleicher Art (Branche) oder die Begründung eines Geschäfts gleicher Art (Branche) innerhalb einer Entfernung von einem Kilometer von der Betriebsstätte des vertragsschließenden Geschäftsinhabers aus untersagt werden.
3. Eine Konventionalstrafe darf den doppelten Jahresgehalt des vertragsschließenden Handlungsgehilfen nicht übersteigen.

Hat der Geschäftsinhaber, ohne daß in der Person des Handlungsgehilfen oder des Lehrlings ein genügender Grund vorlag, das Dienstverhältnis aufgelöst oder hat er durch vertragswidriges Verhalten dem Handlungsgehilfen oder Lehrling Veranlassung zur Auflösung des Dienstverhältnisses gegeben, so kann er aus einer Vereinbarung der im Abs. 1 bezeichneten Art Ansprüche nicht geltend machen. Eine entgegenstehende Vereinbarung ist nichtig.

IV. . . . . in jedem Ladenraum ist an einer dem Publikum zugänglichen Stelle eine Tafel anzubringen, welche in deutscher Schrift den Wortlaut dieser Bestimmungen wiederbringt.

3. Das Bürgerliche Gesetzbuch.*)

Gelegentlich der Beratung der §§ 130—134 des Entw. eines Bürgerlichen Gesetzbuches kam in der Reichstagskommission die Konkurrenzklausel zur Sprache. Der KommB. S. 44 bringt hierüber folgende Äußerungen eines Kommissionsmitgliedes:

Ein Vertrag, durch welchen jemand beispielsweise die Koalitionsfreiheit, die Gewissensfreiheit, die Ausübung oder Nichtausübung des Wahlrechts beschränke, verstoße zweifellos gegen die guten Sitten. Auch Beschränkungen der Gewerbefreiheit, sofern sie das durch wirtschaftliches Interesse berechtigte Maß überschreiten, seien als den guten Sitten widerstreitend zu verwerfen. Wo aber ein solcher Widerstreit gegen die guten Sitten nicht vorliege, da müsse der Vertrag auch gültig sein, wie z. B. wenn ein Hotelwirt ein an sein Hotel angrenzendes Grundstück verkaufe und sich dabei ausbedinge, daß der Käufer auf demselben kein Hotel errichten oder betreiben dürfe.

Auch die zunächst von der Gegenseite aufgeführte Konkurrenzklausel sei, wo sie das berechtigte wirtschaftliche Interesse überschreite, nicht mit den guten Sitten im Einklang, wo sie sich aber in den angemessenen Schranken halte, könne sie keineswegs deshalb, weil sie die Gewerbefreiheit der Betreffenden nach gewisser Richtung hin beschränke, allgemein als verwerflich bezeichnet werden. Tatsächlich werde auch die völlige Beseitigung der Konkurrenzklausel von niemandem verlangt und gerade dieses Beispiel zeige besonders deutlich, daß auf einem so schwierigen Gebiet am besten durch Einzelbestimmungen, nicht aber durch

*) Vgl. v. Schulz, Jahrb. des KfmG. Berlin 1 52.

einen allgemeinen Satz von völlig unbestimmter Tragweite geholfen werde.

Im Plenum wurde die Frage am 20. 6. 1896 (StenB. 2763) anläßlich der Beratung des § 134 Abs. 2 des Entw. (jetzt § 138 BGB.) erörtert. Der Abgeordnete Haußmann warf die Frage auf, ob der Einwand der Ausbeutung des Leichtsinns auch im Handelsrecht und insbesondere gegenüber der Konkurrenzklausel gelten solle. Der Abgeordnete Gröber bejahte diese Frage, gab auch zu, daß mit der Konkurrenzklausel vielfach Mißbrauch getrieben werde, meinte aber, daß sie auch in vielen Fällen nötig sei und deshalb weder unbedingt zugelassen noch unbedingt verboten werden könne. — (Eine ausdrückliche Bestimmung über das Wettbewerbsverbot enthält das BGB. bekanntlich nicht.)

4. Die Konkurrenzklausel im Handelsgesetzbuch vom 10. Mai 1897.*)

Der erste im Reichsjustizamt aufgestellte und im Herbst 1895 zum Abschluß gelangte, nicht veröffentlichte „Entwurf eines HGB. für das Deutsche Reich" enthielt noch keine Bestimmung über die Konkurrenzklausel. Schon die Sachverständigenkommission aber, der dieser Entwurf als Vorarbeit zur Begutachtung unterbreitet wurde, erkannte einstimmig die Notwendigkeit einer gesetzlichen Regelung in diesem Punkte an. Ein Teil ihrer Mitglieder sprach sich sogar für die absolute Nichtigkeit der Konkurrenzklausel aus. Die Mehrheit war aber der Ansicht, daß insbesondere im Kleinbetriebe die Konkurrenzklausel nicht zu entbehren sei, und daß es genüge, gegenüber übermäßigen ordentlichen und

*) Vgl. v. Schulz, l. c. 57; Droysen 15.

zeitlichen Beschränkungen ein richterliches Ermäßigungsrecht festzusetzen (Riesser in DJ. 96 154; Reinshagen, Konkurrenzklausel 14). Dieser Ansicht folgend und unter Verwertung der Erhebungen und Vorschläge der Kommission für Arbeiterstatistik (vgl. oben 14), enthielt der im Jahre 1897 veröffentlichte Entw. eines Handelsgesetzbuches folgenden § 67.

Eine Vereinbarung zwischen dem Prinzipal und dem Handlungsgehilfen, durch welche dieser für die Zeit nach der Beendigung des Dienstverhältnisses in seiner gewerblichen Tätigkeit beschränkt wird, ist für den Handlungsgehilfen nur insoweit verbindlich, als die Beschränkung nach Zeit, Ort und Gegenstand nicht die Grenzen überschreitet, durch welche eine unbillige Erschwerung des Fortkommens des Handlungsgehilfen ausgeschlossen wird.

Löst der Prinzipal, ohne daß in der Person des Handlungsgehilfen ein genügender Grund vorliegt, das Dienstverhältnis auf oder gibt er durch vertragswidriges Verhalten dem Handlungsgehilfen Veranlassung zur Auflösung des Dienstverhältnisses, so kann er aus einer Vereinbarung der im Abs. 1 bezeichneten Art Ansprüche nicht geltend machen. Eine entgegenstehende Vereinbarung ist nichtig. (Entwurf eines HGB. mit Ausschluß des Seehandelrechts nebst Denkschrift. Aufgestellt im Reichsjustizamt. Amtliche Ausgabe Berlin. J. Guttentag, 1896).

Die Denkschr. 63 ff. bemerkt hierzu:

Der § 67 betrifft die Frage, in wieweit eine Vertragsbestimmung zulässig ist, durch die sich der Handlungsgehilfe dem Prinzipal gegenüber für den Fall der Beendigung des Dienstverhältnisses einer Beschränkung seiner gewerblichen Tätigkeit unterwirft, insbesondere die Verpflichtung eingeht, ein Konkurrenzgeschäft nicht zu errichten oder in ein solches als Angestellter nicht einzutreten. Daß mit diesen Konkurrenzverboten, deren Beobachtung durch hohe Konventionalstrafen gesichert zu werden pflegt, bedeutender Mißbrauch getrieben und den Handlungsgehilfen vielfach das fernere Fortkommen weit über das Maß des berechtigten Interesses des Prinzipals hinaus erschwert wird, läßt sich nicht bezweifeln. Die Klagen hierüber sind allgemein und die Mitteilungen, welche von den durch die Kommission für Arbeiterstatistik vernommenen Prinzipalen und Gehilfen gemacht worden sind, haben die Berechtigung dieser Klagen nur bestätigt. Auch die in der Rechtsprechung gemachten Erfahrungen zeigen, daß von der Konkurrenzklausel häufig ein schonungsloser Gebrauch gemacht wird. Die Gerichte sind zwar bemüht, diese Mißstände zu bekämpfen; allein die Behelfe, welche das geltende Recht gegen Vertragsklauseln der in Frage stehenden Art an die Hand gibt, sind nicht ausreichend, um der Rechtsprechung eine durchgreifende Gegenwirkung zu ermöglichen. Das Reichsgericht steht im allgemeinen auf dem Standpunkte, daß die Konkurrenzklausel dann als unverbindlich zu betrachten sei, wenn sie sich als eine gegen Sittlichkeit und öffentliche Ordnung verstoßende Beseitigung der Freiheit wirtschaftlicher Selbstbetätigung darstelle. Die Anwendung dieses Grundsatzes ist nur in besonders schweren Fällen von Erfolg. Man wird sich daher bei demselben nicht beruhigen dürfen. Die Konkurrenzklausel schlechthin für unverbindlich zu erklären, wie dies von manchen Seiten befürwortet wird, erscheint allerdings nicht angängig. Unter Umständen und innerhalb gewisser Grenzen muß eine Vereinbarung, durch welche sich ein Gewerbetreibender dagegen zu sichern sucht, daß ein aus seinem Geschäft austretender Angestellter die Kenntnisse der Verhältnisse des Geschäfts, insbesondere der Kundschaft, unmittelbar zum Nachteile seines früheren Dienstherrn ausnütze, als berechtigt anerkannt werden. Es wäre eine Unbilligkeit, wenn das Gesetz den Gewerbetreibenden die Möglichkeit vollständig entzöge, auf dem bezeichneten Wege ihre oft durch langjährige Bemühungen erlangte geschäftliche Stellung gegen unbefugte Eingriffe zu schützen. Das Gesetz über den unlauteren Wettbewerb enthält keine Bestimmungen, die für die Entziehung jener Befugnis Ersatz gewähren könnte. Auch die Kommission für Arbeiterstatistik hat sich deshalb gegen ein allgemeines Verbot der Konkurrenzklausel ausgesprochen; sie schlägt vielmehr vor, bestimmte zahlenmäßige Grenzen festzusetzen, welche ein vertragsmäßiges Konkurrenzverbot hinsichtlich seiner räumlichen und zeitlichen Ausdehnung nicht überschreiten dürfe. Es mag dahingestellt bleiben, ob eine derartige Regelung auf dem beschränkten Anwendungsgebiete, für welches der Vorschlag berechnet ist, nämlich für die Geschäfte mit offenem Laden, praktisch durchführbar sein würde, oder ob nicht schon hier die Verhältnisse so verschiedenartig liegen, daß es untunlich wäre, eine für alle Fälle bestimmte Grenze der bezeichneten Art festzusetzen. Jedenfalls kann eine solche Regelung nicht in Betracht kommen, wenn es sich um Bestimmungen handelt, die für alle Arten von Handlungsgehilfen Anwendung finden sollen. In Ansehung der Handlungsreisenden z. B., für welche, wie die Rechtsprechung zeigt, die Frage von ganz besonderer Bedeutung ist, erscheint eine gesetzliche Feststellung der räumlichen Ausdehnung des Konkurrenzverbots von vornherein als ausgeschlossen. Von anderen Seiten ist empfohlen worden, die Verbindlichkeit der Konkurrenzklausel von der Voraussetzung abhängig zu machen, daß dem Gehilfen eine besondere Vergütung für die Beschränkung, der er sich unterwirft, von dem Prinzipal gewährt werde. Allein, wenn auch dem Gedanken, welcher diesem Vorschlage zugrunde liegt, eine gewisse Berechtigung nicht abzusprechen sein mag, so ist derselbe doch für die Gesetzgebung praktisch nicht zu verwerten; eine derartige Vorschrift würde voraussichtlich nur dahin führen, daß in den betreffenden Anstellungsverträgen ein Teil des Gehalts als Vergütung für die Unterwerfung unter das Konkurrenzverbot bezeichnet würde, ohne daß dadurch tatsächlich eine Verbesserung in der Lage der Gehilfen einträte. Unter diesen Umständen bleibt nur übrig, im Gesetze eine allgemeine Bestimmung dahin zu treffen, daß die Konkurrenzklausel in einer der Billigkeit entsprechenden Weise nach Zeit, Ort und Gegenstand begrenzt sein muß. Die Frage, ob eine Vereinbarung die hiermit bezeichneten Grenzen überschreitet, ist alsdann nach den

Umständen des einzelnen Falles zu entscheiden. Durch eine solche Regelung wird es möglich, dem richterlichen Ermessen einen erheblich weiteren Spielraum zu gewähren, als ihn das geltende Recht gestattet. Eine unerfüllbare Aufgabe wird den Gerichten damit nicht gestellt. Ähnliche Entscheidungen sind von ihnen auch sonst z. B. nach dem § 337 BGB. im Falle des Antrags auf Herabsetzung einer unverhältnismäßigen Vertragsstrafe zu treffen. Es darf erwartet werden, daß eine die Verhältnisse des praktischen Lebens und die in Betracht kommenden Interessen in sachgemäßer Weise berücksichtigende Rechtsprechung am sichersten dahin gelangen wird, die Mißbräuche, die zurzeit mit der Anwendung der Konkurrenzklausel getrieben werden, zu beseitigen.

Auf diesen Gesichtspunkten beruhen die Vorschriften, die im § 67 Abs. 1 des Entwurfs enthalten sind. Danach ist eine Vereinbarung zwischen dem Prinzipal und dem Handlungsgehilfen, durch welche dieser für die Zeit nach der Beendigung des Dienstverhältnisses in seiner gewerblichen Tätigkeit beschränkt wird, für die Handlungsgehilfen nur insoweit verbindlich, als die Beschränkung nach Zeit, Ort und Gegenstand nicht die Grenzen überschreitet, durch welche eine unbillige Erschwerung des Fortkommens des Handlungsgehilfen ausgeschlossen wird.

Einen weiteren Schutz gewährt dem Handlungsgehilfen die Vorschrift im Abs. 2 des § 67. Danach soll dem Prinzipal ein Anspruch aus der Konkurrenzklausel überhaupt nicht zustehen, wenn er, ohne daß in der Person des Gehilfen ein genügender Grund vorliegt, das Dienstverhältnis seinerseits auflöst. Es ist eine Forderung der Billigkeit, daß dem Prinzipal nur dann gestattet wird, dem Gehilfen auf Grund der getroffenen Vereinbarung Beschränkungen hinsichtlich der freien Verwertung seiner Fähigkeiten aufzuerlegen, wenn er seinerseits bereit und in der Lage ist, in seinem Geschäfte dem Gehilfen die Möglichkeit des weiteren Fortkommens zu gewähren. Will oder kann er dies nicht, so darf er den Gehilfen, der ihm keinen Grund zur Auflösung des Dienstverhältnisses gegeben hat, auch nicht hindern, ein anderweitiges Unterkommen überall da, wo es sich ihm bietet, zu suchen. Ganz ebenso liegt die Sache, wenn der Gehilfe durch vertragswidriges Verhalten des Prinzipals zur Auflösung des Vertragsverhältnisses veranlaßt worden ist. Als Auslegungsregel ist der Grundsatz des Entwurfs bisher schon in gerichtlichen Entscheidungen anerkannt worden. Dies genügt jedoch nicht, vielmehr erscheint es angezeigt, entgegenstehende Vereinbarungen schlechthin für nichtig zu erklären. In dieser Beziehung stimmen auch die Vorschläge der Kommission für Arbeiterstatistik mit dem Entwurf überein.

Auf Grund der Kritik durch die Wissenschaft und die Vertreter der Praxis (insbesondere den 23. deutschen Handelstag zu Berlin vom 15. und 16. 10. 96) wurde der Entwurf einer gründlichen Prüfung unterzogen. In der in den Reichstag gelangten Vorlage (Aktenstück Nr. 632 S. 3052, StenB., 9. Legislaturperiode, 4. Session 1895/97) erhielten darauf die beiden einschlägigen Paragraphen folgende Fassung:

§ 73. Eine Vereinbarung zwischen dem Prinzipal und dem Handlungsgehilfen, durch welche dieser für die Zeit nach der Beendigung des Dienstverhältnisses in seiner gewerblichen Tätigkeit beschränkt wird, ist für den Handlungsgehilfen nur insoweit verbindlich, als die Beschränkung nach Zeit, Ort und Gegenstand nicht die Grenzen überschreitet, durch welche eine unbillige Erschwerung des Fortkommens des Handlungsgehilfen ausgeschlossen wird.

Die Vereinbarung ist nichtig, wenn der Handlungsgehilfe zur Zeit des Abschlusses minderjährig ist.

§ 74. Kündigt der Prinzipal das Dienstverhältnis, ohne daß ein von ihm nicht verschuldeter erheblicher Anlaß vorliegt, oder gibt er durch vertragswidriges Verhalten dem Handlungsgehilfen Grund, das Dienstverhältnis gemäß den Vorschriften der §§ 69, 70 aufzulösen, so kann er aus einer Vereinbarung der im § 73 bezeichneten Art Ansprüche nicht geltend machen.

Hat der Handlungsgehilfe für den Fall, daß er die in der Vereinbarung übernommene Verpflichtung nicht erfüllt, eine Strafe versprochen, so kann der Prinzipal nur die verwirkte Strafe verlangen; der Anspruch auf Erfüllung oder auf Ersatz eines weiteren Schadens ist ausgeschlossen. Die Vorschriften des Bürgerlichen Gesetzbuchs über die Herabsetzung einer unverhältnismäßig hohen Vertragsstrafe bleiben unberührt.

Der Entwurf wurde im Plenum vom 8. bis 10. 2. 97 durchberaten. Von den Rednern, die sich über den Entwurf äußerten, sprach allein der Abgeordnete Stadthagen seine Ansicht dahin aus, daß jede Vereinbarung von Konkurrenzklauseln unbillig und wucherisch und deshalb überhaupt zu verbieten sei. Alle anderen Redner meinten, daß das prinzipielle Verbot der Konkurrenzklausel eine Ungerechtigkeit gegen die Prinzipale bedeuten würde. Allseitig wurde aber auch anerkannt, daß der Handlungsgehilfe vor unbilliger Beschränkung seiner gewerblichen Tätigkeit seitens des Prinzipals gewarnt werden müsse. Der Abgeordnete Lenzmann forderte für die Gültigkeit des Konkurrenzverbotes die Vereinbarung einer Karenzentschädigung. Der Abgeordnete Bassermann hielt es für erforderlich, dem richterlichen Ermessen hinsichtlich der Konkurrenzklausel den weitesten Spielraum zu gewähren, während der Abgeordnete Lenzmann der Ansicht war, daß man dem richterlichen Ermessen hinsichtlich der Frage, ob die Konkurrenzklausel eine unbillige Erschwerung des Fortkommens enthalte, bestimmte Grenzen ziehen müsse. Nach dieser Richtung wurde eine Grenze in zeitlicher Beziehung von einem Jahr nach dem Dienstaustritt und in räumlicher Beziehung von einem Kilometer im Umkreis der Betriebsstätte, sowie eine Begrenzung der Höhe der Vertragsstrafe auf die Hälfte des letzten Jahresgehalts vorgeschlagen. Entsprechend einem Vorschlage des

Vereins für Handlungskommis von 1858 wurde noch der Antrag gestellt, die Vereinbarung der Konkurrenzklausel nur bei solchen Angestellten für zulässig zu erklären, die mindestens ein Jahresgehalt von 3000 *M* bezögen. Auf Antrag des Abgeordneten Roeren wurde einstimmig beschlossen, den Entwurf einer Kommission von 21 Mitgliedern zu überweisen (StenB. 4559 ff.). Diese konstituierte sich bereits am 11. Februar und erledigte die Beratung der ersten Lesung in zehn Sitzungen, die der zweiten in sechs Sitzungen. Die Kommission lehnte alle, den § 73 betreffenden Abänderungsvorschläge ab mit Ausnahme der Bestimmung, daß die Höchstdauer des Wettbewerbsverbots auf drei Jahre normiert werden sollte. Diese wurde als Abs. 2 dem § 73 angefügt. Zu § 74 gelangte ein Antrag zur Annahme, der dem Prinzipal im Falle der Kündigung ohne erheblichen Anlaß die Wahl ließ, entweder durch Fortzahlung des Gehalts die Konkurrenzklausel aufrechtzuerhalten, oder ohne Fortzahlung auf die Klausel zu verzichten (KommB. 38 ff.).

Die zweite Lesung des Gesetzentwurfes im Reichstag begann am 5. 4. 97 (StenB. 5528/39). Bei ihr wurden im wesentlichen dieselben Forderungen aufgestellt, wie bei der ersten Lesung, schließlich aber unter Ablehnung aller abweichenden Anträge die Bestimmungen in der Fassung der Kommission angenommen (StenB. 5528 ff.). In der dritten Beratung im Plenum des RT. vom 7. 4. 97 erfolgte dann die einstimmige Annahme des „Handelsgesetzbuches nebst dem Einführungsgesetz" (StenB. 5558 ff.). Der 6. Abschnitt des 1. Buchs, in welchem die Bestimmungen über die Konkurrenzklausel enthalten sind, ist mit Ausnahme des § 65 bereits am 1. 1. 98 in Kraft getreten (EG.HGB. Art. 1 Abs. 2). Die Bestimmungen des HGB. über die Konkurrenzklausel hatten demgemäß folgenden Wortlaut:

§ 74. Eine Vereinbarung zwischen dem Prinzipal und dem Handlungsgehilfen, durch welche dieser für die Zeit nach der Beendigung des Dienstverhältnisses in seiner gewerblichen Tätigkeit beschränkt wird, ist für den Handlungsgehilfen nur insoweit verbindlich, als die Beschränkung nach Zeit, Ort und Gegenstand nicht die Grenzen überschreitet, durch welche eine unbillige Erschwerung des Fortkommens des Handlungsgehilfen ausgeschlossen wird.

Die Beschränkung kann nicht auf einen Zeitraum von mehr als drei Jahren von der Beendigung des Dienstverhältnisses an erstreckt werden.

Die Vereinbarung ist nichtig, wenn der Handlungsgehilfe zur Zeit des Abschlusses minderjährig ist.

§ 75. Gibt der Prinzipal durch vertragswidriges Verhalten dem Handlungsgehilfen Grund, das Dienstverhältnis gemäß den Vorschriften der §§ 70 und 71 aufzulösen, so kann er aus einer Vereinbarung der im § 74 bezeichneten Art Ansprüche nicht geltend machen. Das gleiche gilt, wenn der Prinzipal das Dienstverhältnis kündigt, es sei denn, daß für die Kündigung ein erheblicher Anlaß vorliegt, den er nicht verschuldet hat, oder daß während der Dauer der Beschränkung dem Handlungsgehilfen das zuletzt von ihm bezogene Gehalt fortgezahlt wird.

Hat der Handlungsgehilfe für den Fall, daß er die in der Vereinbarung übernommene Verpflichtung nicht erfüllt, eine Strafe versprochen, so kann der Prinzipal nur die verwirkte Strafe verlangen; der Anspruch auf Erfüllung oder auf Ersatz eines weiteren Schadens ist ausgeschlossen. Die Vorschriften des Bürgerlichen Gesetzbuchs über die Herabsetzung einer unverhältnismäßig hohen Vertragsstrafe bleiben unberührt.

Vereinbarungen, welche diesen Vorschriften zuwider laufen, sind nichtig.

5. Die Konkurrenzklausel in der Gewerbeordnung.*)

In der Reichstagskommission, die sich mit dem Entwurf des neuen Handelsgesetzbuchs beschäftigte, wurde geltend gemacht, daß die Mißstände, die sich bei der Konkurrenzklausel im Handelsgewerbe gezeigt hätten, in noch höherem Maße die im § 133a GO. bezeichneten Personen (Werkmeister, Betriebsbeamte usw.) drückten. Es wurde deshalb ein Antrag eingebracht, der die Ausdehnung der entsprechenden Bestimmungen des Entwurfs des HGB. auf diese Personen bezweckte. Die Vertreter der verbündeten Regierungen betonten demgegenüber, daß die beteiligten Kreise sich noch nicht dazu geäußert und auch die verbündeten Regierungen noch nicht Stellung genommen hätten. In der Kommission selbst waren die Ansichten geteilt; zum Teil wurde die Behauptung vertreten, daß bei den Personen des § 133a GO. andere Verhältnisse vorlägen als bei den Handlungsgehilfen, zum Teil wurde angeführt, daß zwischen beiden Kategorien kein Unterschied sei. Der Antrag wurde daraufhin in erster Lesung zurückgezogen. In zweiter Lesung wurde er in der Form eingebracht, daß ein § 133f vorgeschlagen wurde, der dem Wortlaut des jetzigen § 74 HGB. entspricht, ferner ein § 133g, dessen erster Absatz folgende Fassung erhalten sollte.

„Gibt der Gewerbeunternehmer durch vertragswidriges Verhalten dem Angestellten Grund, das Dienstverhältnis gemäß den Vorschriften der §§ 133b, 133d aufzulösen, so kann er aus einer Vereinbarung der im § 133f bezeichneten Art Ansprüche nicht geltend machen. Kündigt der Gewerbeunternehmer das Dienst-

*) v. Schulz 94; Beyer 13 ff.

verhältnis, ohne daß ein erheblicher von ihm nicht verschuldeter Anlaß vorliegt, so kann er Anspruch aus der Vereinbarung nur geltend machen, wenn bedungen ist, daß dem Angestellten für die Zeit der Beschränkung das zuletzt von ihm bezogene Gehalt unverkürzt fortzuzahlen ist."

Der zweite und dritte Absatz sollten dem jetzigen § 75 HGB. entsprechen.

Bei der Beratung wurde wiederum von der einen Seite hervorgehoben, daß die Lage der Werkmeister und Techniker in der Industrie wirtschaftlich noch schwächer sei, als die der Handlungsgehilfen, da letztere mit Leichtigkeit sich auch in einer ähnlichen Branche zurechtfinden könnten, während erstere nur für ein einziges Fach ausgebildet und für andere nicht befähigt seien. Dagegen wurde wieder geltend gemacht, die Verhältnisse zwischen Industrie und Handel lägen insofern verschieden, als in der Industrie es sich hauptsächlich um den Schutz des Fabrikgeheimnisses handele, während beim Handlungsgehilfen hauptsächlich die Eröffnung eines Konkurrenzgeschäfts verhindert werden solle. Es wurde ferner darauf hingewiesen, daß die zeitliche Begrenzung der Beschränkung bei gewerblichen Verhältnissen gänzlich unangebracht sei und die kurze Frist von drei Jahren unendliche Schädigungen hervorrufen und mit einem Schlage eine große Reihe von Unternehmungen ruinieren könne. Es wurde darauf der Unterantrag gestellt, den vorgeschlagenen § 133f mit Ausnahme des Absatzes über die Dauer des Wettbewerbverbotes anzunehmen, im übrigen aber den Antrag abzulehnen. Hierauf zog der Antragsteller den § 133g zurück und der Unterantrag wurde in der Kommission angenommen (KommB. 135 ff.). Dem Antrage der Kommission gemäß erfolgte die Annahme durch das Plenum in zweiter und dritter Beratung ohne Diskussion (StenB. 5583 u. 5586).

6. Die Gewerbenovelle vom 16. Dezember 1907.*)

Schon kurze Zeit nach dem Inkrafttreten des § 133f GO. begannen die Bestrebungen der Organisationen der technischen Angestellten, auch die weiteren Beschränkungen der kaufmännischen Konkurrenzklausel den technischen Angestellten nutzbar zu machen. Bereits unter dem 15. 2. 02 petitionierte der Zentralvorstand des Deutschen Werkmeisterverbandes zu Düsseldorf wegen Gleichstellung der Betriebsbeamten hinsichtlich der Konkurrenzklausel mit den Handlungsgehilfen. Der Reichstag beschloß gemäß dem Bericht der Petitionskommission in der Sitzung vom 16. 3. 03, die Petition dem Herrn Reichskanzler als Material zu überweisen (Bericht der Petitionskommission, 10. Legislaturperiode, 2. Session 1900/03 Nr. 885, 890, StenB. 8696). Der Deutsche Technikerverband forderte in einer Petition vom Oktober 1905 eine Beschränkung der Konkurrenzklausel auf Angestellte mit einem Gehalt von über 3600 M. Der Bund technisch-industrieller Beamten endlich beschloß in dem in seiner Generalversammlung im März 1905 aufgestellten Programm die Forderung nach gänzlicher Abschaffung der Konkurrenzklausel (vgl. Beyer 42). Im Jahre 1905 schlossen sich unter Führung des Deutschen Werkmeisterverbandes elf Berufsvereinigungen zu einem „Sozialen Ausschuß von Vereinen technischer Privatangestellter“ zusammen. Unter dessen Programmpunkte befand sich:

Beseitigung der rechtlichen Benachteiligung der technischen gegenüber den kaufmännischen Angestellten.

Beseitigung der Konkurrenzklausel, zum mindesten Aufnahme

*) v. Schulz, Jahrb. des KfmG. Berlin 1 104 ff., 2 27 ff.; Bayer 44 ff.; Potthoff-Lehmann 23 ff.

der §§ 74 Abs. 2 und 75 HGB. in die Gewerbeordnung und Überweisung der Streitigkeiten aus der Konkurrenzklausel an die Berufsgerichte. (Potthoff-Lehmann 23).

Infolgedessen wurde im Reichstag ein Antrag Bassermann, Nacken usw., betr. die Verhältnisse der technischen Angestellten (RT.-Drucks. Nr. 241 von 1906), gestellt, der u. a. verlangte, daß die Vorschriften der GO. über das Dienstverhältnis der technischen Angestellten (§§ 133 ff.) den Bestimmungen des HGB. über das Dienstverhältnis der Handlungsgehilfen angepaßt und die nach Maßgabe des neuen Gesetzentwurfes verbesserten Vorschriften der §§ 133a ff. GO. auf alle technischen Angestellten, insbesondere diejenigen in den landwirtschaftlichen Nebenbetrieben ausgedehnt würden und daß die Zuständigkeit der Gewerbe- und Kaufmannsgerichte auf die technischen Angestellten unter Errichtung besonderer Abteilungen ausgedehnt werden, in denen die Beisitzer technische Angestellte sein müßten. Der Antrag wurde einer besonderen Kommission von 14 Mitgliedern überwiesen, die am 16. 5. 06 ihre Arbeiten begann. Die Kommission faßte in zweiter Lesung folgenden Beschluß:

1. In § 133f wird als Abs. 2 folgende Bestimmung eingeschaltet:

Die Beschränkung kann nicht auf einen Zeitraum von mehr als drei Jahren von der Benutzung des Dienstverhältnisses an erstreckt werden, es sei denn, daß während der Dauer der Beschränkung dem Angestellten das zuletzt von ihm bezogene Gehalt fortgezahlt wird.

2. Folgender § 133g (neu) wird hinzugefügt:

Gibt der Gewerbeunternehmer durch vertragswidriges Verhalten den Angestellten Grund, das Dienstverhältnis gemäß den Vorschriften der §§ 133b, 133d aufzulösen, so kann er aus einer Vereinbarung der im § 133f bezeichneten Art Ansprüche nicht geltend machen. Das gleiche gilt, wenn der Gewerbeunternehmer das Dienstverhältnis auflöst, es sei denn, daß für die Auflösung ein erheblicher Anlaß vorliegt, den er nicht verschuldet hat, oder daß während der Dauer der Beschränkung den Angestellten das zuletzt von ihm bezogene Gehalt fortgezahlt wird.

Hat der Angestellte für den Fall, daß er die in der Vereinbarung übernommene Verpflichtung nicht erfüllt, eine Strafe versprochen, so kann der Gewerbeunternehmer nur die verwirkte Strafe verlangen; der Anspruch auf Erfüllung oder auf Ersatz eines weiteren Schadens ist ausgeschlossen. Die Vorschriften des BGB. über die Herabsetzung einer unverhältnismäßig hohen Vertragsstrafe bleiben unberührt.

Vereinbarungen, welche diesen Vorschriften zuwiderlaufen, sind nichtig.

3. Folgender § 133h (neu) wird hinzugefügt:

Die Vorschriften des § 133f Abs. 2 und des § 133g finden keine Anwendung, wenn die Angestellten ein Gehalt von mindestens 8000 ℳ für das Jahr beziehen.

4. Art. II (neu). Die Bestimmungen der §§ 133f, 133g und 133h der Gewerbeordnung finden vom 1. Januar 1910 ab auch auf die schon vor dem Inkrafttreten der Paragraphen bestehenden Vereinbarungen Anwendung. (KommB. RT., 11. Legislaturperiode, 2. Session 1905/07 Nr. 588 S. 15 ff.)

Die Kommission nahm ferner eine Resolution an, in der ein Gesetzentwurf verlangt wurde, in welchem die Zuständigkeit der Gewerbegerichte auf die technischen Angestellten ausgedehnt wird, deren Jahresverdienst an Gehalt 5000 ℳ nicht übersteigt, und zwar tunlichst unter Errichtung besonderer Abteilungen, in denen die Beisitzer technische Angestellte sein müssen.

Die Vorlage kam infolge der Auflösung des Reichstags nicht zur Verhandlung im Plenum. Das gleiche Schicksal hatte auch ein von der sozialdemokratischen Fraktion eingebrachter Antrag Albrecht und Genossen, der folgenden Wortlaut hatte:

Art. I. In § 105 der Gewerbeordnung für das Deutsche Reich wird folgender Absatz eingefügt:

Eine Vereinbarung zwischen dem Gewerbeunternehmer und einem unter diesen Titel fallenden Angestellten, durch die der Angestellte für die Zeit nach Beendigung des Dienstverhältnisses in seiner gewerblichen Tätigkeit beschränkt wird, ist nichtig.

Art. II. Der § 133f der Gewerbeordnung für das Deutsche Reich wird aufgehoben.

Der Inhalt der Kommissionsbeschlüsse wurde sofort nach dem Zusammentritt des neuen Reichstags in Anträgen der Freisinnigen und Nationalliberalen wieder eingebracht (Potthoff-Lehmann 34). Zur Beratung dieser Anträge kam es jedoch nicht, weil inzwischen von der Regierung die Gewerbeordnungsnovelle v. 16. 12. 07 eingebracht wurde. Der Gesetzentwurf schlug betreffs der Konkurrenzklausel folgende Fassung vor (Entwurf eines Gesetzes, betr. Ablehnung der Gewerbeordnung, Reichstagsverhandlungen 12. Legislaturperiode, 1. Session 1907/09, Anlage 1 244):

Art. 2. III. Im § 133f der Gewerbeordnung wird als Abs. 2 folgende Bestimmung eingefügt:

Die Beschränkung kann auf einen Zeitraum von mehr als drei Jahren von der Beendigung des Dienstverhältnisses an nur dann erstreckt werden, wenn vereinbart wird, daß während der Dauer der Beschränkung dem Angestellten das zuletzt von ihm bezogene Gehalt weitergezahlt wird.

IV. Hinter § 133f der Gewerbeordnung wird eingeschaltet:

§ 133g. Gibt der Gewerbeunternehmer durch vertragswidriges Verhalten dem Angestellten Grund, das Dienstverhältnis gemäß den Vorschriften der §§ 133b, 133d aufzulösen, so kann er aus einer Vereinbarung der im § 133f bezeichneten Art Ansprüche nicht geltend machen.

Das gleiche gilt, wenn der Gewerbeunternehmer das Dienstverhältnis auflöst, es sei denn, daß für die Auflösung ein erheblicher Anlaß vorliegt, den er nicht verschuldet hat, oder daß während der Dauer der Beschränkung dem Angestellten das zuletzt von ihm bezogene Gehalt weitergezahlt wird.

Hat der Angestellte für den Fall, daß er die in der Vereinbarung übernommene Verpflichtung nicht erfüllt, eine Strafe versprochen, so kann der Gewerbeunternehmer nur die verwirkte Strafe verlangen; der Anspruch auf Erfüllung oder auf Ersatz eines weiteren Schadens ist ausgeschlossen. Die Vorschriften des Bürgerlichen Gesetzbuchs über die Herabsetzung einer unverhältnismäßig hohen Vertragsstrafe bleiben unberührt.

Vereinbarungen, welche diesen Vorschriften zuwiderlaufen, sind nichtig.

§ 133h. Die Vorschriften des § 133f Abs. 2 und des § 133g Abs. 2—4 finden keine Anwendung, wenn die Angestellten ein Gehalt von mindestens 8000 ℳ für das Jahr beziehen.

V. Die Bestimmungen der §§ 133f bis 133h der Gewerbeordnung finden vom 1. Januar 1910 ab auch auf die schon vor ihrem Inkrafttreten getroffenen Vereinbarungen Anwendung.

In der Begründung des Entwurfs heißt es:

Was die Bestimmungen über die Konkurrenzklausel betrifft (III bis V), so soll in Übereinstimmung mit den Vorschlägen der Reichstagskommission, abweichend von den Bestimmungen des HGB. die Beschränkung hinsichtlich des Zeitraums dann keine Anwendung finden, denn während der Dauer der Konkurrenzbeschränkung dem Angestellten das zuletzt von ihm bezogene Gehalt fortbezahlt wird, und die Anwendung der neuen Beschränkung soll sich ferner nur auf solche Angestellte erstrecken, welche ein Gehalt von weniger als 8000 ℳ für das Jahr beziehen. Diese Vorbehalte sind angesichts der besonderen Verhältnisse in der Industrie unerläßlich, da es sich hier um die Wahrung von Betriebsgeheimnissen handelt, die eines stärkeren Schutzes bedürfen, als dies bezüglich der kaufmännischen Geschäftsgeheimnisse geboten erscheint, zugleich darf angenommen werden, daß sie ausreichen, um eine Schädigung der Industrie zu verhüten. Eine wesentliche Abänderung der Reichstagsbeschlüsse ist nur in folgender Beziehung vorgenommen worden. Nach dem Beschluß zu VII sollte auch die Bestimmung des neuen § 133g Abs. 1 gegenüber den höher bezahlten Angestellten nicht Platz greifen. Diesem Beschlusse kann nicht beigetreten werden, da in Übereinstimmung mit der bisherigen Rechtsprechung dem Unternehmer der seinerseits seinen Verpflichtungen nicht nachkommt, dadurch Anlaß zur Kündigung gibt, auch kein Anspruch aus der Konkurrenzklausel eingeräumt werden kann. Demnach war im § 133h unter IV lediglich die Geltung der §§ 133f Abs. 2, 133g Abs. 2—4 auszulegen. Die Bestimmung unter V erweist sich als notwendig, um Streitigkeiten, wie sie bei Auslegung des § 133f zutage getreten sind, vorzubeugen. Durch die Vorschrift, daß neben den bisherigen auch die neuen Vorschriften erst vom 1. Januar 1910 an auf bereits abgeschlossene Verträge Anwendung finden sollen, ist den Interessen der Industrie hinreichend Rechnung getragen."

Der Reichstag verhandelte in den Sitzungen vom 28. bis 29. 2. und 2. 3. 08 über die Konkurrenzklauselbestimmungen der Vorlage (StenB. 3497) und überwies sie einer Kommission. Die Verhandlungen der Kommission hatten folgendes Ergebnis:

I. § 133f. Eine Vereinbarung zwischen dem Gewerbeunternehmer und einem der in § 133a bezeichneten Angestellten, durch die der Angestellte für die Zeit nach der Beendigung des Dienstverhältnisses in seiner gewerblichen Tätigkeit beschränkt wird, ist für den Angestellten nur verbindlich, wenn die Vereinbarung bezweckt und geeignet ist, den Gewerbeunternehmer vor solchen Schäden zu bewahren, welche durch die Bekanntgabe von Betriebs- oder Geschäftsgeheimnissen entstehen können. Die Vereinbarung ist ferner nur insoweit verbindlich, als die Beschränkung nach Zeit, Ort und Gegenstand nicht die Grenzen überschreitet, durch welche eine unbillige Erschwerung seines Fortkommens ausgeschlossen wird.

Die Beschränkung kann auf einen Zeitraum von mehr als ein Jahr von der Beendigung des Dienstverhältnisses an nur dann erstreckt werden, wenn vereinbart wird, daß während der Dauer der Beschränkung der Angestellte die zuletzt ihm gewährten vertragsmäßigen Leistungen des Gewerbeunternehmers weiter erhält und diese mindestens 3000 ℳ betragen.

Die Vereinbarung ist nichtig, wenn der Angestellte zur Zeit des Abschlusses minderjährig ist oder wenn sein Arbeitsverdienst die Summe von 1500 ℳ für das Jahr nicht übersteigt.

Außerdem soll der zu § 133f gefaßte Beschluß nach einem weiteren Beschlusse der Reichstagskommission als Zusatz zu § 105 der Gewerbeordnung auf alle den Titel VII des Gesetzes unterstellten Angestellten und Arbeiter erstreckt werden.

II. Im § 133g der Vorlage wurden im Abs. 2 entsprechend der Änderung im § 133f Abs. 2 die Worte „den Angestellten das zuletzt von ihm bezogene Gehalt weitergezahlt wird“ durch die Worte „der Angestellte die zuletzt ihm gewährten vertragsmäßigen Leistungen des Gewerbeunternehmers weiter erhält“ ersetzt.

Ferner wurde hinter Abs. 2 der Vorlage folgender Abs. 3 neu eingefügt:

Wenn nach Abs. 2 die Fortgewährung der vertragsmäßigen Leistungen des Gewerbeunternehmers die Voraussetzung für die Wirksamkeit der Vereinbarung ist, so hat der Gewerbeunternehmer bei der Kündigung des Dienstverhältnisses dem Angestellten eine bestimmte Erklärung darüber abzugeben, ob der Angestellte die zuletzt ihm gewährten vertragsmäßigen Leistungen weiter erhalten soll. Unterläßt der Gewerbeunternehmer eine solche Erklärung, so ist er nicht befugt, den Angestellten für die Zeit nach der Auflösung des Dienstverhältnisses in seiner gewerblichen Tätigkeit zu beschränken.

III. § 133h in der Fassung der Regierungsvorlage blieb im wesentlichen unverändert, nur wurde, entsprechend der Neueinführung eines dritten Absatzes im § 133g an Stelle der Worte „des § 133g Abs. 2—4" gesetzt „des § 133g Abs. 2—5". Der § 133h lautet daher nach den Beschlüssen der Reichstagskommission in erster Lesung:

§ 133h. Die Vorschriften des § 133f Abs. 2 und des § 133g Abs. 2—5 finden keine Anwendung, wenn die Angestellten ein Gehalt von mindestens 8000 ℳ für das Jahr beziehen.

Übersichtlich zusammengefaßt ergeben die Kommissionsbeschlüsse folgendes Resultat, das im Protokoll der 32. Hauptversammlung des Vereins zur Wahrung der Interessen der chemischen Industrie Deutschlands wie folgt zusammengestellt ist:

1. Angestellte mit einem Jahresverdienst bis zu 1500 ℳ. Konkurrenzvereinbarungen mit ihnen sind nichtig.

2. Angestellte mit einem Jahresverdienst von 1500—3000 ℳ. Mit ihnen kann auch bei Weiterzahlung der vertragsmäßigen Leistung eine Karenz nur bis zur Dauer eines Jahres vereinbart werden.

3. Angestellte mit einem Jahresverdienst von 3000—8000 ℳ. Die Dauer der Karenzzeit ist unbeschränkt. Vereinbarungen über eine mehr als einjährige Karenzzeit sind aber nur gültig, wenn der Angestellte während der Dauer der Beschränkung die ihm zuletzt gewährten vertragsmäßigen Leistungen weiter erhält.

4. Angestellte mit einem Jahresverdienst über 8000 ℳ. Für sie gilt nur die allgemeine Vorschrift, daß ihr Fortkommen durch die Karenzvereinbarung nicht unbillig erschwert werden darf, und daß der Gewerbeunternehmer aus der Vereinbarung Ansprüche nicht geltend machen kann, wenn er durch vertragswidriges Verhalten dem Angestellten Grund zur Auflösung des Dienstverhältnisses gibt.

Infolge des im Juli 1909 eingetretenen Reichstagsschlusses wurden die Kommissionsvorschläge nicht Gesetz.

7. Das Gesetz zur Änderung der §§ 74, 75 und des § 76 Abs. 1 des Handelsgesetzbuches. Vom 10. Juni 1914.

Mit dem Inkrafttreten des Reichsgesetzes, betr. die Kaufmannsgerichte, v. 6. 7. 04, das im Gegensatz zum Gewerbegerichtsgesetz in § 5 Nr. 6 die Kaufmannsgerichte für Ansprüche aus dem Wettbewerbsverbot für zuständig erklärte und ihnen in § 18 das Recht zu Anträgen an gesetzgebende Körperschaften über Fragen des kaufmännischen Dienst- und Lehrverhältnisses gab, setzte eine starke Bewegung gegen die Konkurrenzklausel ein. Auf Veranlassung der Gehilfenbeisitzer richtete eine große Anzahl Kaufmannsgerichte Anträge an die gesetzgebenden Körperschaften, in denen teils das Verbot, teils eine erhebliche Einschränkung der Konkurrenzklausel gefordert wurde. Ein übereinstimmender Antrag der Kaufmannsgerichte Frankfurt a. M., München und Hannover forderte für den Fall, daß ein völliges Verbot der Konkurrenzklausel nicht zu erreichen sei,

1. die Konkurrenzklausel für unwirksam zu erklären, wenn der Gehilfe bei der Beendigung des Dienstverhältnisses nicht mehr als 3000 ℳ Jahreseinkommen bezogen hat,

2. den Zeitraum, für den eine Konkurrenzklausel vereinbart werden kann, auf ein Jahr abzukürzen;

3. eine Vertragsstrafe nur bis zum Betrag der Hälfte des Jahreseinkommens zuzulassen;

4. dem Prinzipal Ansprüche aus der Konkurrenzklausel nur einzuräumen, wenn er nachzuweisen vermag, daß ihm durch die Verletzung des Konkurrenzverbots irgendein Schaden entstanden ist;

5. die Konkurrenzklausel bei Lehrlingen gänzlich zu verbieten.

Die Frankfurter Eingabe gab außerdem zu erwägen, ob nicht die Wirksamkeit der Konkurrenzverbote allgemein davon abhängig zu machen wäre, daß für die Dauer des Verbots das bisherige Gehalt fortgezahlt würde.

Der preußische Minister für Handel und Gewerbe wandte sich unter Bezugnahme auf diese Anträge unter dem 24. 5. 07 an die Handelsvertretungen und Kaufmannsgerichte mit der Aufforderung, sich über das Vorkommen von Konkurrenzklauseln zu äußern und, wenn nötig, Vorschläge zu deren Einschränkung zu machen. Mit derselben Aufforderung wandte sich das Reichsjustizamt am 14. 6. 07 an die nichtpreußischen Bundesregierungen mit der Bitte, sie den Handelskammern und Kaufmannsgerichten vorzulegen. Der Verband Deutscher Gewerbe- und Kaufmannsgerichte setzte die Konkurrenzklausel auf das Programm seiner Tagung zu Jena vom 27. bis 29. 8. 08. In der zur Vorbereitung des Verbandstages erschienenen Verbandstagsschrift sind eine größere Anzahl einschlägiger Gutachten und Anträge der Gewerbe- und Kaufmannsgerichte, eine Tabelle über die bisherige Tätigkeit der Kaufmannsgerichte auf diesem Gebiet und eine Übersicht über die Regelung der Konkurrenzklausel im Ausland abgedruckt (GewKfmG. 13 271). Auch auf der vierten Generalversammlung der Gesellschaft für soziale Reform zu Frankfurt a. M. wurde bei der Diskussion über das Dienstrecht der Privatbeamten am 5. 3. 09 eingehend die Konkurrenzklausel behandelt, ebenso in dem Gutachten für den 30. Deutschen Juristentag zu Danzig im Jahre 1910 über die Frage: „Empfiehlt es sich, soziale Schutzvorschriften in der Art der für die Handlungsgehilfen bestehenden für Privatangestellte überhaupt zu treffen?“ Es ist hierbei folgender Beschluß gefaßt:

Die Ausdehnung der Vorschriften des HGB. über die Konkurrenzklausel (auf alle Privatangestellte die höhere Dienste leisten) wird mit dem Vorbehalt empfohlen, daß Verbesserungen dieser Vorschriften sich auf alle (im ersten Absatz bezeichneten) Angestellten zu erstrecken haben (Verh. des 30. DJT. 2 350).

Zur unmittelbaren Vorbereitung eines Gesetzentwurfs trat dann unter dem 16. 6. 10 der Preußische Minister für Handel und Gewerbe mit einem Erlaß an die Handelsvertretungen und Kaufmannsgerichte heran (MinBl. der Handels- und Gewerbeverwaltung vom 3. Juni 1910).

Um den Gebrauch der Konkurrenzklauseln einzuschränken, ist früher von verschiedenen Seiten vorgeschlagen worden, die Konkurrenzklausel bei Handlungsgehilfen nur für wirksam zu erklären, wenn der Gehilfe bei der Beendigung des Dienstverhältnisses ein gewisses Mindesteinkommen (etwa 3000 ℳ) beziehe.

Andererseits hatte in der Session von 1907/1909 die Gewerbeordnungskommission des Reichstags in erster Lesung — zu einer weiteren Beratung in der Kommission und zu einer Verhandlung im Plenum ist es infolge des Schlusses der Session nicht mehr gekommen — hinsichtlich der technischen Angestellten (GO. § 133a) beschlossen, daß für sie die Konkurrenzklausel nur zulässig sein solle, wenn das Gehalt jährlich 1500 ℳ übersteige und wenn außerdem die Konkurrenzklausel bezwecke und geeignet sei, den Gewerbeunternehmer vor solchen Schäden zu bewahren, welche durch die Bekanntgabe von Betriebs- oder Geschäftsgeheimnissen entstehen könnten. Zugleich hatte die bezeichnete Kommission beschlossen, diese Grundsätze auf alle gewerblichen Arbeiter im Sinne der Gewerbeordnung auszudehnen.

Die vorerwähnten Vorschläge sind vielfach auf Widerspruch gestoßen. Nunmehr ist bei den Erörterungen, welche über die Frage der Änderung der die Konkurrenzklausel regelnden Vorschriften des Handelsgesetzbuchs und der Gewerbeordnung schweben, angeregt worden, ob sich ein gerechter Ausgleich zwischen den Interessen des Prinzipals (Gewerbeunternehmers) und denjenigen des Angestellten erreichen lasse, wenn dem Angestellten für die Beschränkungen, die ihm das Konkurrenzverbot auferlege, der Anspruch auf eine angemessene Entschädigung zugestanden würde. Hierbei ist darauf hingewiesen worden, daß die bisher gegen eine solche Regelung geltend gemachten Bedenken erheblich an Gewicht verlieren würden, wenn man vorschriebe, daß der Prinzipal (Gewerbeunternehmer) dem Angestellten nach Beendigung des Dienstverhältnisses für die Dauer oder wenigstens für die erste Zeit der Beschränkung nicht den vollen Lebensunterhalt bieten solle, sondern nur einen Betrag zu gewähren habe, der eine billige Entschädigung für die über die Dauer des Dienstverhältnisses hinausgehende Verbindlichkeit des Angestellten und die ihm dadurch auferlegte Beschränkung in der freien Verwertung seiner Arbeitskraft darstelle. Eine derartige Entschädigungspflicht werde von selbst die Wirkung haben, daß nur in solchen Fällen ein Konkurrenzverbot vereinbart würde, in denen wirklich ein berechtigtes und erhebliches Interesse des Prinzipals (Unternehmers) vorliege.

Werde in dieser Weise dem Prinzipal (Gewerbeunternehmer) eine Entschädigungspflicht über die Dauer des Dienstvertrags hinaus auferlegt, so entspreche es der Billigkeit, daß auch die ihm nach den geltenden Vorschriften zustehenden Rechte aus der Konkurrenzklausel in einzelnen Punkten erweitert würden.

Aus diesen Erwägungen ist vorgeschlagen worden, für die vertraglichen Konkurrenzbeschränkungen der kaufmännischen und gewerblichen Angestellten an Stelle der bisher geltenden die nachstehend unter Ziff. 1—11 aufgeführten Grundsätze aufzustellen. Dabei ist nicht außer acht geblieben, daß die wirtschaftlichen Verhältnisse, welche die Konkurrenzklausel in gewissen Fällen gerechtfertigt erscheinen lassen, für den Handel und die Industrie verschieden sind. Die Vorschläge gehen daher nicht dahin, die gesetzlichen Bestimmungen für kaufmännische und technische Angestellte völlig einheitlich zu regeln. Es handelt sich vielmehr darum, zu prüfen, ob und gegebenenfalls unter welchen Voraussetzungen und mit welchen — für Handel und

Industrie soweit erforderlich verschieden festzusetzenden — Maßgaben im einzelnen der Grundsatz der bezahlten Karenz auf die Konkurrenzklauseln der Handlungsgehilfen und der technischen Angestellten anwendbar erscheint.

1. Aufrechterhalten bleibt die Vorschrift des § 74 Abs. 1 des Handelsgesetzbuchs und des § 133f Abs. 1 der Gewerbeordnung, wonach eine Vereinbarung zwischen dem Prinzipal (Gewerbeunternehmer) und dem Angestellten, durch welche dieser für die Zeit nach der Beendigung des Dienstverhältnisses in seiner gewerblichen Tätigkeit beschränkt wird, für den Angestellten nur insoweit verbindlich ist, als die Beschränkung nach Zeit, Ort und Gegenstand nicht die Grenzen überschreitet, durch welche eine unbillige Erschwerung des Fortkommens des Angestellten ausgeschlossen wird. Ebenso bleibt die Vorschrift des § 74 Abs. 3 des Handelsgesetzbuchs und des § 133f Abs. 2 der Gewerbeordnung bestehen, wonach die Vereinbarung eines Konkurrenzverbots nichtig ist, wenn der Angestellte zur Zeit des Abschlusses minderjährig ist. Nichtig soll auch jede Konkurrenzklausel für Lehrlinge sein.

2. Im übrigen ist das Konkurrenzverbot nur dann wirksam, wenn dem Angestellten für die über die Vertragsdauer hinausgehende Beschränkung seiner gewerblichen Tätigkeit eine besondere Entschädigung zugestanden wird. Die Entschädigung ist so zu bemessen, daß dem Angestellten für das erste Jahr nach Beendigung des Dienstverhältnisses mindestens ein Viertel der ihm zuletzt gewährten vertragsmäßigen Leistungen, für das zweite Jahr ein Drittel und für das dritte Jahr (bei gewerblichen Angestellten: für die über das zweite Jahr hinausgehende Karenzzeit) die vertragsmäßigen Leistungen im vollen Umfang eingeräumt werden. Für die Handlungsgehilfen würde es bei der Vorschrift des § 74 Abs. 2 des Handelsgesetzbuchs, wonach die Beschränkung auf einen Zeitraum von mehr als drei Jahren von der Beendigung des Dienstverhältnisses nicht erstreckt werden darf, sein Bewenden behalten, während für die technischen Angestellten bei der vorgeschlagenen Regelung von einer gesetz-

lichen Beschränkung hinsichtlich des zulässigen Zeitraums würde abgesehen werden können.

Bei Beurteilung der Frage, ob das Konkurrenzverbot nach Zeit, Ort und Gegenstand die Grenzen überschreitet, durch welche eine unbillige Erschwerung des Fortkommens des Angestellten ausgeschlossen wird, ist die für die Dauer der Beschränkung zu gewährende Entschädigung mit zu berücksichtigen.

3. Die Entschädigung ist in Vierteljahrsraten nachträglich zu zahlen.

4. Auf die fällige Entschädigungsrate ist, soweit die Entschädigung nach Ziff. 2 in voller Höhe der bisherigen vertragsmäßigen Leistungen zu gewähren ist, dasjenige anzurechnen, was der Angestellte während des Zeitraums, für welchen die Rate gezahlt wird, durch seine gewerbliche Tätigkeit anderweit erwirbt oder zu erwerben böswillig unterläßt. Für das erste und zweite Jahr findet eine Anrechnung nur insoweit statt, als der Erwerb den Betrag von drei Vierteln bzw. zwei Dritteln der zuletzt gewährten vertragsmäßigen Leistungen übersteigt.

5. Unter den zuletzt gewährten vertragsmäßigen Leistungen ist, soweit es sich um feste Bezüge handelt, das zuletzt bezogene Gehalt bzw. der Wert der zuletzt gewährten Naturalleistungen (Wohnung, Kost usw.) zu verstehen. Sind daneben oder an ihrer Stelle in der Zeit vor Beendigung des Dienstverhältnisses ihrer Natur nach schwankende Bezüge (wie Provision, Anteil am Gewinn u. a.) gewährt worden, so sind sie nach dem Durchschnitte der letzten drei Jahre vor Beendigung des Dienstverhältnisses, und wenn die für die Bezüge maßgebende Vereinbarung noch nicht drei Jahre bestanden oder in den letzten drei Jahren Veränderungen erfahren hat, nach dem Durchschnitte der zuletzt maßgebenden Vereinbarung zu berechnen. Soweit Bezüge (wie Reisespesen, Fahrgelder usw.) den Ersatz barer Auslagen darstellen, bleiben sie unberücksichtigt.

6. Der Prinzipal (Unternehmer) kann bis zur Beendigung des Dienstverhältnisses jederzeit durch Erklärung, welche dem Angestellten gegenüber abzugeben ist, auf die Einhaltung des

Konkurrenzverbots verzichten und sich hierdurch von der Verpflichtung zur Zahlung der Entschädigung für die Karenzzeit befreien. Jedoch hat er sich nach erfolgter Kündigung oder, falls eine solche nicht vorgesehen ist, innerhalb der letzten sechs Monate vor Beendigung des Dienstverhältnisses auf Aufforderung des Angestellten binnen einer Woche darüber zu erklären, ob er von seinem Verzichtrechte Gebrauch machen wolle. Kommt er der Aufforderung nicht innerhalb einer Woche nach oder erklärt er, daß er die Einhaltung des Konkurrenzverbots verlange, so verliert er das oben bezeichnete Recht zum Verzicht.

Der Prinzipal (Unternehmer) kann auch nach Beendigung des Dienstverhältnisses — und zwar innerhalb einer Woche nach Beendigung — auf die Einhaltung der Konkurrenzklausel verzichten und sich hierdurch von der Entschädigungspflicht befreien, wenn das Dienstverhältnis mit sofortiger Wirkung aufgelöst wird (z. B. der Angestellte ist wegen eines in seiner Person liegenden wichtigen Grundes zum sofortigen Austritt genötigt).

Im übrigen kann der Prinzipal (Unternehmer) nach Beendigung des Dienstverhältnisses nur mit der Maßgabe auf das Konkurrenzverbot verzichten, daß der Angestellte den Anspruch auf Entschädigung für die Dauer eines Jahres vom Empfange der Verzichterklärung ab behält.

7. Die Bestimmung des § 75 Abs. 1 Satz 1 des Handelsgesetzbuchs, wonach der Prinzipal aus der Konkurrenzklausel Ansprüche nicht geltend machen kann, wenn er durch vertragswidriges Verhalten dem Angestellten Grund zur Auflösung des Dienstverhältnisses gibt, bleibt bestehen und wird auf die gewerblichen Unternehmer ausgedehnt. Dasselbe gilt von der Vorschrift, wonach der Prinzipal, falls er kündigt, Ansprüche aus dem Konkurrenzverbot nur dann geltend machen kann, wenn für die Kündigung ein erheblicher Anlaß vorliegt, den er nicht verschuldet hat, oder wenn dem Angestellten (auch für die ersten beiden Jahre nach Beendigung des Dienstverhältnisses und ohne Anrechnung gemäß Ziff. 4) das zuletzt von ihm bezogene Gehalt fortbezahlt wird.

8. Der Angestellte hat auf die Entschädigung keinen Anspruch, wenn er durch vertragswidriges Verhalten dem Prinzipal (Unternehmer) Grund gibt, das Dienstverhältnis gemäß den Vorschriften der §§ 70 und 72 des Handelsgesetzbuchs bzw. §§ 133b und c der Gewerbeordnung aufzulösen. Das gleiche gilt, wenn mehrere Angestellte, welche bei demselben Prinzipal (Unternehmer) unter Konkurrenzklausel angestellt sind, auf Grund vorheriger Verabredung kündigen und der Angestellte nicht dartut, daß er hierzu nicht durch die Absicht bestimmt worden ist, dem Prinzipal (Unternehmer) zum Verzicht auf die Konkurrenzklausel zu veranlassen.

9. Der Prinzipal (Gewerbeunternehmer) ist — im Gegensatze zu der jetzt für die Handlungsgehilfen geltenden Vorschrift des § 75 Abs. 2 des Handelsgesetzbuchs — berechtigt, an Stelle der verwirkten Vertragsstrafe die Erfüllung des Konkurrenzverbots oder neben der Vertragsstrafe den Ersatz des sie übersteigenden Schadens zu verlangen. Die Vorschriften des Bürgerlichen Gesetzbuchs über die Herabsetzung einer unverhältnismäßig hohen Vertragsstrafe bleiben unberührt.

10. Vereinbarungen, welche von den vorstehenden Vorschriften zuungunsten der Angestellten abweichen, sind nichtig.

11. Die in Ziff. 2—6 und in Ziff. 8 aufgestellten Grundsätze finden keine Anwendung, wenn die dem Angestellten gewährten vertragsmäßigen Leistungen, die nach Ziff. 5 zu berechnen sind, einen bestimmten Betrag überschreiten. In dem Entwurf eines Gesetzes, betreffend die Abänderung der Gewerbeordnung, vom 16. Dezember 1907 war eine Gehaltsgrenze von 8000 ℳ vorgesehen.

Neben den Vorschlägen unter 1—11 ist angeregt worden, einer übermäßigen Ausdehnung des Gebrauchs von Konkurrenzklauseln auch dadurch entgegenzutreten, daß ihre Gültigkeit von einer bestimmten Form des Abschlusses (gerichtliche oder notarielle Beurkundung oder dergleichen) abhängig gemacht wird.

Ferner ist erwogen worden, ob ehrenwörtliche Versicherungen, durch die ein Angestellter sich einer Konkurrenzklausel unterwirft, in Übereinstimmung mit der Rechtsprechung des Reichsgerichts noch ausdrücklich für nichtig zu erklären sind.

Bevor ich zu diesen Anregungen Stellung nehme, ersuche ich die Handelsvertretungen, die unter Ziff. 1—11 erörterten Vorschläge sowie die Frage der Formvorschrift und der ehrenwörtlichen Versicherung einer eingehenden Prüfung zu unterziehen und dabei auch zu erörtern, ob einer Ausdehnung der für die technischen Angestellten vorgeschlagenen Grundsätze auf alle gewerblichen Arbeiter (Tit. VII § 105 der GO.) Bedenken entgegenstehen. Ich bitte ferner um eine Äußerung darüber, ob und inwieweit der Grundsatz der bezahlten Karenz und eine etwaige Formvorschrift auf Vereinbarungen Anwendung finden könnte, durch welche sich der Angestellte einem Schweigeverbot unterwirft, ohne daß ihm der Eintritt in ein Konkurrenzunternehmen verwehrt ist.

Ihrem Berichte sehe ich bis zum 15. September d. J. entgegen.

IIb. 3765 II. III. 3242 II. Sydow.

An die Handelsvertretungen.

Ähnliche Umfragen erließen auch die Ministerien der anderen größeren deutschen Bundesstaaten.

Das Resultat der Umfrage war der **Entwurf eines Gesetzes zur Änderung der §§ 74, 75 u. 76 Abs. 1 des Handelsgesetzbuches**, der unter dem 29. 11. 12 dem Reichstag zuging (RT., 13. Legislaturperiode, 1. Session 1912/13, Drucks. Nr. 575). Der Entwurf stellte den Grundsatz der bezahlten Karenz auf, normierte das Höchstmaß der Dauer der Konkurrenzklausel auf drei Jahre und sah eine steigende Entschädigung vor, die im ersten Jahr $1/4$, im zweiten $1/3$ und im dritten Jahr den vollen Betrag des Gehalts ausmachen sollte. Die Karenzentschädigung war nicht für obligatorisch erklärt für Gehilfen mit mehr als 8000 ℳ Jahresgehalt, für Tätigkeit im Ausland und für die sog. kleine

Konkurrenzklausel, d. h. für den Umkreis von zwei Kilometern vom Geschäftsraum des Prinzipals an. Soweit eine Karenzentschädigung vorgesehen war, war dem Prinzipal im Falle der Vereinbarung einer Strafe das Wahlrecht gemäß § 340 BGB. zwischen Strafe und Erfüllung zugesichert. Eine Gehaltsgrenze für die Zulässigkeit der Konkurrenzklausel war nicht vorgesehen. An demselben Tage, an welchem der Gesetzentwurf dem Reichstag zuging, fand im Reichstagsgebäude unter Leitung des Vorsitzenden des Berliner Gewerbe- und Kaufmannsgerichts, Magistratsrat v. Schulz, eine Besprechung namhafter Vertreter von kaufmännischen Arbeitgebern und Handlungsgehilfenorganisationen sowie des Hansabundes statt, die sich auf folgende Leitsätze einigte:

„Die Konkurrenzklausel soll nur gültig sein, wenn dem Handlungsgehilfen ein Jahresgehalt von mindestens 3000 ℳ gewährt wird. Bei einem Jahresentgelt von 3000 ℳ an soll die Konkurrenzklausel auf die Dauer von zwei Jahren zugelassen sein, jedoch soll vom Prinzipal als Entschädigung gewährt werden (zahlbar in vierteljährlichen Beträgen im voraus und ohne Anrechnung des Erwerbs des Handlungsgehilfen in einer neuen Stellung) im ersten Jahre ein Drittel, im zweiten Jahre ein Viertel des zuletzt bezogenen Jahresentgelts. Minderjährige können durch die Konkurrenzklausel nicht gebunden werden; auch ihre gesetzlichen Vertreter oder dritte Personen können zur Zahlung von Strafe aus einer Konkurrenzklausel nicht verpflichtet werden. Wird eine vereinbarte Vertragsstrafe nicht gezahlt, dann kann Erfüllung gefordert werden. Neben der Vertragsstrafe darf Schadensersatz nicht gefordert werden. Der neue Prinzipal haftet — neben dem das Konkurrenzverbot verletzenden Gehilfen — für Vertragsstrafe oder Erfüllung als Gesamtschuldner, wenn er gewußt hat, oder wissen mußte, daß der Gehilfe durch den Eintritt in seinen Dienst ein bestehendes

Konkurrenzverbot verletzt hat. Bleibt der Prinzipal mit zwei aufeinanderfolgenden Beträgen bei der Zahlung der Entschädigung im Rückstande, so wird der Angestellte, wenn er dem Prinzipal eine Frist von zwei Wochen für die Zahlung gestellt hat, von der Konkurrenzklausel frei; die Ansprüche des Gehilfen bleiben bestehen. Vereinbarungen, die jeden Fall der Zuwiderhandlung mit Strafe belegen, sind nichtig. Die Höhe der Strafe darf das letzte Jahresgehalt nicht übersteigen. Die Abnahme des Ehrenwortes für Einhaltung einer Konkurrenzklausel macht die Vereinbarung nichtig. Bei vertragswidrigem Verhalten des Prinzipals, das den Gehilfen zum vorzeitigen Austritt berechtigt und veranlaßt, erlöschen die Ansprüche des Prinzipals aus einer Konkurrenzklausel. Die Entschädigungsansprüche des Gehilfen bleiben bestehen. Bei einem vertragswidrigen Verhalten des Gehilfen, das den Prinzipal zur vorzeitigen Entlassung berechtigt und veranlaßt, erlöschen die Ansprüche des Gehilfen auf Entschädigung. Die Konkurrenzklausel bleibt gültig. Die bisherige gesetzliche Bestimmung, daß die Konkurrenzklausel gültig bleibt, wenn der Prinzipal das Dienstverhältnis kündigt, sofern für die Kündigung ein erheblicher Anlaß vorliegt, den er nicht verschuldet hat, soll in Wegfall kommen. Das Konkurrenzverbot muß in einem schriftlichen Dienstvertrage mit bestimmter Vertragsdauer abgeschlossen werden. Der Prinzipal hat das Recht, in der ersten Hälfte der Vertragsdauer auf die Konkurrenzklausel zu verzichten. Der Verzicht muß schriftlich erfolgen. Erfolgt kein Verzicht, so behält die Klausel Rechtskraft, ohne Rücksicht darauf, ob der erste Vertrag ausdrücklich oder stillschweigend verlängert wurde. Bei Bewertung der Sachbezüge sollen die Ortspreise zugrunde gelegt werden, die für die Zwecke der Angestelltenversicherung von den zuständigen Ortsbehörden festzusetzen sind. Auf die sog. „kleine Konkurrenzklausel", gültig nur für ein Jahr und nur für den Umkreis eines Kilometers vom Geschäftsraum ab gerechnet, für welche eine Entschädigung nicht gezahlt werden soll, wird verzichtet. Vorstehende Bestimmungen sollen auf bestehende Verträge rückwirkende Kraft haben, wenn nicht innerhalb einer gewissen Zeitdauer neue Verträge abgeschlossen sind."

Der Reichstag beriet über das Gesetz in erster Lesung am 10. und 11. 1. 13 (StenB. 13. LP. 1. Sess. 2861 ff.) und überwies die Vorlage einer Kommission von 21 Mitgliedern, der außer dem Vorsitzenden Abgeordneten Weinhausen und dem Berichterstatter Abgeordneten Giebel noch folgende Abgeordneten angehörten: Dr. Bell, v. Brockhausen, Dr. Cohn (Nordhausen), Dombek, Frommer, Hoch, Hugel, Krings (Neuwied), Dr. Marcour, Marquart, Mumm, Poppe, Dr. Quarck (Frankfurt), Schumann (Forst), Sir (Amberg), Stöve, Dr. Thoma, Trimborn, Waldstein. Als Vertreter der Regierungen nahmen an den Sitzungen teil:

A. die Bevollmächtigten zum Bundesrat:

Dr. Lisco, Kaiserlicher Staatssekretär des Reichsjustizamts,
Dr. Caspar, Kaiserlicher Direktor im Reichsamt des Innern,
Dr. Hoffmann, Kaiserlicher Direktor im Reichsjustizamt,
Ritter v. Treutlein-Moerdes, Königlich bayerischer Staatsrat,
Ritter v. Ströszenreuther, Königlich bayerischer Staatsrat,
Dr. v. Köhler, Königlich württembergischer Ministerialdirektor
Dr. Nieser, Großherzoglich badischer Geheimer Rat, Ministerialdirektor,
Dr. v. Eucken-Addenhausen, Großherzoglich oldenburgischer Wirklicher Geheimer Rat, außerordentlicher Gesandter und bevollmächtigter Minister,
Boden, herzoglich braunschweigischer Wirklicher Geheimer Legationsrat,
Dr. Klügmann, Hanseatischer außerordentlicher Gesandter und bevollmächtigter Minister,
Dr. Sthamer, Hanseatischer Senator,
Dr. Sieveling, Kaiserlicher Geheimer Oberregierungsrat;

B. die gemäß Art. 16 der Reichsverfassung vom Bundesrat berufenen besonderen Kommissare:

Neumann, Königlich preußischer Wirklicher Geheimer Oberregierungsrat,

Dr. Struckmann, Kaiserlicher Geheimer Oberregierungsart,

Siefart, Kaiserlicher Geheimer Regierungsrat,

Dr. Neuhaus, Königlich preußischer Geheimer Regierungsrat.

Die Kommission nahm an dem Gesetz in ihrer ersten Lesung äußerst umfangreiche und einschneidende Änderungen vor. Sie knüpfte die Gültigkeit der Konkurrenzklausel an ein Mindestgehalt von 3000 ℳ jährlich, normierte ihre Höchstdauer auf ein Jahr und verlangte eine Karenzentschädigung in voller Höhe des Gehalts. Alle Ausnahmen von der Karenzentschädigung wurden gestrichen. Neu eingeführt wurde ferner eine Bestimmung, nach der die sog. heimliche Konkurrenzklausel verboten werden und zum Schadensersatz verpflichten solle. Für Handlungslehrlinge wurde das Konkurrenzverbot schlechthin für nichtig erklärt.

Vor Eintritt in die zweite Lesung gab die Regierung ihre Stellungnahme zu den Beschlüssen der Kommission in Form eines neuen abgeänderten Gesetzentwurfs bekannt (KommB. 118). Danach wurde vor allem abgelehnt:

1. die Beschränkung der Geltungsdauer von Wettbewerbsverboten auf ein Jahr; die Regierung beansprucht zwei Jahre statt früher drei Jahre;
2. das Verbot solcher Vereinbarungen, wenn die vertragsmäßigen Leistungen jährlich 3000 ℳ nicht übersteigen; ein Verbot solle nur bei solchen Einkünften bis zu 1500 ℳ ausgesprochen werden;
3. die Entschädigung in Höhe des vollen Gehalts; die Wettbewerbsbeschränkung soll nur mit einem Drittel des Gehalts entschädigt werden unter Anrechnung dessen, was der Gehilfe über den Betrag von mehr als 110 % bzw.

bei notwendig gewordenem Domizilwechsel 125 % seines früheren Gehalts hinaus verdient;

4. das Verbot der geheimen Konkurrenzklausel mit der solidarischen Schadensersatzpflicht der Prinzipale; solche Abkommen der Prinzipale untereinander sollen nur als klaglos erklärt werden. (KommB. 99.)

Nach längeren Verhandlungen kam es zu einer Verständigung der Kommissionsmitglieder, die den neuen Regierungsentwurf mit folgenden Abänderungen annehmen wollte:

a) Verbotsgrenze bis zu 2000 M Jahresgehalt;

b) 50 % Entschädigung unter Anrechnung dessen, was der Gehilfe über mehr als 110 % bzw. 125 % seines früheren Gehalts verdient; ev. Entschädigung ohne Anrechnung in Höhe von $33^1/_3$ % im ersten Jahre und 25 % im zweiten Jahre;

c) Wiederherstellung des geltenden Rechts, wonach bei vereinbarter Vertragsstrafe nicht die Erfüllung des Wettbewerbsverbots beansprucht werden kann;

d) Nichtigkeit der geheimen Konkurrenzklausel und Schadensersatzpflicht der Prinzipale.

Der Staatssekretär des Reichsjustizamts erklärte, daß die Gehaltsgrenze von 2000 M und die Schadensersatzpflicht aus der geheimen Konkurrenzklausel für die Regierung unannehmbar sei. Bezüglich der übrigen Punkte hätte eine Erörterung innerhalb der verbündeten Regierungen noch nicht stattgefunden (KommB. 99). Nach diesen Erklärungen ließ die Kommission die Sommerpause eintreten und beschloß, einen vorläufigen Bericht über ihre Verhandlungen zu erstatten. Bei Beginn der zweiten Lesung wurde folgender Beschluß des Unterausschusses für Privatangestellte der Gesellschaft für soziale Reform vom 8. 12. 13 bekanntgegeben:

Da nach den wiederholten Erklärungen der verbündeten Regierungen, wie sie in der Kommission und später in der Norddeutschen Allgemeinen Zeitung v. 5. 7. 13 erfolgt sind, ein Festhalten an den bisherigen Forderungen das Scheitern der Vorlage bestimmt erwarten läßt und daß der bisherige für die Gehilfen so beklagenswerte Zustand aller Voraussicht nach noch auf Jahre hinaus weiterbestehen und eine Neuregelung des Wettbewerbsverbotes auch für die technischen Angestellten auf lange Zeit hinausgeschoben würde, so erscheint die Annahme des vorerwähnten Entwurfs mit der Maßgabe und unter der Bedingung ratsam,

1. daß die in § 74 Abs. 2 für die Dauer des Wettbewerbsverbotes vorgesehene Entschädigung von ein Drittel auf ein Halb erhöht wird;
2. daß § 75c gestrichen wird und es in dem in diesem Paragraphen behandelten Punkte bei dem bestehenden Recht bleiben solle.

Es hatten dem Beschlusse zugestimmt die Vertreter der folgenden Verbände:

1. Deutscher Bankbeamtenverein,
2. Deutsch-nationaler Handlungsgehilfenverband,
3. Verband deutscher Handlungsgehilfen Leipzig,
4. Verein für Handlungskommis von 1858,
5. Deutscher Verband kaufmännischer Vereine,
6. Verband katholisch kaufmännischer Vereine,
7. Kaufmännischer Verband für weibliche Angestellte,
8. Verband katholischer Vereine erwerbstätiger Frauen und Mädchen,
9. Verband deutscher Privateisenbahnbeamten.

Der Abstimmung enthalten hatten sich die Vertreter der nachfolgenden Verbände:

1. Allgemeiner Verband der Bankbeamten,
2. Verein der deutschen Kaufleute,
3. Deutscher Technikerverband,
4. Bund der technisch-industriellen Beamten,
5. Deutscher Werkmeisterverband,

6. Verband deutscher Rechtsanwalts- und Notariats-Bureau-Beamten,
7. Hauptverband der Güterbeamtenvereinigungen.

Die Vertreter der Verbände unter 3, 4 und 5 hatten ausdrücklich erklärt, daß für ihre Stellungnahme die Erwägung entscheidend sei, daß der Gesetzentwurf die technischen Angestellten überhaupt nicht berücksichtige.

Die Vertreter der Verbände unter 6 und 7 hatten als Grund für ihre Stimmenthaltung angegeben, daß das Wettbewerbsverbot für die Mitglieder ihrer Vereinigungen keine besondere praktische Bedeutung habe (KommB. 103).

Es wurde daraufhin von zahlreichen Kommissionsmitgliedern ein gemeinsamer Antrag gestellt, der sich dem neuen Regierungsentwurf mit folgenden Änderungen anschloß

1. die Entschädigung wird auf die Hälfte der vertragsmäßigen Leistungen erhöht (§ 74);
2. ein Wettbewerbsverbot ist nichtig, wenn die dem Gehilfen zustehenden jährlichen vertragsmäßigen Leistungen den Betrag von 1800 ℳ nicht übersteigen (§ 74a);
3. eine vereinbarte Vertragsstrafe soll auch künftig den Anspruch auf Erfüllung des Wettbewerbsverbotes ausschließen (§ 75c).

Diesem Antrage gemäß nahm die Kommission den Gesetzentwurf an und beschloß gleichzeitig folgende Resolution:

die verbündeten Regierungen zu ersuchen:

a) einen Gesetzentwurf vorzulegen, der für Angestellte und Arbeiter die Unpfändbarkeit des Arbeitslohns erweitert;
b) dem Reichstage so bald als möglich eine Gesetzesvorlage zu unterbreiten, durch welche das Gebiet des Wettbewerbsverbotes für diejenigen Angestellten und Arbeiter geregelt wird, auf welche das vorliegende Gesetz keine Anwendung findet.

Der Reichstag beriet in zweiter Lesung über den Entwurf am 27. 3. 14 (StenB. 8270 ff.). Der Staatssekretär des

Reichsjustizamts erklärte aus den Kommissionsbeschlüssen die beiden Punkte: Erhöhung der Gehaltsgrenze von 1500 auf 1800 *M* und Ausschluß der Erfüllungsklage für unannehmbar. Er erklärte, daß, falls der Reichstag auf diesen beiden Punkten beharre, das Gesetz scheitern werde, daß aber, wenn eine Einigung zustande komme, dies nicht nur den Handlungsgehilfen zugute kommen, sondern auch für eine Regelung bei den technischen Angestellten, die dann alsbald in die Hand genommen werden solle, die Bahn frei werde. Auf diese Erklärung wurde die Verhandlung vorläufig abgebrochen und am 4. Mai wieder aufgenommen. In dieser Sitzung wurde dann ein von den Konservativen, Nationalliberalen, Freisinnigen und Zentrumsabgeordneten der Reichstagskommission gestellter Kompromißantrag angenommen, der hinsichtlich der Gehaltsgrenze von 1500 *M* dem Standpunkt der Regierung beitrat und hinsichtlich des Erfüllungsanspruchs den § 75c der ursprünglichen Regierungsvorlage herstellte, so daß, soweit eine Karenzentschädigung vorgeschrieben ist, der Prinzipal das Wahlrecht nach § 340 BGB. hat, während er, soweit eine solche nicht vorgeschrieben ist, wie nach bisherigem Recht nur die Strafe fordern kann. Demgemäß wurde das Gesetz gegen die Stimmen der Sozialdemokraten in zweiter Lesung angenommen (StenB. 8415 ff.). Auch ein sozialdemokratischer Antrag, nach welchem bei der Erfüllungsklage Freiheitsstrafen ausgeschlossen werden sollen, wurde, weil die Regierung scharf widersprach, am 5. Mai in namentlicher Abstimmung mit 215 gegen 99 Stimmen abgelehnt. In der Fassung der zweiten Lesung wurde dann das Gesetz am 19. Mai in dritter Lesung angenommen (StenB. 1073 ff.). Nach Annahme durch den Bundesrat ist es unter dem 10. Juni 1914 im RGBl. Nr. 35 veröffentlicht.

Das geltende Recht des vertraglichen Wettbewerbsverbots.

Vorbemerkungen.

1. Begriffsbestimmung.

Im **weiteren** Sinne ist das vertragliche Wettbewerbsverbot (Konkurrenzklausel) eine **Vereinbarung**, die im **Interesse des einen Vertragschließenden eine Beschränkung der gewerblichen Tätigkeit des andern bezweckt.** Das Wettbewerbsverbot ist in seinen Wirkungen verschieden, wenn in der Abrede zugleich bestimmt wird, in welcher Weise die Erwerbstätigkeit innerhalb der Zeit und des Umfanges der Beschränkung verwendet werden soll, oder wenn durch sie lediglich eine reine Unterlassungspflicht begründet wird. Wer sich die Tätigkeit eines anderen vertraglich in bestimmtem Umfang und für bestimmte Zeit sichert, kann in der Regel unter dem Gesichtspunkt der Billigkeit ohne weiteres verlangen, daß diese Erwerbstätigkeit ihm in dem vereinbarten Umfang auch tatsächlich voll zur Verfügung gestellt und nicht zu seinem Nachteil verwendet wird. Deshalb legt das Recht einer Vereinbarung in diesem Sinne nicht nur keine gesetzlichen Schranken auf, sondern statuiert sie in weitem Umfang sogar kraft dispositiven Rechts selbst dann zum Vertragsinhalt, wenn die Parteien keine dahingehende ausdrückliche Abrede getroffen haben. Solche sog. gesetzlichen Konkurrenzverbote finden sich z. B. bei Handlungsgehilfen (§§ 60, 61 HGB.), bei den Gesellschaftern der offenen Handelsgesellschaft (§§ 112, 113), den Vorstandsmitgliedern der Aktiengesellschaft (§ 236), den persönlich haftenden Gesellschaftern der Kommanditgesellschaft auf Aktien (§ 326), während sie für die Kommanditisten (§ 165 HGB.) und die Geschäftsführer der Gesellschaft mit beschränkter Haftung nicht gegeben sind.

Im engeren Sinne ist das vertragliche Wettbewerbsverbot eine Beschränkung der Erwerbstätigkeit, bei der lediglich die Unterlassungspflicht ausbedungen, eine gleichzeitige Abrede über die Verwendung der der Beschränkung unterliegenden Kraft und Tätigkeit aber nicht getroffen wird. In diesem Sinne kann die Abrede, die Kapital und Arbeit lahmlegt, ohne für deren anderweitige Verwendung zu sorgen, eine erhebliche Gefahr sowohl für das Fortkommen des einzelnen wie für die gesamte Volkswirtschaft werden. Hier erscheint deshalb auch in weiterem Umfang das Eingreifen von Gesetzgebung und Rechtsprechung geboten.

Die folgenden Ausführungen werden sich im wesentlichen nur mit dem Wettbewerbsverbot im engeren Sinne befassen.

2. Auslegungsregeln.

Die Auslegung der Wettbewerbsverbote bietet vielfach Schwierigkeiten, weil sie oft nur kurz und unter Verwendung mehrdeutiger Ausdrücke abgefaßt werden. Es gelten auch hier die allgemeinen Auslegungsregeln.

A.

Der wirkliche Wille der Vertragschließenden ist zu erforschen. Es darf nicht am buchstäblichen Sinne des Ausdrucks gehaftet werden (§ 133 BGB.). Die Auslegung hat nach Treu und Glauben mit Rücksicht auf die Verkehrssitte zu erfolgen (§ 157 BGB.; RG. in JW. 06 34 Nr. 44). Die früher vielfach vertretene Ansicht, daß das Wettbewerbsverbot eng und streng ausgelegt werden müsse, ist unzutreffend (RG. 20 11 ff.; 26 163; JW. 03 Beil. 121 Nr. 266; 04 197 Nr. 4; Recht 08 460; 09 311). §§ 133, 157 BGB. haben ausnahmslose Bedeutung. Es ist daher auch eine extensive Auslegung über den Wortlaut hinaus zulässig (RG. in JW. 1910, 934 Nr. 2), nur darf sie nicht dazu führen, das Verbot auf Fälle auszudehnen, auf die der klare Wortlaut nicht paßt, nur weil die Parteien, wenn sie daran gedacht hätten, auch diese Fälle in das Verbot mit einbezogen haben würden (RG. 26 166). Nach allgemeinen Rechtsgrundsätzen ist ferner die Konkurrenzklausel im Zweifel gegen denjenigen auszulegen, der die Urkunde abgefaßt hat, weil es seine Sache war, das ihm Günstige mit zweifelsfreien Worten zu formulieren. Es ist endlich von der Vermutung auszugehen, daß der Angestellte nicht weiter in seiner Bewegungsfreiheit beengt werden sollte, als nach den Verhältnissen zur Zeit des Vertragsschlusses im vernünftigen Interesse des Prinzipals lag. Andererseits ist aber zu berücksichtigen, daß gerade auf diesem Gebiet häufig versucht wird, die übernommene Verpflichtung zu umgehen.

B.

Im einzelnen sind folgende Auslegungsregeln zu beachten:

a) Örtliche Beschränkung. Ein für eine Großstadt vereinbartes Verbot gilt für das ganze Stadtgebiet und seine entferntesten Gegenden, unter Umständen sogar für Straßen, die nicht zur politischen Gemeinde gehören, aber nach allgemeiner Verkehrsauffassung tatsächlich zur Großstadt gerechnet werden (BolzePr. 4 669). Eine Konkurrenzklausel für Berlin bezieht sich daher mindestens auf den politischen Bezirk. Unter Groß-Berlin ist jetzt das Gebiet des Zweckverbandes zu verstehen, während in Verträgen aus früherer Zeit vielfach nur das Ringbahngebiet gemeint war. Ist die Niederlassung innerhalb eines bestimmten Umkreises vom Geschäft des Prinzipals untersagt, so ist die Luftlinie und nicht die Straßenlinie maßgebend. Wäre allein die Straßenlinie maßgebend, so würde unter Umständen bei Parallelstraßen ein Konkurrenzgeschäft schon an der Rückfront des bisherigen Geschäftes eröffnet werden können (KG. in DJZ. 08 1345). Unter das Verbot, in einer Stadt ein Konkurrenzgeschäft zu eröffnen oder Stellung zu nehmen, fällt auch die Tätigkeit als auswärtiger Reisender bei einer in dieser Stadt bestehenden Firma (KfmG. und LG. Dresden, GewKfmG. 13 301). Dagegen fällt nicht unter das Verbot die geschäftliche Bearbeitung des Ortes von außerhalb durch Zusendung von Preislisten, Lieferungen an Kunden, Bearbeitung der Kunden durch andere Reisende und Agenten usw. (BolzePr. 8 Nr. 459, 463; 9 Nr. 245; RG. 26 164; RG. in GruchotsBeitr. 46 126; JW. 03 726; LZ. 1911, 65 f.). Unter Umständen kann jedoch der Parteiwille auch eine Einwirkung von außen mitumfassen (OLG. Kiel, SchlHolstAnz. 12 215. Austragen von Backwaren als „Betrieb der Bäckerei im Sperrbezirk").

b) Zeitliche Beschränkung. Die vereinbarte Frist für die Dauer des Wettbewerbsverbots beginnt im Zweifel mit der rechtlichen, nicht schon mit der tatsächlichen Beendigung des Vertragsverhältnisses, nach dessen Ablauf sie in Wirksamkeit treten soll (vgl. Näheres zu § 74a Abs. 1 Satz 3 S. 104). Die Wirksamkeit des Wettbewerbsverbots endet mit dem Ablauf der Frist. Während ihres Laufs ist jedoch schon die Vorbereitung einer späteren Konkurrenztätigkeit gestattet, z. B. Verhandlung über die Beteiligung an einem Konkurrenzunternehmen oder Abschluß eines Vertrages, der erst nach Ablauf der Sperrfrist in Wirksamkeit tritt (OLG. Hamburg, Recht 09 Nr. 1051), ebenso auch Einrichtung eines Ladens, Erbauung einer Fabrik, Einstellung von Gehilfen usw. (vgl. Staub § 74 Anm. 12). Die Vorbereitung der Konkurrenztätigkeit darf jedoch während der Sperrfrist nicht nach außen hin in Erscheinung treten. Der Verpflichtete darf nur sich, nicht auch das Publikum auf seine künftige Konkurrenztätigkeit vorbereiten (vgl. Staub § 60 Anm. 3). Mit Rücksicht hierauf wird man bereits die Versendung von Preislisten und Abgabe von Offerten, auch wenn es nicht zum Abschluß kommt, als Konkurrenztätigkeit ansehen müssen (a. M. Staub § 74 Anm. 12 und BolzePr. 12 Nr. 417; 14 Nr. 399). Gestattet ist während der Sperrfrist der Abschluß eines Dienstvertrages, wenn der Dienstantritt erst nach Ablauf der Frist erfolgen soll.

c) Gegenständliche Beschränkung. 1. Das Konkurrenzgeschäft muß demselben Handels- oder Gewerbezweig angehören. Es braucht nicht genau dieselben Artikel zu führen; es genügt, wenn auch nur die Befürchtung einer Beeinträchtigung des geschäftlichen Betriebes des Prinzipals besteht, nur darf die Gefährdung nicht ganz minimal sein (OLG. Karlsruhe, OLGRspr. 1 392). Wer im Großbetrieb eines Transportunternehmens angestellt war, beeinträchtigt dieses nicht durch Übernahme eines kleinen Transportgeschäftes, selbst wenn er einen einzelnen Kunden seinem früheren Chef abspenstig zu machen sucht. Die Befürchtung einer Beeinträchtigung ist nicht unbedingt ausgeschlossen, wenn das eine Geschäft vorwiegend bessere, das andere vorwiegend billigere Ware führt, denn auch die Kunden für bessere Waren kaufen gelegentlich geringere Qualitäten (LG. Dresden, GewKfmG. 13 Sp. 301). Konkurrenzbetrieb kann auch vorliegen, wenn die Hauptartikel des einen Geschäfts im andern nur Nebenartikel sind (KfmG. Magdeburg, GewKfmG. 15 Sp. 250). Wer sich verpflichtet hat, kein Geschäft „gleicher Branche“ zu betreiben, ist nicht befugt, im Betrieb eines andern gewerblichen Unternehmens Waren feilzubieten, die hauptsächlich in Geschäften der erstgedachten Branche entnommen werden (OLG. Dresden, OLG-Rspr. 16 349). Entscheidend ist, ob nach dem ganzen Charakter des Geschäftsbetriebes die Verschiedenheit so groß ist, daß die Gefahr einer Beeinträchtigung ausgeschlossen bleibt. Das Verbot eines „Herrengarderobe- und Maßgeschäfts“ bezieht sich noch nicht ohne weiteres auf ein einfaches Schneidergeschäft (OLG. Karlsruhe, BadRpr. 08 253). Bargeschäft und Abzahlungsgeschäft sind im Zweifel nicht Konkurrenzgeschäfte (KfmG. Hannover, GewKfmG. 12 Sp. 229), ebenso in der Regel Detailgeschäft und Engrosgeschäft (RG. 31 399). Warenhaus und Spezialgeschäfte gelten nur insoweit als Konkurrenzbetriebe, wenn der Übertritt aus dem Spezialgeschäft in eine gleichartige Spezialabteilung des Warenhauses oder umgekehrt erfolgt, nicht aber wenn eine ganz anders geartete Abteilung des Warenhauses in Betracht kommt. Ebenso gilt ein Kolonialwarengeschäft in der Regel nicht als Konkurrenzbetrieb für die Spezialgeschäfte, die einzelne vom Kolonialwarenhandel gleichfalls vertriebene Artikel führen, z. B. Schokoladen- und Zuckerwaren (KfmG. Chemnitz, GewKfmG. 14 Sp. 15).

Maßgebend ist der Charakter des neuen Geschäfts beim Eintritt des Handlungsgehilfen. Wird der Handelszweig nach seinem Eintritt verändert, so greift das Konkurrenzverbot nach seinem Eintritt nicht Platz (Bolze 9 361), es sei denn, daß der Gehilfe bereits beim Eintritt von der geplanten Veränderung Kenntnis hatte.

Ist die Frage, ob ein von dem Handlungsgehilfen neu errichtetes Geschäft sich als Konkurrenzgeschäft darstellt, dem einseitigen Ermessen des Prinzipals überlassen, so tritt an dessen Stelle das Ermessen des Gerichts (OLG. Karlsruhe, OLGRspr. 1 390).

2. Besondere Rolle spielen die Begriffe „Betrieb", „Eintritt" und „Beteiligung". Durch das Verbot des Betriebs eines Konkurrenzgeschäfts ist die Vornahme einzelner Geschäfte nicht ausgeschlossen (RG. in JW. 06 34 Nr. 44), wenn diese einzelne Tätigkeit gelegentlich außer Zusammenhang mit einem Geschäftsbetrieb oder einem Dienstverhältnis erfolgt (vgl. auch RG. 26 166; 40 99; LZ. 08 226 Ziff. 19; BolzePr. 9 Nr. 245; 16 Nr. 230; ROHG. 15 Nr. 164). Dies gilt insbesondere, wenn der Betrieb eines Ladens verboten ist, hinsichtlich der Vornahme einzelner Detailverkäufe außerhalb eines Ladens (RG. im Recht 08 693). Zum Betrieb gehört noch nicht die dem Publikum nicht erkennbare Vorbereitung des Betriebes, wohl aber bereits das Anbieten von Waren und die Versendung von Preislisten (vgl. oben S. 56). Gleichgültig ist es, ob der Betrieb für eigene oder für fremde Rechnung erfolgt, gleichgültig ist auch die Rechtsform des Betriebes, es genügt, daß der Angestellte dem Konkurrenzunternehmen seine Tätigkeit widmet. Verboten ist daher auch die Eröffnung eines Konkurrenzgeschäftes auf den Namen anderer Personen, namentlich von Verwandten (RG. in DJZ. 96 Nr. 424; BolzePr. 6 Nr. 198) oder die Begründung einer Aktiengesellschaft oder Gesellschaft m. b. H. zu diesem Zwecke, wenn der bisherige Angestellte maßgebenden Einfluß auf die Geschäftsleitung behält (vgl. RG. in JW. 02 Beil. 264 Nr. 190).

Wem der Eintritt in ein Konkurrenzgeschäft verboten ist, darf im Zweifel ein solches nicht eröffnen, denn in der Regel wird hierdurch der Prinzipal noch mehr geschädigt (RG. in JW. 00 511; OLG. Karlsruhe, OLGRspr. 12 254). Eine andere Beurteilung kann gerechtfertigt sein, wenn es sich um Angestellte von Großunternehmen handelt, denen durch die Konkurrenzklausel nur der Übertritt zu ähnlichen Unternehmungen untersagt werden sollte. Ein großes Warenhaus wird kaum nennenswert geschädigt werden, wenn einer seiner Angestellten einen kleinen Laden aufmacht. Auch sonst kommt es weniger auf die Form der Tätigkeit als auf die Wirkung an. Wer sich verpflichtet hat, in ein Konkurrenzgeschäft nicht einzutreten oder in einem solchen keine Stellung anzunehmen, darf auch nicht als Agent für ein solches tätig werden (RG. in MecklZ. 26 265). Ist dagegen nur die Annahme einer Stellung verboten, so wird durch den selbständigen Betrieb des Geschäfts das Wettbewerbsverbot nicht verletzt, auch wenn die Funktionen der verbotenen Stellung (Reiseposten) dabei ausgeübt werden (OLG. Dresden in SächsArch. 11 512).

Weiter als das Verbot des Eintritts geht das Verbot der Beteiligung. Es umfaßt sowohl die Mitwirkung mit Tätigkeit als auch die mit Kapital (OLG. Braunschweig, OLGRspr. 12 254). Daher fällt unter den Begriff der Beteiligung auch die Tätigkeit als Handlungsgehilfe (OLG. Braunschweig, OLGRspr. 12 254; RG. im Recht 05 534; RG. 40 97; 70 439; JW. 09 272 Nr. 6). Unter Beteiligung ist ferner jedes Einwerfen von Kapital, Grundstücken, Apparaten usw. zu verstehen, das einen Anspruch auf Teilnahme am Gewinn gibt, dagegen in der Regel nicht die Hingabe eines Darlehns gegen feste Zinsen, noch weniger eines unverzinslichen Darlehens (vgl. Staub § 74 Anm. 13; RG. in HoldheimsMSchr. 07 74; RG. in LZ. 1912, 850 ff.). Die Ansicht (HoldheimsMSchr. 08 258; Recht 09 Nr. 3029), daß jede fortgesetzte auch unentgeltliche Tätigkeit als Beteiligung anzusehen sei, geht zu weit. Entscheidend sind die Umstände des Einzelfalls (OLG. Braunschweig, Recht 09 Nr. 3741). Wohl aber liegt Beteiligung vor, wenn das Ergebnis der Tätigkeit zum Zwecke der Vertragsumgehung dritten Personen (z. B. der Ehefrau) zugewendet wird. Zum Begriff der Beteiligung gehört aber stets eine dauernde Mitwirkung bei dem Konkurrenzbetriebe. Eine bloße vereinzelte unentgeltliche Tätigkeit fällt nicht unter den Begriff der Konkurrenztätigkeit (vgl. RG. 40 99; JW. 07 20 Nr. 23). Beteiligung ist daher auch nicht die gelegentliche unentgeltliche Empfehlung eines Konkurrenzgeschäfts bei Freunden und Bekannten (RG. in JW. 07 20).

C.

Die Auslegung des Wettbewerbsverbots nach Treu und Glauben muß auch gegenüber den vielfach vorkommenden Umgehungen Platz greifen. Ein auf Umgehung gerichtetes Verhalten steht im allgemeinen einer unmittelbaren Verletzung gleich (RG. in JW. 10 279; LZ. 1910, 404; GruchotsBeitr. 54 892), jedenfalls dann, wenn der gleiche wirtschaftliche Erfolg erreicht und dadurch das Verbot verhindert werden sollte. Wer sich im eigenen Namen einem Wettbewerbsverbot unterworfen hat, wird haftbar, wenn er in eine lediglich von seinen Familienmitgliedern gebildete Gesellschaft m. b. H. eintritt (OLG. Kolmar, MarkschWettbew. 11 119 dagegen vgl. OLG. Rostock, MecklZ. 30 1, betr. Tätigkeit als Gehilfe in einem vom Schwager eröffneten Konkurrenzgeschäft bei Verbot des Betriebes). Verletzt wird das gegen die Errichtung eines Geschäfts gerichtete Wettbewerbsverbot durch Tätigkeit in einem auf den Namen der Ehefrau betriebenen Geschäft, auch wenn Gütertrennung vereinbart ist, da die wirtschaftlichen Erfolge der Ehefrau trotzdem dem Ehemann zugute kommen (RG. in JW. 10 279; WarnRspr. 3 174). Verletzt wird das Wettbewerbsverbot auch, wenn eine im Besitz des überragenden Aktienkaiptals einer Gesellschaft befindliche Firma, die infolgedessen einen beherrschenden Einfluß auf den geschäftlichen Betrieb der Aktiengesellschaft auszuüben vermag, durch diese ihre — materiell — eigenen Geschäfte betreiben läßt (RG. in JW. 02 264; vgl. auch OLG. Kiel, Recht 5 538). Wer die Kunden seines bisherigen Prinzipals nicht besuchen darf, darf mit ihnen auch nicht schriftlich in Verbindung treten (a. M.: OLG. Hamburg, OLGRspr. 8 255).

3. Mitwirkung Dritter bei Verletzung des Wettbewerbsverbots.

Wie die Erfahrung lehrt, trägt die Schuld an der Übertretung des Wettbewerbsverbots häufig namentlich im Anstellungsverhältnis weniger der Vertragsbrüchige wie dessen Gegenkontrahent, dem daran gelegen ist, sich mit den besseren Waffen des Konkurrenten zu versehen. Es ist daher von besonderem Interesse, inwieweit Ansprüche gegen diesen Gegenkontrahenten geltend gemacht werden können, zumal dieser, abgesehen von der Schuldfrage, in der Regel auch noch größere Gewähr für die Realisierung des Anspruchs bieten wird. Eine Handhabe erscheint aus § 826 BGB. § 1 UnlWG. gegeben (vgl. Ritter in DJZ. 02 352). Ein Handeln wider die guten Sitten kann unter Umständen darin liegen, daß sich jemand an der Verletzung der Vertragspflicht eines Dritten beteiligt oder sie durch Anstiftung des vertragswidrig Handelnden herbeiführt (RG. in JW. 06 16 Nr. 15). Nach der jahrelang vertretenen Ansicht des Reichsgerichts stellt freilich noch nicht jede Anstiftung oder Mitwirkung bei einer Vertragsverletzung ein Handeln wider die guten Sitten dar (vgl. Reichsgerichtsurteile v. 26. 1. 10 bei WarnRspr. 1910, 180; Urteile v. 30. 5. 10, JW. 1910, 705 Nr. 5; 31. 5. 06, JW. 06 365 Nr. 23; 25. 11. 11, RG. 78 19). Das Reichsgericht ging davon aus, daß ein reines Schuldverhältnis wie es das Konkurrenzverbot darstellt, kein gegen jedermann wirkendes absolutes Recht sei (wie z. B. das Eigentumsrecht oder das Patentrecht) und daß es deshalb von einem außenstehenden Dritten nicht beachtet werden brauche. Nur unter besonderen Umständen nahm das Reichsgericht hier ein Handeln wider die guten Sitten an (JW. 06 16 Nr. 15), so z. B. wenn unlautere Mittel zur Herbeiführung des Vertragsbruchs angewendet waren oder der Zweck, die für den Geschädigten damit verbundenen Folgen oder sonstige begleitende Umstände das Verhalten in besonders ungünstigem Lichte erscheinen ließen. Verstoß wider die guten Sitten wurde angenommen, wenn der Vertragsbruch durch besondere Kunstgriffe (Täuschung, Drohung usw.) herbeigeführt wurde (RG. v. 30. 5. 10, JW. 1910, 705 Nr. 5), oder wenn der neue Prinzipal planmäßig darauf ausging, die Angestellten seines Konkurrenten unter Verletzung des Wettbewerbsverbots zu sich herüberziehen, die Verletzung also nicht auf einen Einzelfall beschränkt blieb. Insbesondere wurde es in der Regel auch schon als sittenwidrig angesehen, wenn er durch das Angebot, die Vertragsstrafe zu tragen, den Kontraktbruch herbeiführte. Dagegen war es nach der bisherigen Rechtsprechung des Reichsgerichts noch kein Verstoß wider die guten Sitten, wenn der neue Prinzipal die bei den Angestellten schon bestehende Absicht, den Vertrag auf alle Fälle zu brechen, nur ausnutzte, um für sich einen wirtschaftlich vorteilhafteren Vertrag abzuschließen (Reichsgerichtsurteil v. 25. 11. 11, RG. 78 19). In einer neueren Entsch. v. 10. 12. 12 (RG. 81 86) geht der 2. Zivilsenat des Reichsgerichts jetzt erheblich weiter. Er hat den Satz ausgesprochen, daß jedenfalls unter der Herrschaft des neuen Wettbewerbsgesetzes von 1909 im Geschäftsverkehr das bewußte Hinwirken auf den Vertragsbruch eines andern in der Regel als sittenwidrig gilt und daß nur besondere Umstände die Sittenwidrigkeit auszuschließen vermögen. Nach dieser Ansicht ist der neue Prinzipal, der die Verletzung des Konkurrenzverbots veranlaßt, in der Regel schadensersatzpflichtig.

Auch für den Fall, daß der Handlungsgehilfe nicht mehr zum Austritt aus dem Konkurrenzgeschäft gezwungen werden könnte, wenn er die Vertragsstrafe bezahlt hat (nach jetzigem Recht im Falle des § 75c Abs. 1 und, falls der Prinzipal die Strafe verlangt, auch im Falle des Abs. 1). Das Reichsgericht erachtet jedoch die Haftpflicht des neuen Prinzipals durch diese Bestimmung nicht für beseitigt. Auch wenn sich der Angestellte auf diese Weise von dem Wettbewerbsverbot befreien kann, kann der Prinzipal wider die guten Sitten verstoßen:

> „Die Handlungen des Angestellten und des Dritten sind durchaus verschieden und selbständig. Handlung des Dritten, der hiermit den Angestellten zum Handeln veranlaßt oder doch mit seiner Handlung bei der Handlung des Angestellten mitwirkt, kann, wenn sie in unlauteren Absichten oder zu unlauteren Zwecken erfolgt oder sich als ein unlauteres Mittel darstellt, eine Handlung wider die guten Sitten sein, auch wenn die von dem Angestellten selbst vorgenommene Handlung eine solche nicht sein möchte."

Freilich wird die Rechtsansicht des zweiten Zivilsenats noch nicht von sämtlichen Senaten des Reichsgerichts geteilt. Der sechste Zivilsenat hat in einer Entsch. v. 30. 4. 13 (WarnRspr. 1913 Heft 8 S. 323) erhebliche Bedenken geäußert und wiederholt darauf hingewiesen, daß ein Dritter an sich das zwischen anderen Personen bestehende persönliche Schuldverhältnis noch nicht zu beachten brauche. Der sechste Senat hat im konkreten Falle die ihm zur Entscheidung vorliegende Verleitung zur Verletzung des Konkurrenzverbots gleichfalls als unsittlich angesehen, weil der neue Prinzipal, lediglich um die Geschäftskunden des früheren herüberzuziehen, den Angestellten zum Kontraktbruch veranlaßt und sich zur Zahlung der Vertragsstrafe erboten hatte. Es ist deshalb von der Einholung einer Entscheidung der vereinigten Zivilsenate abgesehen worden, die sonst nach dem GVG. bei einer Abweichung zwischen zwei Zivilsenaten des Reichsgerichts vorgesehen ist. Bei der bestehenden Meinungsverschiedenheit besteht aber wohl die Aussicht, daß eine solche Entscheidung in absehbarer Zeit einmal ergeht.

Wie der zweite Senat in der erwähnten Entscheidung ausgeführt hat, geht die Klage gegen den neuen Prinzipal auf Unterlassung der weiteren Beschäftigung des vertragsbrüchigen Kontrahenten und daneben auch auf Schadensersatz. Der Unterlassungsanspruch wird gemäß § 890 ZPO. durch Geldstrafe bis zu 1500 ℳ oder Haft bis zu 6 Monaten erzwungen.

4. Zuständigkeit der Sondergerichte.

> Nach § 5 Nr. 6 KGG. ist das Kaufmannsgericht zuständig für die Ansprüche aus einer Vereinbarung, durch welche der Handlungsgehilfe oder Handlungslehrling für die Zeit nach Beendigung des Dienst- oder Lehrverhältnisses in seiner gewerblichen Tätigkeit beschränkt wird.

Das Kaufmannsgericht ist daher für alle Streitigkeiten aus dem Wettbewerbsverbot zwischen dem Prinzipal und dem Handlungsgehilfen zuständig, und zwar gleichviel, ob das Anstellungsverhältnis noch läuft oder nicht (vgl. Depène, KGG. 58). Ausgeschlossen ist die Zuständigkeit des Kaufmannsgerichts für Handlungsgehilfen, deren Jahresarbeitsverdienst an Lohn oder Gehalt den Betrag von 5000 ℳ übersteigt, sowie für die in Apotheken beschäftigten Gehilfen und Lehrlinge. Die Zuständigkeit des Kaufmannsgerichts bezieht sich nur auf Streitigkeiten, die aus dem unmittelbaren

Rechtsverhältnis zwischen Prinzipal und Handlungsgehilfen herrühren, auch wenn die Klage für oder gegen den Rechtsnachfolger, den Pfandgläubiger, den Konkursverwalter usw. erhoben wird (vgl. Depène 47). Nicht zuständig ist das Kaufmannsgericht daher für Klagen aus dem Wettbewerbsverbot gegen dritte Personen, insbesondere gegen den Bürgen (vgl. RG. in JW. 09 368) oder denjenigen, der die Verbindlichkeit des Handlungsgehilfen im Wege privativer oder kumulativer Schuldübernahme übernommen hat (Reichel, SächsArch. 3 73).

Soweit Ansprüche aus dem Wettbewerbsverbot gegenüber nichtkaufmännischen Angestellten geltend gemacht werden, sind stets die ordentlichen Gerichte zuständig, auch wenn die Beteiligten an sich dem Gewerbegericht unterstehen. § 4 GGG. bestimmt ausdrücklich:

> Streitigkeiten über eine Konventionalstrafe, welche für den Fall bedungen ist, daß der Arbeiter nach Beendigung des Arbeitsverhältnisses ein solches bei andern Arbeitgebern eingeht oder ein eigenes Geschäft errichtet, gehören nicht zur Zuständigkeit der Gewerbegerichte.

Auch Klagen, die nicht auf Vertragsstrafe, sondern auf Einstellung des Gewerbebetriebes gehen, gehören nicht vor das Gewerbegericht. Das Reichsgericht führt in der Entsch. v. 19. 11. 95 (GG. 1 Sp. 37) aus:

> „Bei der auf Übertretung eines sog. Koknurrenzverbots gestützten Klage handelt es sich nicht um eine Leistung oder einen Entschädigungsanspruch ‚aus dem Arbeitsverhältnis', wie ihn § 3 des Reichsgesetzes v. 29. Juli 1890, betr. die Gewerbegerichte, in § 3 Abs. 1 Ziff. 2 voraussetzt. Vielmehr wird die Klage auf einen Nebenvertrag gestützt, der mit dem auf die Anstellung des Beklagten im klägerischen Geschäft bezüglichen Vertrage verbunden worden ist und sich auf das Verhalten desselben nach Beendigung des Arbeitsverhältnisses bezieht. Daß Ansprüche aus derartigen Verträgen nicht zur Zuständigkeit der Gewerbegerichte gehören, ergibt sich zudem mit voller Bestimmtheit aus Abs. 2 der erwähnten Vorschrift, in welcher zur Beseitigung von Zweifeln ausdrücklich gesagt wurde, daß bezüglich solcher Streitigkeiten, welche hinsichtlich der in solchen

Verträgen bedungenen Konventionalstrafen entstehen, die Zuständigkeit der Gewerbegerichte nicht begründet sei. Aus dieser Vorschrift kann, obgleich sie nur von Konventionalstrafen spricht, nicht etwa gefolgert werden, daß Entschädigungsansprüche aus derartigen Verträgen oder Ansprüche auf Einstellung des vertragswidrig begründeten Geschäfts vor das Gewerbegericht gehören sollen. Vielmehr muß angenommen werden, daß das Gesetz nur deshalb lediglich von Streitigkeiten über Konventionalstrafen spricht, weil diese gewöhnlich bedungen werden, sofern ein Konkurrenzverbot erfolgt. Eine Entschädigungsforderung steht übrigens im vorliegenden Falle gar nicht in Frage, und die Einstellung des Geschäfts, das nach dem Austritt des Beklagten aus dem klägerischen Geschäft von ihm begründet wurde, könnte, auch abgesehen von der in Abs. 2 des § 3 enthaltenen Vorschrift, nicht als eine ‚Leistung aus dem Arbeitsverhältnisse' angesehen werden."

1. Das Wettbewerbsverbot bei Handlungsgehilfen.

Gesetz vom 10. Juni 1914 zur Änderung der §§ 74, 75 und des § 76 Abs. 1 des Handelsgesetzbuchs.

(RGBl. Nr. 35 S. 209.)

Artikel 1.

An die Stelle der §§ 74, 75 und des § 76 Abs. 1 des Handelsgesetzbuchs treten folgende Vorschriften:

Vorbemerkung zu § 74:

Begriff des Handlungsgehilfen.

Die dem Arbeitnehmer besonders günstigen Bestimmungen des Gesetzes vom 10. Juni 1914 beziehen sich nur auf Handlungsgehilfen. Die Begriffsbestimmung des Handlungsgehilfen gewinnt daher gegenüber dem bisherigen Recht erhöhte Bedeutung und muß deshalb hier eingehender erörtert werden.

Handlungsgehilfe ist gemäß § 59 HGB.:

> „Wer in einem Handelsgewerbe zur Leistung kaufmännischer Dienste gegen Entgelt angestellt ist."

1. Erforderlich ist zunächst Anstellung in einem Gewerbe. Gewerbe ist jede Erwerbstätigkeit, bei der die Absicht darauf gerichtet ist, durch einen Komplex gleichartiger Geschäfte eine dauernde Einnahmequelle zu begründen (RG. 38 20; 66 71; JW. 10 803 Nr. 10).

a) Die Absicht muß auf Erzielung von Gewinn gerichtet sein. Kein Handelsgewerbe liegt vor, wenn nur die Selbstkosten gedeckt werden sollen, z. B. um zu wissenschaftlichen Zwecken die Bedeutung einer Erfindung darzutun oder aus Gründen der Wohltätigkeit wie z. B. bei den aus öffentlichen Mitteln in Teuerungszeiten erhaltenen Fisch- und Fleischverkaufsstellen. Kein Gewerbe betreiben die gemeinnützigen Zwecken dienenden Sparkassen, landwirtschaftlichen Kreditinstitute usw. Auch ein Konsumverein ist nicht Kaufmann, wenn er die bei Verkäufen an die Mitglieder erzielten Gewinne zuerst zur Deckung der Verwaltungskosten und dann zu Rückzahlungen an die Mitglieder verwendet. Denn er bezweckt lediglich Verminderung der Ausgaben seiner Mitglieder und nicht Vermehrung der Einnahmen. Die Dividende ist lediglich Rückzahlung eines Teils des für die Waren erreichten Preises (KfmG. Berlin, Jahrb. 08 301; 1910, 303). Keine Gewinnerzielung beabsichtigen auch die Versicherungsgesellschaften auf Gegenseitigkeit, da es ihr Zweck nur ist, den Mitgliedern gegenseitig einen etwaigen Schaden zu ersetzen. Sie sind daher nicht Kaufleute. Kraft positiver Bestimmung (§ 16 PrivVUntG.) gelten aber für sie die Bestimmungen des 1. Buchs des HGB., also auch die Vorschriften über das Wettbewerbsverbot. Aus den gleichen Gründen ist ein geselliger Verein, der ein Kasino betreibt, nicht Kaufmann, er wird es aber, wenn er Wein usw. aus dem Kasino mit Verdienst an Außenstehende abgibt (OLGRspr. 12 413). Ein Verein, dessen Zweck die Pflege kirchlichen Sinnes und Lebens ist, betreibt noch kein Gewerbe, wenn er satzungsgemäß auch eine Herberge und ein Kosthaus für Handwerker mit Gewinnüberschuß unterhält, wenn diese Unternehmungen bestimmt und geeignet sind, den kirchlichen Sinn der Besucher zu fördern und die Erzielung von Gewinn nicht beabsichtigt wird (KG. in OLGRspr. 2 122), anders dagegen, wenn die Erzielung von Einkünften von vornherein beabsichtigt ist und nur diese Einkünfte dem kirchlichen Vereinszweck zugute kommen sollen (OLGRspr. 9 17). Staatliche Betriebe sind auf Gewinnerzielung gerichtet, wenn sie Überschuß ergeben sollen, z. B. Porzellanmanufaktur, staatliche Brauereien, Druckereien, Staatseisenbahnen, Schlachthäuser, Elektrizitätswerke, Gasanstalten (RG. 20 122; 39 184). Die deutschen Postverwaltungen sind kraft positiver Vorschrift des § 452 HGB. nicht Kaufmann.

Gewinnabsicht liegt nicht vor, wenn der Betrieb lediglich dem eigenen Gebrauch dienen soll, z. B. Anfertigung von Sachen für den häuslichen Bedarf oder zu Studienzwecken (RG. 39 33), Herstellung von Kriegsmaterial durch den Staat, Eisenbahnbetrieb im lediglich militärischen Interesse (RG. 37 297).

Es muß die Absicht bestehen, gerade aus dieser Tätigkeit unmittelbar Gewinn zu erzielen. Gewerbsmäßigkeit liegt daher nicht vor, wenn jemand gewisse Rechtsgeschäfte (z. B. Auszahlung von Baugeldern) zwar oft vornimmt, jedoch nicht in der Absicht, aus ihnen dauernd Gewinn zu erzielen, sondern um sie für sonstige Zwecke, z. B. Grundstücksspekulationen nutzbar zu machen.

Unerheblich ist es, wem der Gewinn zufließen soll. Gewerbebetrieb liegt auch vor, wenn der Betrieb für fremde Rechnung, aber in eigenem Namen geführt wird. Unerheblich ist es auch, welchem Zweck der erhoffte Gewinn dienen soll. Es braucht nicht unter allen Umständen die eigene Wirtschaft des Unternehmers gefördert werden, auch ideale Beweggründe können das Unternehmen ins Leben gerufen haben. Der Gewinn kann für wissenschaftliche, religiöse oder politische Zwecke oder wie beim gewerbetreibenden Staat der öffentlichen Wohlfahrt bestimmt sein.

Die Absicht muß auf eine dauernde Einnahmequelle gerichtet sein (RG. 38 20; 39 137; JW. 94 19; 96 701; 99 282). Es ist nicht nötig, daß man bei jedem einzelnen Geschäft Gewinn zu erzielen beabsichtigt (RG. 33 110). Es schadet nichts, wenn einzelne Geschäfte mit Verlust abgeschlossen werden (Kampfpreise im Konkurrenzkampf). Wohl aber muß aus der Gesamtheit der Geschäfte ein Gewinn beabsichtigt sein. Gelegentliche in Gewinnabsicht geschlossene Geschäfte genügen nicht. Kein Gewerbebetrieb liegt vor, wenn Miterben lediglich zu Auseinandersetzungszwecken die zur Erbschaft gehörigen Grundstücke zur Erzielung eines möglichst hohen Kaufpreises umgestalten lassen (RG. 66 52). Der Betrieb muß planmäßig sein, einerlei, ob sich der Plan auf langer oder kurzer Zeit erstreckt. Es genügt Handelsbetrieb während einer Ausstellung (OLGRspr. 12 413).

Der Betrieb muß ein kaufmännischer oder technischer sein. Fällt die Tätigkeit in das Bereich der Kunst und Wissenschaft, so ist das Unternehmen nicht mehr gewerblich. Keine Gewerbetreibende sind daher Beamte, beamtenähnliche Funktionäre, Rechtsanwälte, Konkursverwalter (RG. 39 37; 66 148), Patentanwälte (OLGRspr. 9 369), Ärzte und Zahnärzte (RG. 66 147; 68 188; 70 339; JW. 1911, 376 Nr. 45), Künstler (RG. 75 52, JW. 11 214; OLGRspr. 9 365). Ausnahmsweise können diese Personen als Gewerbetreibende angesehen werden, z. B. der Arzt, der eine Heil- und Erholungsanstalt betreibt, in der auch Wohnung und Beköstigung verabreicht wird, mit der Absicht, auch hieraus selbständigen Gewinn zu erzielen (RG. 64 154). Theaterunternehmungen sind in der Regel gewerbliche Betriebe, weil sie im allgemeinen nach wirtschaftlichen Grundsätzen geleitet werden und das Bestreben, Einnahmen zu erzielen, auf seiten des Theaterleiters regelmäßig hinter dem rein künstlerischen Gesichtspunkt zurücktritt (OLGRspr. 8 247, 449; RG. 41 55).

2. Erforderlich ist Anstellung in einem Handelsgewerbe. Über den Begriff des Handelsgewerbes bestimmt:

§ 1 Abs. 2 HGB. Als Handelsgewerbe gilt jeder Gewerbebetrieb, der eine der nachstehend bezeichneten Arten von Geschäften zum Gegenstande hat:

1. die Anschaffung und Weiterveräußerung von beweglichen Sachen (Waren) oder Wertpapieren, ohne Unterschied, ob die Waren unverändert oder nach einer Bearbeitung oder Verarbeitung weiter veräußert werden;
2. die Übernahme der Bearbeitung oder Verarbeitung von Waren für andere, sofern der Betrieb über den Umfang des Handwerks hinausgeht;
3. die Übernahme von Versicherungen gegen Prämie;
4. die Bankier- und Geldwechslergeschäfte;
5. die Übernahme der Beförderung von Gütern oder Reisenden zur See, die Geschäfte der Frachtführer oder der zur Beförderung von Personen zu Lande oder auf Binnen-

gewässern bestimmten Anstalten sowie die Geschäfte der Schleppschiffahrtsunternehmer;

6. die Geschäfte der Kommissionäre, der Spediteure oder der Lagerhalter;
7. die Geschäfte der Handlungsagenten oder der Handelsmäkler;
8. die Verlagsgeschäfte sowie die sonstigen Geschäfte des Buch- oder Kunsthandels;
9. die Geschäfte der Druckereien, sofern ihr Betrieb über den Umfang des Handwerks hinausgeht.

Zu Nr. 1: Anschaffung und Weiterveräußerung von beweglichen Sachen oder Wertpapieren ohne Unterschied, ob die Waren unverändert oder nach einer Bearbeitung oder Verarbeitung weiter veräußert werden. Anschaffung und Weiterveräußerung müssen in Wechselwirkung stehen. Die Anschaffung muß wegen der Veräußerung, die Veräußerung mit Rücksicht auf die Anschaffung erfolgt sein. Demnach gehören nicht hierher Unternehmungen, in denen nur Anschaffungen aber keine Veräußerungen erfolgen, z. B. Anschaffung von Ausstattungsgegenständen durch ein Theater, von Büchern durch eine Mietbücherei, ebensowenig Betriebe, in denen nur Veräußerungen erfolgen, z. B. Auflösung einer privaten Kunstsammlung.

Anschaffung ist abgeleiteter entgeltlicher Erwerb beweglicher Sachen zu Eigentum mittels Rechtsgeschäfts unter Lebenden (RG. 31 17; 45 101). Der Erwerb muß sich mittels Rechtsgeschäfts unter Lebenden vollziehen, z. B. Kauf, Tausch (RG. 38 31), Werkvertrag, Annahme an Zahlungsstatt. Nur gültige Verträge genügen. Verträge, die gegen das Strafgesetz oder die guten Sitten verstoßen (Hehlerei, Veräußerung unzüchtiger Bilder) sind keine Anschaffungsgeschäfte. Anschaffungsgeschäfte liegen nicht vor

a) wenn die Absicht eines Eigentumserwerbs fehlt (Miete, Annahme zum Pfand),
b) wenn die Entgeltlichkeit fehlt (Erwerb durch Schenkung). Die sog. Brockensammlungen, die alte Sachen zu wohltätigem Zweck abholen und dann planmäßig verkaufen, sind nicht Kaufleute),

c) wenn kein Vertragsgeschäft vorliegt (Erwerb durch Aneignung, Finden, Okkupation, Jagd, Fischerei usw.).

Insbesondere ist die Selbsterzeugung (Urproduktion) nicht als Anschaffung aufzufassen, z. B. Bearbeitung selbstgewonnener Stoffe zum Zwecke des Verkaufs: Ziegelei (RG. 50 154), Bergbau, Steinbruch, Molkerei aus eigenem Viehstand, Aufzucht von Hunden eigener Zucht zum Zwecke des Verkaufs, Gewinnung und Verkauf natürlicher Mineralwässer. Dagegen liegt in dem Kauf des an einem fremden Grundstück zu gewinnenden Produktes in der Regel ein Anschaffungsgeschäft (RG. in JW. 02 202; dagegen Staub § 1 Anm. 37; RGSt. 27 263). Die Gewerbe der Urproduzenten sind hiernach kein Handelsgewerbe nach § 1, sie können aber Handelsgewerbe kraft Eintragung im Sinne des § 2 werden.

Bewegliche Sachen oder Wertpapiere müssen Gegenstand der Anschaffung sein. Der Grundstückshandel fällt hiernach nicht unter § 1. Grundstückserzeugnisse dagegen können angeschafft und weiter veräußert werden, auch wenn sie zur Zeit des Vertragsschlusses noch Bestandteil des Grundstücks sind. Es genügt, daß sie zum Zweck der Lieferung sofort vom Boden getrennt werden können (vgl. RG. in JW. 94 144). Hiernach ist der Kauf noch zu brechender Steine aus einem Steinbruch Handelsgeschäft, nicht aber die Pachtung eines Steinbruchs, bei der der Pächter die Steine selbst gewinnen soll. Keine Weiterveräußerung im Sinne der Nr. 1 liegt vor, wenn die Sachen schon bei ihrer Veräußerung Teil einer unbeweglichen Sache werden. Die Anschaffungsgeschäfte der Bauunternehmer und Pflasterungsunternehmer sind daher in der Regel keine Handelsgeschäfte.

Wertpapiere sind Urkunden über Privatrechte, mittels deren allein das beurkundete Recht ausgeübt und übertragen werden kann. Keine Wertpapiere sind daher Grundschuldbriefe, Hypothekenbriefe, Legitimationspapiere, Anteilsscheine einer Gesellschaft m. b. H., Sparkassenbücher, Versicherungspolicen (Näheres bei Staub Anm. 39/40; Brand Anm. 10c).

Weiterveräußerung ist jede entgeltliche Übertragung zu Eigentum mittels Rechtsgeschäfts unter Lebenden. Die Sache muß auch bei der Veräußerung noch Gegenstand des Handelsverkehrs bleiben, also ihren Charakter als bewegliche Sache behalten. Veräußerung liegt nicht mehr vor, wenn eine Sache in ein Grundstück hineingearbeitet wird. Die Geschäfte der Bauhandwerker, Steinsetzmeister usw. sind deshalb keine Handelsgeschäfte, auch wenn sie das Material besonders berechnet und bezahlt erhalten. Veräußerung liegt auch nicht vor, wenn der angeschaffte Gegenstand nur das Mittel bildet, um einen anderen Gegenstand zum Zweck der Veräußerung zu bearbeiten und auszustatten. Die Anschaffung von Arbeits- und Produktionsmitteln (Farbe beim Maler, Seife in der Wäscherei, Zwirn und Nadel beim Schneider) ist kein Grundhandelsgeschäft. Der Flickschneider, Flickschuster, Gemälderestaurateur usw. wird daher hierdurch nicht zum Kaufmann (vgl. RGSt. 28 60; Staub Anm. 43).

Bearbeitung (Formänderung) oder Verarbeitung (Wesensänderung der Ware) zwischen Anschaffung und Weiterveräußerung ist gleichgültig. Fabrikanten sind Kaufleute nach § 1, wenn sie angeschaffte Rohstoffe bearbeitet oder verarbeitet weiter veräußern, ebenso Handwerker, die aus angeschafften Waren gewerbliche Produkte zur Weiterveräußerung herstellen. Als Kaufleute gelten daher z. B.: Apotheker (RGSt. 24 426; JW. 95 228), Bäcker (RGSt. 24 356), Brauer, Brenner, Destillateure, Fleischer (RGSt. 31 178), Gasfabrikanten, Gastwirte (wenn die Beköstigung der Gäste nicht nur nebensächlicher Erwerbszweck ist und die Zimmervermietung nicht überwiegt), Gerber, Glaser, Klempner, Konditoren, Korbmacher, Müller, Optiker, Sattler, Schlosser, Schmiede (RG. 51 23), Schneider, Schuhmacher, Seiler, Tischler, Töpfer (OLGRspr. 19 292), Uhrmacher. Daß jedoch bei den Handwerkern das bloße Hineinarbeiten in ein Grundstück nicht genügt, ist bereits oben dargelegt.

Zu Nr. 2: Übernahme der Bearbeitung oder Verarbeitung der Waren für andere, sofern der Betrieb über den Umfang des Handwerks hinausgeht. Bearbeitung und Verarbeitung ist jede Behandlung, die dem Gegenstand eine andere Beschaffenheit gibt. Die Veränderung der

Substanz ist nicht nötig. Deshalb gehören auch Wasch- und Reinigungsanstalten hierher. Im übrigen kommen in Betracht: Appreturanstalten, Bleichen, Eisenhammer, Färbereien, Geflügelmästereien, Gerbereien, Holzschneidereien, Kattundruckereien, Lohmühlenwerke, Lohnglasschleifereien, Lohnwebereien, Plättereien, Reparaturanstalten, Spinnereien, Tierdressuranstalten, Tierzuchtanstalten. Das Bearbeiten eines Grundstücks ist kein Grundhandelsgeschäft; ein Dampfpfluguntemehmer ist deshalb nicht Kaufmann nach § 1, wohl aber die gewerbsmäßige Übernahme von Getreideausdrusch in Dreschmaschinen (OLGRspr. 4 457. Wird die Dreschmaschine dem anderen zur Besorgung des eigenen Ausdrusches vermietet, so liegt kein Handelsgeschäft vor). Nicht hierher gehören ferner die Geschäfte der Badeanstalten, weil es sich nicht um Bearbeitung von Sachen handelt. Auch der mit der Verabreichung von Bädern verbundene Verkauf der darin enthaltenen Stoffe (Soole, Kiefernadel) ändert nichts. Nicht hierher gehören endlich Geschäfte, die keine technische, sondern wissenschaftliche oder künstlerische Arbeit umfassen, z. B. die Durchsicht von Manuskripten durch Schriftsteller, die Bearbeitung eines Marmorblocks durch einen Bildhauer.

Die Bearbeitung und Verarbeitung muß **über den Umfang des Handwerks hinausgehen.** Deshalb sind nicht Kaufleute: Ausbesserinnen, Barbiere, Flickschneider, Flickschuster, Friseure, Näherinnen, Wäscherinnen. Natürlich können diese Handwerker Kaufleute werden, wenn sie, wie es z. B. bei Friseuren die Regel ist, daneben noch einen Handel betreiben. — Der **Begriff des Handwerks** beruht auf der handwerksmäßigen und handwerksüblichen Produktionsweise. Diese setzt in der Regel voraus, daß der Inhaber des Gewerbebetriebs nicht nur durch Leitung des Betriebs und Verhandlung mit Lieferanten und Kunden, sondern auch durch persönliche Mitarbeit an der Herstellung des Arbeitsprodukts persönlich mitbeteiligt und daß Arbeitsteilung entweder gar nicht oder nur unvollkommen vorhanden ist. Die Größe des Geschäftsbetriebes, insbesondere der Umsatz ist für die Frage nicht entscheidend, vielmehr kann sie nur in jedem einzelnen

Falle nach der besonderen Beschaffenheit des Betriebes entschieden werden (Näheres bei Staub § 4 Anm. 9 u. 10; Brand § 4 Anm. 2).

Zu Nr. 3: Übernahme von Versicherungen gegen Prämie. Hierunter fallen nur die Versicherungen auf Grund eines Versicherungsvertrages, nicht die gesetzlichen Versicherungen, wie die Kranken-, Unfall-, Invalidenversicherung, Altersversicherung der Reichsversicherungsordnung und die Angestelltenversicherung. Die Ortskrankenkassen, Berufsgenossenschaften usw. sind daher nicht Kaufleute. Die Art der Versicherung ist gleichgültig. Es kommen nicht bloß bewegliche Sachen oder bestimmte körperliche Güter in Frage. Unter den Begriff fallen mithin Versicherung gegen Diebstahl, Feuer, Glasbruch, Hagel, Haftpflicht, Invalidität, Unfall, Wasserschaden, ebenso Hypotheken-, Lebens-, See-, Transportversicherung und Rückversicherung. Den Gegensatz der Versicherung gegen Prämie bildet die Versicherung auf Gegenseitigkeit. Nach § 16 des G., betr. die privaten Versicherungsunternehmungen gelten aber die Vorschriften des HGB. über Handlungsgehilfen auch für die Versicherungsvereine auf Gegenseitigkeit, somit finden auch die Bestimmungen des Konkurrenzklauselgesetzes auf deren Angestellte Anwendung. Vgl. auch die Erklärung des Reg.-Komm. Dr. Delbrück bei der 3. Lesung des Gesetzes v. 10. 6. 1914 (StenB. 13. Legislaturperiode 1. Session 8439.

Zu Nr. 4: Bankier- und Geldwechslergeschäfte. Unter Bankiergeschäften sind nicht alle die Geschäfte zu verstehen, die ein Bankier gewöhnlich betreibt, sondern nur die, die das Wesen des Bankgeschäfts ausmachen, also insbesondere die Geschäfte, die Angebote von und Nachfrage nach Geld (Darlehn-, Lombard-, Depositen-, Banknotengeschäft) und Angebote von und Nachfrage nach Wertpapieren (Effekten-, Diskont-, Emissionsgeschäft) vermitteln. Das Baugeldgebergeschäft ist Geld- und Kreditgeschäft, der Baugeldgeber ist aber nur Kaufmann, wenn er das Baugeldgeben gewerbsmäßig betreibt, nicht schon, wenn er als Grundstücksverkäufer, sei es auch mehrfach um des Verkaufs willen, Baugeld gibt (RG. 38 20). Die bloßen Handelsgeschäfte des Bankgewerbes sind keine Grundhandelsgeschäfte, insbesondere das Inkassogeschäft, das Depotgeschäft und die mit dem Giroverkehr zusammenhängenden Scheck- und Überweisungsgeschäfte. Das gewöhnliche Pfandleihgeschäft gilt nach der Verkehrssitte überhaupt nicht als Bankiergeschäft (RG. 39 252; OLGRspr. 8 379). Auch ein Lotteriekollekteur gilt nicht als Bankier (OLGRspr. 12 436).

Zu Nr. 5: a) Die Übernahme und Beförderung von Gütern oder Reisenden zur See. Der Seefrachtvertrag kann sich entweder beziehen

1. auf das Schiff im ganzen oder einen verhältnismäßigen Teil oder einen bestimmt bezeichneten Raum des Schiffes oder
2. auf einzelne Güter (Stückgüter) § 556 HGB.

Über die Beförderung von Reisenden zur See vgl. § 664 HGB. Zwischen Groß- und Kleinbetrieb wird hier nicht unterschieden.

b) Die Geschäfte der Frachtführer. Frachtführer ist, wer es gewerbsmäßig übernimmt, die Beförderung von Gütern zu Lande oder auf Flüssen oder sonstigen Binnengewässern auszuführen (§ 425 HGB.). Zwischen Groß- und Kleinbetrieb wird nicht unterschieden.

c) Die zur Beförderung von Personen oder auf Binnengewässern bestimmten Anstalten. Nur Anstalten, d. h. größere Betriebe kommen hier in Betracht. Gleichgültig ist, ob Einzelpersonen oder Gesellschaften Unternehmer sind. Hierher gehören der Betrieb der Straßenbahn-, Dampfschiff-, Dampffähren-, Omnibus-, Automobil-, Luftschiffahrtsunternehmen. Lohnkutscher sind keine Kaufleute.

d) Schleppschiffahrtsunternehmer. Sie unterscheiden sich vom Frachtführer dadurch, daß sie lediglich die Fortbewegung des Schiffes übernehmen, das Gut aber nicht übergeben erhalten. Zwischen Groß- und Kleinbetrieben wird nicht unterschieden.

Zu Nr. 6: Kommissionär ist, wer es gewerbsmäßig übernimmt, Waren oder Wertpapiere für Rechnung eines anderen in eigenem Namen zu kaufen oder zu verkaufen (HGB. § 383).

Spediteur ist, wer es gewerbsmäßig übernimmt, Güterversendungen durch Frachtführer oder durch Verfrachter von Seeschiffen für Rechnung eines anderen (des Versenders) in eigenem Namen zu besorgen (HGB. § 407).

Lagerhalter ist, wer gewerbsmäßig die Lagerung und Aufbewahrung von Gütern übernimmt.

Der sog. Annoncenspediteur ist nicht Spediteur im Sinne des Gesetzes, aber Kaufmann nach Nr. 8 (vgl. Staub, Exkurs zu § 415 Anm. 8).

Zu Nr. 7: Handlungsagent ist, wer, ohne als Handlungsgehilfe angestellt zu sein, ständig damit betraut ist, für das Handelsgewerbe eines anderen Geschäfte zu vermitteln oder im Namen des anderen abzuschließen (HGB. § 84).

Handelsmäkler ist, wer gewerbsmäßig für andere Personen, ohne von ihnen auf Grund eines Vertragsverhältnisses ständig damit betraut zu sein, die Vermittlung von Verträgen über Anschaffung oder Veräußerung von Waren oder Wertpapieren über Versicherungen, Güterbeförderungen, Bodmerei, Schiffsmiete oder sonstige Gegenstände des Handelsverkehrs übernimmt.

Die Geschäfte der Theateragenten, Grundstücks-, Hypotheken-, Mietsmakler und Stellenvermittler gehören also nicht hierher, auch nicht die Geschäfte der Agenten einer Versicherungsgesellschaft auf Gegenseitigkeit.

Zu Nr. 8: Die Verlagsgeschäfte sowie die sonstigen Geschäfte des Buch- und Kunsthandels. Die Verlagsgeschäfte dienen im wesentlichen der Vervielfältigung und Verbreitung eines Werkes der Literatur, der Kunst oder Tonkunst (§ 1 VerlG.). Die Verlagsgeschäfte zerfallen in die Geschäfte zwischen Verleger und Urheber zum Zweck der Erwerbung des Urheberrechts, Geschäfte zwischen Verleger und Drucker zum Zweck der Vervielfältigung und Geschäfte zum Zweck der Verbreitung und Verwertung des vervielfältigten Werkes. Es brauchen keineswegs alle drei Arten von Geschäften vereint zu sein. Der Erwerb des Urheberrechts fällt z. B. weg bei Vervielfältigung alter Klassiker oder beim Selbstverlag, das Geschäft mit dem Drucker bei Herstellung des Werkes in eigener Druckerei. Zum Verlagsgeschäft gehört auch der Zeitungsverlag.

Zu den sonstigen Geschäften des Buch- und Kunsthandels gehört der Sortiments-, Kommissions-, Kolportagebuchhandel sowie der Kunsthandel und das Antiquariat, ferner die Annoncensammler und Annoncenspediteure (vgl. Nr. 6), Leihbibliotheken (Mietbüchereien) sind nicht Geschäfte des Buchhandels (ROH. 23 400).

Zu Nr. 9: **Die Geschäfte der Druckereien, sofern ihr Betrieb über den Umfang des Handwerks hinausgeht.** Hierher gehören nur solche Druckereien, die sich mit literarischen und künstlerischen Erzeugnissen befassen, nicht Kattun-, Zeugdruckereien und Tapetenfabriken. Ob die Vervielfältigung für eigene oder fremde Rechnung erfolgt, ist gleichgültig. Der Betrieb muß über den handwerksmäßigen hinausgehen.

Für die **Kaufmannseigenschaft** kommen ferner noch folgende Paragraphen des HGB. in Betracht:

§ 2. Ein gewerbliches Unternehmen, das nach Art und Umfang einen in kaufmännischer Weise eingerichteten Geschäftsbetrieb erfordert, gilt, auch wenn die Voraussetzungen des § 1 Abs. 2 nicht vorliegen, als Handelsgewerbe im Sinne dieses Gesetzbuchs, sofern die Firma des Unternehmers in das Handelsregister eingetragen worden ist. Der Unternehmer ist verpflichtet, die Eintragung nach den für die Eintragung kaufmännischer Firmen geltenden Vorschriften herbeizuführen.

§ 3. Auf den Betrieb der Land- und Forstwirtschaft finden die Vorschriften der §§ 1, 2 keine Anwendung.

Ist mit dem Betriebe der Land- oder Forstwirtschaft ein Unternehmen verbunden, das nur ein Nebengewerbe des land- oder forstwirtschaftlichen Betriebs darstellt, so findet auf dieses der § 2 mit der Maßgabe Anwendung, daß der Unternehmer berechtigt, aber nicht verpflichtet ist, die Eintragung in das Handelsregister herbeizuführen; werden in dem Nebengewerbe Geschäfte der im § 1 bezeichneten Art geschlossen, so gilt der Betrieb dessenungeachtet nur dann als Handelsgewerbe, wenn der Unternehmer von der Befugnis, seine Firma gemäß § 2 in das Handelsregister eintragen zu lassen, Gebrauch gemacht hat. Ist die Eintragung erfolgt, so findet eine Löschung der Firma nur nach den allgemeinen Vorschriften statt, welche für die Löschung kaufmännischer Firmen gelten.

§ 4. Die Vorschriften über die Firmen, die Handelsbücher und die Prokura finden auf Handwerker sowie auf Personen, deren Gewerbebetrieb nicht über den Umfang des Kleingewerbes hinausgeht, keine Anwendung.

Durch eine Vereinigung zum Betrieb eines Gewerbes, auf welches die bezeichneten Vorschriften keine Anwendung finden, kann eine offene Handelsgesellschaft oder eine Kommanditgesellschaft nicht begründet werden.

Die Landesregierungen sind befugt, Bestimmungen zu erlassen, durch welche die Grenze des Kleingewerbes auf der Grundlage der nach dem Geschäftsumfange bemessenen Steuerpflicht oder in Ermangelung einer solchen Besteuerung nach anderen Merkmalen näher festgesetzt wird.

§ 5. Ist eine Firma im Handelsregister eingetragen, so kann gegenüber demjenigen, welcher sich auf die Eintragung beruft, nicht geltend gemacht werden, daß das unter der Firma betriebene Gewerbe kein Handelsgewerbe sei oder daß es zu den im § 4 Abs. 1 bezeichneten Betrieben gehöre.

Die in § 2 aufgeführten Betriebe gelten nur als Kaufleute, sofern sie eingetragen sind. Ist ein Betrieb eingetragen, so kann gegenüber demjenigen, der sich auf die Eintragung beruft, nicht geltend gemacht werden, daß das unter der Firma betriebene Gewerbe kein Handelsgewerbe sei. Die Angestellten eines solchen Betriebes gelten daher ohne weiteres als Handlungsgehilfen. Für die Zwecke dieses Buches sind deshalb weitere Ausführungen darüber, welche Betriebe unter § 2 fallen, unerheblich. Soweit ein Betrieb nicht unter § 1 fällt, entscheidet über die Handlungsgehilfeneigenschaft seiner Angestellten lediglich die Tatsache der Eintragung. Wegen der Einzelheiten zu §§ 2 ff. kann auf die Kommentare zum HGB. verwiesen werden.

Nach § 2 Satz 2 ist der Unternehmer eines der dort aufgeführten Betriebe verpflichtet, seine Eintragung herbeizuführen. Zu diesem Zweck hat der Registerrichter von Amts wegen einzuschreiten und ev. den Eintragungspflichtigen durch Ordnungsstrafe zur Stellung des Eintragungsantrags anzuhalten (§§ 12, 132 FGG.). Wird trotz der Ordnungsstrafe der Eintragungsantrag nicht gestellt, so kann der Registerrichter freilich nicht von Amts wegen die Eintragung vornehmen. Hiernach ist auch der Angestellte eines eintragungspflichtigen Unternehmers ebenso wie jeder Dritte in der Lage, das Einschreiten des Registerrichters herbeizuführen. Mit der Eintragung wird der Angestellte Handlungsgehilfe, und ein etwa vorher verabredetes Wettbewerbsverbot unterliegt von der Eintragung an den Vorschriften des Gesetzes. Rückwirkende Kraft dagegen hat die Eintragung nicht.

Auch Minderkaufleute (§ 4 HGB.) können Handlungsgehilfen haben (Ladenmädchen bei Fleischern und Bäckern: KfmG. Lichtenberg, GewKfmG. 11 Sp. 14; Berliner KfmG. Jahrb. 1 304; 2 302, 311).

3. Erforderlich ist ferner eine Anstellung, ein Vertragsverhältnis, kraft dessen der Angestellte dem Organismus des Geschäftes derartig angehört, daß er für die Art der Ausübung seiner Dienstleistungen von der Anordnung der Geschäftsleitung abhängig ist. Handlungsgehilfen sind daher nicht die gesetzlichen Vertreter juristischer Personen (Vorstandsmitglieder und stellvertretende Vorstandsmitglieder einer Aktiengesellschaft, Liquidatoren einer Handelsgesellschaft, Geschäftsführer einer Gesellschaft mit beschränkter Haftpflicht — vgl. DJZ. 96 57; Berliner KfmG., Jahrb. 1 313; 3 351). Dieser Umstand wird voraussichtlich vielfach zu Gesetzesumgehungen führen, indem die Inhaber großer Filialbetriebe die einzelnen Filialen zu selbständigen Gesellschaften mit beschränkter Haftung machen werden. Das dann mit dem zum Geschäftsführer bestellten Filialleiter verabredete Wettbewerbsverbot unterliegt nicht den Bestimmungen des HGB. (Staub-Hachenburg § 35 GmbHG. Anm. 51; § 236 HGB. Anm. 12). — Ebensowenig ist Kaufmann, wer als Vormund oder Pfleger das Geschäft des geschäftsunfähigen Inhabers weiterführt. Auch die Ehefrau und das Kind, die im Geschäft arbeiten, leisten ihre Dienste kraft gesetzlicher Pflicht (§§ 1356, 1617 BGB.). Möglich ist allerdings, daß mit diesen Personen besondere Anstellungsverträge geschlossen werden. Nicht Handlungsgehilfe ist, wer in einem Geschäft nur arbeitet, um es kennen zu lernen, z. B. die Verlobte, die sich für ihre spätere Stellung als Frau eines Geschäftsmannes vorbereiten

will (KfmG. Chemnitz, GewKfmG. 15 Sp. 246), oder der künftige Sozius, der sich einarbeiten will.

Nicht erforderlich ist, daß der Angestellte in den Geschäftsräumen oder während der ganzen Geschäftszeit für den Prinzipal tätig ist. Es kann jemand sogar gleichzeitig Handlungsgehilfe in verschiedenen Geschäften oder zu gleicher Zeit selbständiger Kaufmann oder Handlungsgehilfe eines Dritten sein. Der sog. Stundenbuchhalter, der nur einige Stunden des Tages oder der Woche im Geschäft ist, um die Bücher in Ordnung zu halten, gehört in der Regel dem Organismus des Geschäftes nicht an, sondern ist selbständiger Unternehmer (KfmG. Hamburg, GewKfmG. 14 Sp. 246; KfmG. Leipzig, GewKfmG. 10 Sp. 170; KfmG. Berlin, Jahrb. 1 313; 2 314). Im übrigen braucht natürlich die Abhängigkeit von der Geschäftsleitung keine unbedingte zu sein, auch Angestellte in höheren Stellungen und solche, denen eine gewisse Dispositionsfreiheit eingeräumt ist, z. B. Vorsteher von Zweigniederlassungen, sind Handlungsgehilfen.

Besondere Schwierigkeiten macht bezüglich des Begriffs „Anstellung" die Abgrenzung zwischen Handlungsgehilfen und selbständigen Agenten. Bestimmte Kennzeichen für die Abgrenzung gibt es nicht, Anhaltspunkte bieten die Erfahrungen, daß der Agent regelmäßig gegen Provision, der Handlungsgehilfe gegen festes Gehalt angestellt ist, daß der Agent oft, der Handlungsgehilfe nur höchst selten für mehrere Firmen tätig ist, daß der Agent seine Geschäftsunkosten selbst trägt, der Handlungsgehilfe nicht. Im Einzelfalle ergeben sich in dieser Beziehung viele Streitfragen (vgl. die Urteile im GG. 11 Sp. 10 ff, Krönig GKG. 17 Sp. 265, Erdel GKG. 18 Sp. 265). Die Bezeichnung im Engagementsvertrage ist von den Kaufmannsgerichten nicht immer als entscheidend erachtet worden, namentlich dann, wenn sie nur gewählt ist, um die für Handlungsgehilfen gegebenen Schutzvorschriften des HGB. zu umgehen (vgl. insbesondere die Urteile bezüglich der Angestellten der Singer-Co., GewKfmG. 11 l. c.).

4. Die Anstellung muß gegen Entgelt erfolgt sein. Der Volontär ist nicht Handlungsgehilfe, untersteht jedoch gemäß § 82a

HGB. den Vorschriften des Gesetzes vom 10. 6. 14, abgesehen von den Bestimmungen über das Entgelt (vgl. unten zu § 82 a).

5. Die Anstellung muß endlich zur Leistung kaufmännischer Dienste erfolgt sein. Kaufmännische Dienste sind keineswegs alle Dienste, welche einem Kaufmann als solchem geleistet werden, sondern nur diejenigen, welche die Verkehrssitte im herkömmlichen Sinn als kaufmännisch ansieht. Es müssen Dienste sein, zu denen diejenige Schulung und Fertigkeit gehört, die man in ihrer Vollendung die „kaufmännische Tüchtigkeit" nennt (Staub § 59 Anm. 13), oder, wie es das ROHG. 17 309 ausdrückt, „eine Tätigkeit, welche kaufmännische Signatur trägt". Hierzu gehören alle Tätigkeiten, welche sich auf den Umsatz von Waren beziehen, einschließlich der Kontorgeschäfte, insbesondere Verkäufe, Einkäufe, Buchführung, Korrespondenz, Kassenführung und Reisen. Den Gegensatz dazu bilden im Falle der Vereinigung von Gewerbe- und Handelsbetrieben diejenigen Hilfspersonen, welche mit der Bearbeitung, Verarbeitung, Herstellung der Waren durch technische Dienstleistungen oder mit der Beaufsichtigung dieser Dienstleistungen beschäftigt sind. Diese Personen sind Gewerbegehilfen; ihre Rechtsstellung richtet sich nach Titel VII der GO. (vgl. Staub l. c.). Leistet der Gehilfe kaufmännische und gewerbliche Dienste, so entscheidet das Überwiegende (OLG. Braunschweig, OLGRspr. 6 348; RG. in JW. 10 839 Nr. 78). Vgl. auch S. 183. Personen, die im wesentlichen Hilfsdienste verrichten und in enger Beziehung zur Familie stehen, unterliegen hinsichtlich ihres Dienstverhältnisses den für das Gesinde geltenden Vorschriften (Art. 95 EG.BGB.; § 7 PrGO.; ROHG. 10 298). Zum Gesinde gehören Hausdiener, Aufwartefrauen usw., wenn sie gleichzeitig zur häuslichen Gemeinschaft des Prinzipals gehören, auch der Hausknecht eines Hotels, der im Hotel selbst schläft (LG. I Berlin, KGBl. 90 31). Das Dienstverhältnis derjenigen Personen, welche zu keiner der vorgenannten Klassen gehören, regelt sich nach „den für das Arbeitsverhältnis dieser Personen geltenden Vorschriften" (§ 83 HGB.). Hierunter fallen namentlich nur diejenigen Personen, welche höhere nach eigenem Ermessen ausgeübte Dienste leisten, z. B. Juristen und National-

ökonomen als Syndizi oder Beiräte von Gesellschaften oder gelehrte Chemiker als Mitarbeiter von Fabriken, deren Stellung sie über die gegen feste Bezüge mit höheren technischen Dienstleistungen betrauten Betriebsbeamten des § 133a GO. hinaushebt; ferner die Redakteure der Zeitungen, die Reporter, die Apothekergehilfen, ferner zählen hierher die Schaffner der Straßenbahnen, welche nicht Gewerbegehilfen sind, da die Eisenbahnunternehmungen nach § 6 GO. dieser entzogen sind und auch nicht als Handlungsgehilfen angesehen werden, da der Verkauf der Fahrscheine sich in einfacher eine kaufmännische Übung nicht erfordernder Form vollzieht.

Unter die Kategorie dieser Angestellten werden in der Regel auch Maschinenschreiber gerechnet, sofern ihre Tätigkeit eine rein mechanische ist und sie nicht mit kaufmännischen Expeditionstätigkeiten befaßt sind (vgl. KG. in KGBl. 00 21).

§ 74. Eine Vereinbarung zwischen dem Prinzipal und dem Handlungsgehilfen, die den Gehilfen für die Zeit nach Beendigung des Dienstverhältnisses in seiner gewerblichen Tätigkeit beschränkt (Wettbewerbverbot), bedarf der Schriftform und der Aushändigung einer vom Prinzipal unterzeichneten, die vereinbarten Bestimmungen enthaltenden Urkunde an den Gehilfen.

Das Wettbewerbverbot ist nur verbindlich, wenn sich der Prinzipal verpflichtet, für die Dauer des Verbots eine Entschädigung zu zahlen, die für jedes Jahr des Verbots mindestens die Hälfte der von dem Handlungsgehilfen zuletzt bezogenen vertragsmäßigen Leistungen erreicht.

Zu § 74 Abs. 1:

1. Geregelt ist nur das Wettbewerbsverbot für die Zeit nach Beendigung des Dienstverhältnisses. Über ein gesetzliches

Wettbewerbsverbot während der Dauer des Dienstverhältnisses vgl. § 60 HGB.

2. Die Vereinbarungen müssen zwischen Prinzipal und Handlungsgehilfen getroffen sein. Im Augenblick der Abrede muß also der Handlungsgehilfenvertrag noch bestehen. Die Abrede kann sowohl bei Abschluß des Anstellungsvertrages als auch später getroffen werden. Nicht anwendbar sind die Bestimmungen auf einen Vertrag, durch den das Dienstverhältnis aufgelöst und gleichzeitig dem bisherigen Handlungsgehilfen ein Wettbewerbsverbot auferlegt wird. Das Gesetz will nur Fälle treffen, bei denen sich der Handlungsgehilfe der in der Konkurrenzklausel enthaltenen Beschränkung seiner persönlichen Freiheit unterwirft, weil er im Geschäft des Prinzipals sein weiteres Fortkommen erhalten soll und der Prinzipal die Vorteile der Klausel erwirbt, weil er den Handlungsgehilfen die Möglichkeit des weiteren Fortkommens in seinem Geschäft gewährt. Die Bestimmungen sind daher z. B. nicht anwendbar auf einen Vertrag, durch den der bisherige Handlungsgehilfe eine Filiale des bisherigen Prinzipals als selbständiger Kaufmann übernimmt (RG. 67 333; a. M.: Wolff, DJZ. 08 1128; vgl. auch Düringer, LZ. 09 210; Alsberg ebenda 1910, 206; Reinshagen S. 36). Umgekehrt gelten dagegen die Bestimmungen über Handlungsgehilfen, wenn das Wettbewerbsverbot in einem Vertrage vereinbart wird, durch den ein bisher selbständiger Kaufmann sein Geschäft veräußert und gleichzeitig in die Dienste des Erwerbers tritt (RG. in LZ. 1911, 936).

Die Bestimmungen beziehen sich nur auf eine Beschränkung der Tätigkeit des Angestellten selbst. Eine Beschränkung der Tätigkeit der Ehefrau und sonstiger Angehöriger fällt nicht darunter. Sie ist gültig; soweit nicht § 138 BGB. entgegensteht, oder die betreffenden Personen selbst im Verhältnis zum Prinzipal Handlungsgehilfen sind, in welchem Falle § 74a Abs. 2 Satz 3 in Betracht kommt.

Die Vereinbarung muß eine Beschränkung der gewerblichen Tätigkeit zum Gegenstand haben. Die Beschränkung braucht sich nicht nur auf eine selbständige oder unselbständige kaufmännische Tätigkeit zu erstrecken, es genügt vielmehr auch eine Beschränkung in der Verwendung der Arbeitskraft als Gewerbegehilfe, sonstiger ja nichtkaufmännischer Angestellter, als selbständiger Gewerbetreibender ohne Kaufmannseigenschaft usw. Der Begriff „gewerbliche Tätigkeit“ ist auch nicht etwa identisch mit dem Umkreis des Gewerbebegriffs oder des Begriffs des gewerblichen Angestellten im Sinne der GO. Es kann also auch eine Tätigkeit in einem der nach § 6 GO., von deren Anwendungsbereich ausgeschlossenen Berufen unter das Wettbewerbsverbot fallen. Gewerblich ist hier vielmehr jede Tätigkeit, die dem Erwerbe dient. Nicht unter den Begriff des Wettbewerbsverbots fällt also nur das Verbot einer rein idealen z. B. politischen, religiösen Tätigkeit usw. nach Auflösung des Dienstvertrages, das wohl praktisch noch nicht statuiert worden ist. Ein solches Wettbewerbsverbot wäre in seiner Gültigkeit nur durch § 138 BGB. begrenzt, d. h. es wäre nichtig, insoweit es wider die guten Sitten verstößt, was im einzelnen Fall zu prüfen ist.

Durch das Wettbewerbsverbot braucht nicht die Tätigkeit in einem bestimmten Betriebe oder einer bestimmten Art von Betrieben gänzlich verboten zu werden. Es genügt Untersagung einer bestimmten Art von Tätigkeit (z. B. reine Tätigkeit, Führung der englischen Korrespondenz). Es genügt auch schon die Verpflichtung zur Geheimhaltung bestimmter Geschäfts- und Fabrikationsgeheimnisse, wenn dem Gehilfen dadurch die Erlangung einer andern Stelle oder die Gründung einer selbständigen Existenz wesentlich erschwert wird (RG. in GruchotsBeitr. 47 999; LZ. 1912, 455; Recht 03 215 Reinshagen 19 ff.).

3. Für den Handlungsgehilfen ist es von Wichtigkeit, über den Inhalt eines ihn bindenden Wettbewerbsverbots genau unterrichtet zu sein. Abweichend vom sonstigen Recht, nach welchem ein Wettbewerbsverbot einer Form nicht bedarf, verlangt das Gesetz jetzt für Handlungsgehilfen die Schriftform und die Aushändigung einer vom Prinzipal unterzeichneten die vereinbarten Bestimmungen enthaltende Urkunde an den Handlungsgehilfen.

Das noch weitergehende Verlangen, gerichtliche oder notarielle Form vorzuschreiben, ist in der Kommission abgelehnt worden.

a) Schriftform.

Hier bestimmt:

§ 126 BGB. Ist durch Gesetz schriftliche Form vorgeschrieben, so muß die Urkunde von dem Aussteller eigenhändig durch Namensunterschrift oder mittelst gerichtlich oder notariell beglaubigten Handzeichens unterzeichnet werden.

Bei einem Vertrage muß die Unterzeichnung der Parteien auf derselben Urkunde erfolgen. Werden über den Vertrag mehrere gleichlautende Urkunden aufgenommen, so genügt es, wenn jede Partei die für die andere Partei bestimmte Urkunde unterzeichnet.

Die schriftliche Form wird durch die gerichtliche oder notarielle Beurkundung ersetzt.

Vorgeschrieben ist also

1. schriftliche Urkunde,
2 eigenhändige Unterzeichnung (Ort und Zeitdatum sind keine Erfordernisse der gesetzlichen Schriftform).

Zu 1. Der Text der Urkunde selbst braucht nicht von den Parteien, er kann auch von einem Dritten geschrieben oder mechanisch mit Druck, Schreibmaschine usw. hergestellt sein. Eigenhändig sein muß nur die Unterschrift.

Zu 2: Die Unterschrift muß unter die Urkunde gesetzt werden, sie muß so erfolgen, daß sie die ganze Erklärung deckt. Durch die eigene Unterschrift wird der Formvorschrift auch genügt, wenn der Unterschreibende blind ist oder Geschriebenes nicht lesen kann oder der Sprache, in welcher die Urkunde abgefaßt ist, nicht mächtig ist (Planck § 126 Anm. 2; RG. im SächsArch. 10 267). Dem Unterzeichner steht in solchen Fällen nur die Anfechtung wegen Irrtums zu, aber auch nur dann, wenn er nachweist, daß er eine Erklärung dieses Inhalts überhaupt nicht abgeben wollte und wenn anzunehmen ist, daß er sie bei Kenntnis der Sachlage und bei verständiger Würdigung des Falles nicht abgegeben haben würde (§ 119 BGB.). Hierzu genügt der bloße Nachweis der

Unkenntnis vom Inhalt der Urkunde nicht, denn gegen denjenigen, der eine Erklärung unterzeichnet, ohne ihren Inhalt zu kennen, spricht die Vermutung, daß er ohne Kenntnisnahme den ihm vorgelegten Wortlaut gegen sich gelten lassen will. Aus dem gleichen Grunde greift deshalb auch der vielfach erhobene Einwand, man habe ein Formular unterzeichnet, ohne es durchzulesen, in der Regel nicht durch (vgl. Staudinger § 119 Anm. V 3; RG. 62 205; KG. in OLGRspr. 16 43 ff.). Zur Wahrung der Schriftform genügt auch an sich die Unterzeichnung eines Blanketts, insbesondere eines noch nicht ausgefüllten Formulars (RG. 57 66 ff.; 63 234 ff.), wenn der andere Teil ermächtigt wird, die Ausfüllung vorzunehmen (a. M. Staudinger § 126 Anm. IV 1). Der Vertrag wird aber erst perfekt, wenn dem Handlungsgehilfen die ausgefüllte vom Prinzipal unterzeichnete Urkunde ausgehändigt ist. (Siehe unten.) Dagegen ist die vorherige Ausfüllung des vom Handlungsgehilfen zu unterzeichnenden Vertragsformulars nicht Vorbedingung der Rechtsgültigkeit.

Zur Schriftform ist eigenhändige Unterzeichnung nötig. Mechanisches Verfahren (Stempel, Druck, Schreibmaschine, Fernbrucker) genügt nicht. Die faksimilierte Unterschrift ist keine eigenhändige (RG. in JW. 00 469; OLGRspr. 2 255). Die Unterschrift geschieht regelmäßig durch Zeichnung mit dem Familiennamen, mit oder ohne Vornamen, bei Handelsgesellschaften mit der Firma. Ein Einzelkaufmann hat die Wahl, ob er mit der Firma oder seinen persönlichen Namen zeichnen will. Leserlichkeit der Namensunterschrift ist nicht erforderlich (vgl. Staudinger Anm. IV 4a zu § 126). Der Name muß ausgeschrieben sein, der bloße Anfangsbuchstabe genügt nicht. Die Unterzeichnung muß in Buchstabenschrift erfolgen, Geheimschrift und Stenographie genügen nicht.

Die Namensunterschrift ersetzt das beglaubigte Handzeichen.

Die Wahl des Handzeichens steht dem Unterzeichnenden frei, es brauchen nicht die üblichen drei Kreuze zu sein, auch ist niemand gezwungen, ein für allemal dasselbe Handzeichen zu gebrauchen (vgl. Staudinger § 126 Anm. IV 4b). Die Zulässigkeit der Unterzeichnung durch Handzeichen hängt davon ab, daß der Unterzeichner des Schreibens unkundig oder durch andere Umstände am Schreiben verhindert ist. Zur Wahrung der Form ist auch nicht erforderlich, daß dem Unterzeichner die unterzeichnete Erklärung vorgelesen oder, falls er der Sprache, in welcher sie abgefaßt ist, nicht mächtig ist, verdolmetscht wird. Auch ein Stempel kann als Handzeichen benutzt werden (vgl. Planck § 126 Anm. 3).

Das Handzeichen muß gerichtlich oder notariell beglaubigt sein. Über das Verfahren hierbei gelten folgende Bestimmungen des RG., betr. die freiwillige Gerichtsbarkeit:

§ 167. Für die gerichtliche Beurkundung eines Rechtsgeschäfts sowie für die gerichtliche Beglaubigung eines Handzeichens sind die Amtsgerichte zuständig.

Für die öffentliche Beglaubigung einer Unterschrift sind außer den Notaren die Amtsgerichte zuständig ...

§ 183. Die gerichtliche oder notarielle Beglaubigung einer Unterschrift darf nur erfolgen, wenn die Unterschrift in Gegenwart des Richters oder des Notars vollzogen oder anerkannt wird.

Die Beglaubigung geschieht durch einen unter die Unterschrift zu setzenden Vermerk. Der Vermerk muß die Bezeichnung desjenigen, welcher die Unterschrift vollzogen oder anerkannt hat, enthalten und den Ort und den Tag der Ausstellung angeben sowie mit Unterschrift und Siegel oder Stempel versehen sein.

Diese Vorschriften finden auf die gerichtliche oder notarielle Beglaubigung eines Handzeichens entsprechende Anwendung.

§ 184. Für die nach § 167 den Amtsgerichten obliegenden Verrichtungen sind in Ansehung solcher Personen, die zur Besatzung eines in Dienst gestellten Schiffes der Kaiserlichen Marine gehören oder die in anderer Eigenschaft an Bord eines solchen Schiffes sind, auch die Geschwaderauditeure zuständig, solange das Schiff sich außerhalb eines inländischen Hafens befindet. Den Schiffen stehen die sonstigen Fahrzeuge der Kaiserlichen Marine gleich.

Die Ausfertigung der Protokolle über die Beurkundung eines Rechtsgeschäfts ist von dem Auditeur zu unterschreiben und mit dem Gerichtssiegel zu versehen.

Die Vorschriften des Artikel 44 des Einführungsgesetzes zum Bürgerlichen Gesetzbuche bleiben unberührt.

§ 191. Unberührt bleiben die landesgesetzlichen Vorschriften, nach welchen für die Aufnahme der nach dem § 1718 und dem § 1720 Abs. 2 des Bürgerlichen Gesetzbuchs erforderlichen öffentlichen Urkunden sowie für die öffentliche Beglaubigung einer Unterschrift außer den Amtsgerichten und Notaren auch andere Behörden oder Beamte zuständig sind.

Durch Landesgesetz kann die Zuständigkeit der Amtsgerichte für die öffentliche Beglaubigung einer Unterschrift oder eines Handzeichens ausgeschlossen werden.

Die Unterzeichnung, und zwar sowohl durch Namensunterschrift, wie durch Handzeichen, kann auch durch einen Vertreter erfolgen. Der bevollmächtigte Vertreter kann sowohl mit seinem eigenen Namen, wie lediglich mit dem Namen bzw. der Firma des Vollmachtgebers unterzeichnen (RG., Pl.-Entsch. 74 69). Unterschreibt der Vertreter nur mit seinem eigenen Namen, so muß mindestens aus dem Inhalt der Urkunde erkennbar sein, daß er im Namen eines andern handelt. Es genügt daher auch die Namensunterschrift des Vertreters unter dem Stempeldruck der Firma. Nach dem HGB. hat der Prokurist der Firma seinen Namen mit einem die Prokura andeutenden Zusatz: der Handlungsbevollmächtigte, mit einem das Vollmachtsverhältnis ausdrückenden Zusatz zu zeichnen (§§ 51, 57); es handelt sich hier jedoch um bloße Ordnungsvorschriften. Wenn der Prokurist oder Handlungsbevollmächtigte in anderer Form zeichnet, wird die Unterzeichnung nicht unwirksam (RG. 50 59 ff.).

Die Unterzeichnung muß auf derselben Urkunde erfolgen, ein Wechsel von Briefen oder Telegrammen genügt daher zur Wahrung der gesetzlichen Schriftform an sich nicht. Auswechslung von Urkunden ist nur dann genügend, wenn sie gleichlauten. Es genügt daher nicht, wenn der Prinzipal das Wettbewerbsverbot in einem Briefe fixiert und der Gehilfe die Abrede schriftlich bestätigt. Dagegen kann die auszuhändigende Urkunde mit dem vom Prinzipal zu unterzeichnenden Vertragsexemplar identisch sein.

b) Aushändigung der Urkunde.

Das Gesetz verlangt ferner die Aushändigung einer vom Prinzipal unterzeichneten, die vereinbarten Bestimmungen enthaltende Urkunde an den Handlungsgehilfen. Es genügt die Unterzeichnung durch einen bevollmächtigten Vertreter des Prinzipals und Aushändigung an einen Vertreter des Handlungsgehilfen. Die Aushändigung braucht nicht in unmittelbarem Zusammenhang mit dem Vertragsschluß zu erfolgen. Sie wird in der Regel nachher geschehen, sie kann aber auch schon vorher erfolgen, wenn z. B. der Prinzipal zunächst die von ihm unterschriebene Urkunde aushändigt und erst dann der Gehilfe das Vertragsexemplar vollzieht. Wirksam wird das Wettbewerbsverbot erst, wenn beide Teile unterzeichnet haben und die Urkunde ausgehändigt ist. Solange eins dieser Erfordernisse fehlt, ist der Vertrag noch nicht perfekt und derjenige Teil, der unterzeichnet hat, ist nach Maßgabe der §§ 145 ff. an seinen Vertragsantrag gebunden, d. h. wenn eine bestimmte Annahmefrist vereinbart ist, bis zu deren Ablauf, andernfalls bis zu dem Zeitpunkt, in welchem bei Verhandlungen unter Abwesenden der Eingang der Antwort, d. h. die Unterzeichnung des andern Teils unter regelmäßigen Umständen erwartet werden kann.

Die auszuhändigende Urkunde kann das vom Prinzipal unterzeichnete Vertragsexemplar oder ein besonderes Schriftstück sein. Im letzteren Falle braucht das Schriftstück nur diejenigen Vertragsbestimmungen zu enthalten, die sich auf das Wettbewerbsverbot beziehen, nicht aber den ganzen Vertrag, falls das Wettbewerbsverbot Teil eines andern Vertrages, insbesondere des Anstellungsvertrages ist.

Die Aushändigung der Urkunde hat im Streitfalle zu beweisen, wer aus dem Wettbewerbsverbot Rechte herleiten will. Der Prinzipal wird daher gut tun, sich vom Handlungsgehilfen den Empfang der Urkunde schriftlich bestätigen zu lassen. Die Bestätigung ist jedoch nicht Vorbedingung für die Rechtsgültigkeit der Abrede.

Zu § 74 Abs. 2:

1. Entstehungsgeschichte. Der Gesetzgeber stellt hier für die Konkurrenzklausel den Grundsatz der „bezahlten Karenz" auf. Der Prinzipal muß dem Gehilfen für die Beschränkungen, die er diesem durch die Konkurrenzklausel auferlegt, eine besondere Entschädigung während der Dauer jener Beschränkungen gewähren. Der Gesetzgeber hofft hiervon eine Regelung des Rechtes des Wettbewerbsverbots, die in gewissem Sinne organisch wirkt, indem sie die Prinzipale von selbst dazu führt, ein Wettbewerbsverbot nur in solchen Fällen zu vereinbaren, in denen ein wirklich erhebliches und schutzbedürftiges Interesse dafür vorliegt. Der Maßstab, an dem die Prinzipale dieses Interesse messen sollen, soll in dem Opfer bestehen, das sie ihrerseits für die dem Gehilfen auferlegte Beschränkung zu bringen haben. Die Begründung (S. 7) führt hierzu aus:

„Dieser Grundsatz erscheint nicht nur geeignet, den erwähnten Zweck zu erreichen, sondern er ist auch sachlich gerechtfertigt und entspricht der Billigkeit. Denn wenn der Gehilfe zufolge des Anstellungsvertrags noch nach der Beendigung des Dienstverhältnisses zu einer ihn erheblich beschwerenden Leistung in Gestalt des Unterlassens der Ausübung gewisser Arten seiner gewerblichen Tätigkeit verpflichtet bleibt, so ist es nur angemessen, daß dieser Leistung auch eine Gegenleistung des Prinzipals gegenübersteht. Der Einwand, daß diese Gegenleistung schon in der Höhe des während des Dienstverhältnisses bezahlten Gehalts zu finden sei, kann, so wie die Verhältnisse heute liegen, nicht wohl ernstlich erhoben werden.

Die Entschädigung ist nicht so zu bemessen, daß der Prinzipal für die Dauer des Verbots dem Angestellten die früheren Bezüge weiter zahlt oder ihm den vollen Lebensunterhalt gewährt. Denn die Vorschrift, daß die Konkurrenzklausel nur insoweit gültig ist, als sie nach Ort, Zeit und Gegenstand das Fortkommen des Gehilfen nicht in unbilliger Weise erschwert, bleibt auch künftig bestehen und ermöglicht es dem Gehilfen, sich einer zu weitgehenden Beeinträchtigung seiner Erwerbstätigkeit zu entziehen. Die Entschädigung kann vielmehr nur den Zweck haben, dem Gehilfen ein angemessenes Entgelt für die Nachteile zu gewähren, welche die Beschränkung seiner Freiheit in bezug auf die Ausnutzung der Arbeitskraft auch dann mit sich bringt, wenn sich die Beschränkung innerhalb der gesetzlich zulässigen Grenzen hält."

Die Regierungsvorlage hatte eine Staffelung der Karenzentschädigung dahin vorgesehen, daß sie im ersten Jahre mindestens ein Viertel, im zweiten Jahre ein Drittel, im dritten Jahre den vollen Betrag der von dem Handlungsgehilfen zuletzt bezogenen vertragsmäßigen Leistungen ausmachen solle. Die Reichstagskommission hat in erster Lesung die Wirksamkeit der Konkurrenzklausel auf ein Jahr eingeschränkt und die Entschädigung auf den Betrag der vollen Bezüge und für den Fall, daß der Gehilfe durch das Konkurrenzverbot zum Wechsel des Geschäftszweiges oder zur Verlegung seines Wohnsitzes in einen anderen Ort gezwungen werde, die Entschädigung noch um ein Viertel erhöht. Die zweite Regierungsvorlage schlug für jedes Jahr mindestens ein Drittel vor. Das Gesetz, das in § 74a die Dauer des Wettbewerbsverbots auf zwei Jahre normiert, setzt die Entschädigung gemäß den Beschlüssen der Kommission in 2. Lesung für jedes Jahr des Verbots auf mindestens die Hälfte der von dem Handlungsgehilfen zuletzt bezogenen vertragsmäßigen Leistungen fest.

2. Die Vereinbarung der Karenzentschädigung ist Voraussetzung der Verbindlichkeit des Wettbewerbsverbots. Ohne sie ist die Abrede nichtig. Der Gehilfe, mit dem eine Abrede ohne Entschädigung getroffen ist, kann also nicht etwa unter der Erklärung, daß er trotzdem das Wettbewerbsverbot erfüllen wolle, Zahlung der Karenzentschädigung verlangen. Nichtig ist der Vertrag nicht nur, wenn überhaupt keine Karenzentschädigung vereinbart ist, sondern auch, wenn die vereinbarte Entschädigung sich unter dem gesetzlichen Minimum hält.

Die Zubilligung der Karenzentschädigung muß gleichzeitig mit der Vereinbarung des Wettbewerbsverbots, und zwar im schriftlichen Vertrage (§ 74) erfolgen. Der Prinzipal kann also das Wettbewerbsverbot nicht dadurch gültig machen, daß er sich späterhin einseitig zur Zahlung der Karenzentschädigung, deren Vereinbarung versäumt war, erbietet. Dagegen ist es natürlich zulässig, einen **neuen Vertrag** zu schließen, durch welchen die Vereinbarung der Karenzentschädigung nachgeholt wird, wenn der frühere Vertrag mangels einer Vereinbarung oder mangels ungenügender Höhe der Vereinbarung nichtig war. Ein solcher nachträglicher Vertrag kommt namentlich dann in Frage, wenn im ursprünglichen Anstellungsvertrage bestimmte Gehaltssätze vorgesehen waren, denen auch bestimmte Beträge der Karenzvergütung entsprachen, und wenn dann das Gehalt über das im ursprünglichen Vertrage vorgesehene Maß erhöht und dementsprechend auch die Karenzentschädigung erhöht werden muß. Um die Notwendigkeit solcher neuen Vertragsabreden zu vermeiden, empfiehlt es sich deshalb von vornherein, die Karenzentschädigung nicht in bestimmten Summen, sondern in Prozenten des letzten Einkommens festzusetzen. Eine Festsetzung in solcher möglichst allgemeinen Form empfiehlt sich namentlich bei schwankenden Bezügen (§ 74b) auch deshalb, weil die Vereinbarung einer zu niedrigen Karenzentschädigung ohne weiteres das Wettbewerbsverbot nichtig macht und sich die Höhe der Bezüge bei Abschluß des Abkommens schwer mit voller Genauigkeit übersehen läßt.

Die Karenzentschädigung muß als Entgelt **für die Zeit der Beschränkung** gewährt werden (vgl. § 74b). Es ist nicht zulässig, sie etwa während der Dienstzeit in Form einer Gehaltserhöhung zu zahlen. Der Prinzipal muß ev. bei sich selbst eine Art Reservefonds für die Karenzentschädigung bilden und wird natürlich mit Rücksicht auf diese Maßregel das Gehalt entsprechend bemessen müssen.

Vorschußzahlung auf die Karenzentschädigung ist nur insoweit zulässig, als hiermit nicht eine Umgehung der Vorschriften über das Mindestmaß der Entschädigung bezweckt wird (§ 75d, KommB. S. 48).

Das Mindestmaß der Karenzentschädigung ist unter Zugrundelegung der von dem Gehilfen **zuletzt bezogenen vertragsmäßigen Leistungen** zu berechnen. Zugrunde zu legen ist also die **letzte bei Beendigung des Dienstverhältnisses** bestehende Vertragsabrede, auch wenn sie erst ganz kurze Zeit in Kraft ist. Aus ihr ist das Jahreseinkommen zu berechnen. Nach der Fassung des Gesetzes sind also nicht etwa, wie die Reichstagskommission in erster Lesung beschlossen hatte, die Bezüge des letzten Jahres zugrunde zu legen. Maßgebend für die Berechnung ist das Dienstverhältnis in seiner Gestalt bei Auflösung des Vertrages. Gehaltserhöhungen oder Gehaltsermäßigungen sind insoweit zu berücksichtigen, als sie vor Auflösung des Vertrages dem Handlungsgehilfen bereits zuteil geworden sind. Dagegen ist eine in einem länger laufenden Vertrage für spätere Zeit vorgesehene Gehaltsänderung nicht zu berücksichtigen, wenn sie bei Aufhebung des Vertrages noch nicht in Kraft getreten war.

Unter Zugrundelegung der zuletzt bezogenen vertragsmäßigen Leistungen ist der Jahresbetrag, falls das Wettbewerbsverbot aber für kürzere Zeit läuft, der Betrag für diesen Zeitraum zu berechnen, die Hälfte dieses Satzes ergibt den Mindestbetrag der Karenzentschädigung.

Vertragsmäßige Leistungen sind alle Leistungen, die der Handlungsgehilfe auf Grund des Anstellungsvertrages bezieht. Ob es sich um Geldvergütung oder Naturalvergütung handelt, ist gleichgültig. Bei letzterer (insbesondere freier Station) ist deren Wert in Ansatz zu bringen. Beiträge für die gesetzlichen Versicherungen (Krankenversicherung, Invalidenversicherung, Angestelltenversicherung), soweit sie der Prinzipal gesetzlich zu leisten hat, sind nicht mit in Rechnung zu ziehen, da ihre Zahlung nicht auf dem Vertrage, sondern auf dem Gesetz beruht. Macht der Prinzipal von seinem gesetzlichen Recht des Abzugs eines Teils der verauslagten Beiträge bei der Gehaltszahlung Gebrauch, so wird hierdurch das der Karenzentschädigung zugrunde zu legende Gehalt nicht gemindert, da das Recht zu diesen Abzügen gleichfalls nicht auf dem Vertrage, sondern auf dem Gesetz beruht. Zahlt dagegen der Prinzipal die Beiträge in voller Höhe für den Handlungsgehilfen, so bildet die Zahlung des abzugsfähigen Teils der Beiträge eine besondere vertragsmäßige Leistung neben dem Gehalt, die auch bei der Berechnung der Karenzentschädigung zu berücksichtigen ist.

Der Berechnung der Karenzentschädigung sind sowohl feste wie schwankende Bezüge zugrunde zu legen. Über die Berechnung der letzteren vergleiche zu § 74b. Gratifikationen sind der Berechnung der Karenzentschädigung zugrunde zu legen, soweit ihre Leistung auf Grund eines Vertrages erfolgt. Dies gilt nicht nur, wenn die Gratifikation ausdrücklich zugesichert ist, sondern auch, wenn sie stillschweigend vereinbart ist. Stillschweigende Vereinbarung ist freilich nicht schon dann anzunehmen, wenn die Gratifikation tatsächlich lange Zeit hindurch gewährt ist, wohl aber dann, wenn außer der regelmäßigen Gewährung der Gratifikation noch aus ihrer erheblichen Höhe zu entnehmen ist, daß es sich um einen Einkommenbestandteil handelt, mit dem der Angestellte von vornherein zu rechnen hat. Die Judikatur über das Wesen der Gratifikation schwankt (vgl. hierüber Landsberger, GewKfmG. 14 Sp. 305 ff.; Neumann, Jahrb. des Kaufmannsgerichts Berlin 2 138; Staub § 59 Anm. 34). — Der Karenzentschädigung zugrunde zu legen sind nur diejenigen vertragsmäßigen Leistungen, die der Handlungsgehilfe als Entgelt für seine Handlungsgehilfentätigkeit bezieht; nicht zu berücksichtigen sind also z. B. die Zinsen oder der Gewinnanteil, die er als Vergütung für eine geleistete Geschäftseinlage erhält, jedoch wird hier besonders darauf zu achten sein, daß keine Umgehung der Karenzbestimmungen im Sinne des § 74d vorliegt. Nicht zu berücksichtigen wäre auch eine Sonderentschädigung, die der Angestellte für nichtkaufmännische Dienste, z. B. technische Dienstleistungen, häusliche Dienste, Tätigkeit als Privatsekretär usw. erhält. Doch wird in den meisten Fällen das Dienstverhältnis als ein einheitliches anzusehen sein und der Verdacht bestehen, daß die Normierung von Sonderentschädigungen für nichtkaufmännische Dienste lediglich der Umgehung des Gesetzes dient.

Maßgebend sind nur die von dem Gehilfen bezogenen vertragsmäßigen Leistungen. Leistungen, die auf Grund eines sog. 1500 M-Vertrages, sofern dieser ernsthaft gemeint und kein Scheinvertrag ist, an Dritte, insbesondere die Ehefrau, erfolgen, sind deshalb in die Karenzentschädigung nicht einzurechnen. Dagegen ist es gleichgültig, ob die dem Handlungsgehilfen gewährten Leistungen von dem Prinzipal oder von einem Dritten gewährt werden. Einzurechnen ist also sowohl eine feste Vergütung, die der Angestellte auf Grund der Abrede mit dem Prinzipal von einem Dritten bekommt, z. B. die dem Buchhalter einer Aktiengesellschaft für Führung der Bücher einer Tochtergesellschaft vertragsmäßig von der Hauptgesellschaft zugesagte, von der Tochtergesellschaft zu gewährende Vergütung, als auch die lediglich dem Angestellten vom Prinzipal vertragsmäßig eingeräumte Gelegenheit zum Gelderwerb, z. B. zum Erwerb von Trinkgeldern oder Provision von Lieferanten und Kunden. In letzterer Beziehung sind natürlich nur die mit dem Willen des Prinzipals bezogenen Provisionen, nicht dagegen die heimlichen Provisionen, sog. Schmiergelder, mitzurechnen. Auch die Berechnung dieser Bezüge erfolgt nach den Vorschriften des § 74b Abs. 2.

§ 74a. Das Wettbewerbverbot ist insoweit unverbindlich, als es nicht zum Schutze eines berechtigten geschäftlichen Interesses des Prinzipals dient. Es ist ferner unverbindlich, soweit es unter Berücksichtigung der gewährten Entschädigung nach Ort, Zeit oder Gegenstand eine unbillige Erschwerung des Fortkommens des Gehilfen enthält. Das Verbot kann nicht auf einen Zeitraum von mehr als zwei Jahren von der Beendigung des Dienstverhältnisses an erstreckt werden.

Das Verbot ist nichtig, wenn die dem Gehilfen zustehenden jährlichen vertragsmäßigen Leistungen den Betrag von fünfzehnhundert Mark nicht übersteigen. Das gleiche gilt, wenn der Gehilfe zur Zeit des Abschlusses minderjährig ist oder wenn sich der Prinzipal die Erfüllung auf Ehrenwort oder unter ähnlichen Versicherungen versprechen läßt. Nichtig ist auch die Vereinbarung, durch die ein Dritter an Stelle des Gehilfen die Verpflichtung übernimmt, daß sich der Gehilfe nach der Beendigung des Dienstverhältnisses in seiner gewerblichen Tätigkeit beschränken werde.

Unberührt bleiben die Vorschriften des § 138 des Bürgerlichen Gesetzbuches über die Nichtigkeit von Rechtsgeschäften, die gegen die guten Sitten verstoßen.

Zu § 74a Abs. 1 Satz 1:

1. Entstehungsgeschichte. Das Wettbewerbsverbot ist insoweit unverbindlich, als es nicht zum Schutze eines berechtigten geschäftlichen Interesses des Prinzipals dient.

Der vom Gesetzgeber aufgestellte Grundsatz entsprach schon der bisherigen gesetzlichen Praxis, die eine unbillige Erschwerung des Fortkommens des Gehilfen annehme, wenn die Beschränkung der Tätigkeit für den Prinzipal kein berechtigtes Interesse hat (vgl. OLG. Karlsruhe, OLGRspr. 1 390; GG. München, GewKfmG. 11 369; KfmG. Braunschweig, GewKfmG. 13 306; KfmG. und LG. Mannheim, GewKfmG. 13 310; KfmG. Mannheim, GewKfmG. 15 15). Der Gesetzentwurf hatte das Moment des berechtigten geschäftlichen Interesses ausdrücklich in den Text aufgenommen, indem er in § 74a vorschlug:

„Die Vereinbarung ist insoweit unverbindlich, als die Beschränkung unter Berücksichtigung der gewährten Entschädigung und im Verhältnis zu dem berechtigten geschäftlichen Interesse des Prinzipals nach Zeit, Ort und Gegenstand eine unbillige Erschwerung des Fortkommens des Gehilfen enthält."

Die Reichstagskommission schränkte in erster Lesung den Schutzzweck noch weiter ein, indem sie bestimmte:

„Ein Wettbewerbsverbot ist nur zulässig zum Schutze eines wichtigen geschäftlichen Interesses des Prinzipals gegen Verwertung wesentlicher Geschäftsbetriebsgeheimnisse, sofern der

Handlungsgehilfe während seiner Beschäftigung Einblick in solche hat."

Das Gesetz fordert entsprechend der zweiten Regierungsvorlage als Voraussetzung des Schutzes lediglich ein berechtigtes geschäftliches Interesse.

2. Schutz eines berechtigten geschäftlichen Interesses ist nicht nur Schutz des Geschäfts- und Betriebsgeheimnisses. Auch die Kundschaft des Geschäfts ist ein schutzwerter Bestandteil des Geschäftsvermögens (KfmG. Berlin, Jahrb. 2 290). Ein schutzwertes Interesse liegt auch vor, wenn der Kaufmann lediglich die Steigerung des Kundenkreises der Konkurrenzfirma verhindern will, weil er hierdurch eine Schwächung der Rentabilität seines eigenen Geschäfts befürchtet (KfmG. Berlin, Jahrb. 3 316). Insbesondere ist es auch ein berechtigtes Interesse, wenn der Kaufmann die Konkurrenzklausel vereinbart, um den Konkurrenten zu verhindern, ihm sein geschultes Personal wegzuengagieren (KfmG. Berlin, Jahrb. 3 317). Kein berechtigtes Interesse liegt dagegen vor, wenn der neue Prinzipal, zu dem der Angestellte übertritt, überhaupt kein Konkurrent ist oder jedenfalls durch den Übertritt in das neue Geschäft dem bisherigen kein erheblicher Schade entstehen kann (vgl. für bisheriges Recht: OLG. Karlsruhe, OLGRspr. 1 390: Eröffnung eines kleinen Speditionsgeschäfts durch den früheren Angestellten einer großen Flußschifffahrtsunternehmung: KfmG. München, GewKfmG. 11 269. Verbot der Tätigkeit des Angestellten eines Münchener Warenhauses in einem Berliner Warenhause).

Dafür, daß durch die Konkurrenzklausel kein berechtigtes geschäftliches Interesse des Prinzipals geschützt wird, ist der Gehilfe beweispflichtig. Die Bestimmung enthält ein Schikaneverbot; wer behauptet, daß Schikane vorliegt, muß dies dartun. So auch für das bisherige Recht: LG. Mannheim, GewKfmG. 13 Sp. 310; LG. Gießen, ebenda Sp. 218.

Das Wettbewerbsverbot ist, insoweit es nicht zum Schutze eines berechtigten Interesses dient, nicht absolut nichtig, sondern es ist nur unwirksam, insoweit es nicht dem vom Gesetz verlangten Schutzzweck dient. Der Richter hat also im Streitfall die Aufgabe, das Verbot insoweit zu ermäßigen, daß es nur noch den gesetzlichen Zweck erfüllt. Das ganze Wettbewerbsverbot ist nur dann für unwirksam zu erklären, wenn ein schutzbedürftiges Interesse des Prinzipals überhaupt nicht vorliegt oder wenn es gegen § 138 BGB. verstößt. Näheres über diese Voraussetzung vgl. zu § 74a Abs. 3. Die Abrede z. B., wonach ein Angestellter eines Münchener Warenhauses sich verpflichtete, keine Stellung bei einem Warenhaus in München und Berlin anzunehmen, wird in der Regel nur für München ein berechtigtes Interesse des Prinzipals schützen und deshalb auch nur für München und nicht für Berlin für gültig zu erklären sein (vgl. KfmG. München, GewKfmG. 11 Sp. 270).

Das berechtigte Interesse des Prinzipals muß beim Abschluß des Wettbewerbsverbots vorliegen. Nachher braucht es keineswegs in jedem einzelnen Moment vorhanden zu sein. Es erlischt insbesondere nicht, wenn der Prinzipal sein Geschäft aufgibt, sondern erst dann, wenn für ihn auch jede Möglichkeit der Neubegründung eines gleichartigen Geschäfts fortgefallen ist (vgl. für bisheriges Recht: RG. 47 241; JW. 00 826; SächsArch. 12 575).

Ist das Geschäft auf einen andern übergegangen, so erlischt das Interesse des bisherigen Prinzipals keineswegs unter allen Umständen. Es besteht für ihn die Möglichkeit der Eröffnung eines neuen Geschäfts (Recht 08 467). Im Zweifel ist aber anzunehmen, daß die Rechte mit dem Geschäft auf den neuen Erwerber übergehen, wenn dieser es, gleichviel ob mit oder ohne Firma weiterführt (KfmG. und LG. Gießen, GewKfmG. 13 314; vgl. auch RG. in JW. 01 726 Nr. 725; 07 136 Nr. 15; a. M.: KfmG. Straßburg, GewKfmG. 12 662, das das Vorliegen spezieller Tatsachen fordert, die auf das Fortbestehen des Wettbewerbsverbots schließen lassen). Das Wettbewerbsverbot wird vereinbart, um den Wert des Geschäfts zu erhöhen und bildet daher ein Geschäftsaktivum (RG. in SeuffA. 56 412; vgl. auch 37 178). Die Rechte aus dem Wettbewerbsverbot kann daher in diesem Falle nur der Geschäftserwerber nicht der vom Geschäft zurückgetretene bisherige Inhaber geltend machen (vgl. KfmG. Darmstadt, GewKfmG. 13 308). Dies gilt auch, wenn der durch das Wettbewerbsverbot Gebundene zur Zeit des Geschäftsüberganges nicht mehr in Stellung ist (LG. Darmstadt, GewKfmG. 13 211).

Der Tod oder Konkurs des Prinzipals hebt das Wettbewerbsverbot nicht auf, solange das Unternehmen nicht endgültig aufgegeben ist. Auf den Erben, der das Geschäft, sei es allein, sei es unter Aufnahme von Gesellschaftern, fortführt, gehen die Rechte aus dem Wettbewerbsverbot über (LG. Kiel, SchlHolstAnz. 09 135). Über die Einwirkung des Konkurses auf das Wettbewerbsverbot vgl. im übrigen zu § 75e.

Der Tod des Handlungsgehilfen macht das Wettbewerbsverbot hinfällig. Die daraus bereits erwachsenen Ansprüche auf Vertragsstrafe und Schadensersatz bleiben gegenüber den Erben bestehen. Einstellung eines verbotswidrig eröffneten Betriebes kann gegenüber den Erben nicht mehr gefordert werden.

Eine Veränderung der Rechtsform eines Unternehmens ist auf die Wirksamkeit des Wettbewerbsverbots ohne Einfluß, wenn die wirtschaftliche Existenz unberührt bleibt. Die Rechte aus dem Wettbewerbsverbot bleiben am Unternehmen haften, wenn der Einzelkaufmann ein Gesellschaftsverhältnis eingeht, wenn aus der Gesellschaft alle bis auf einen Gesellschafter austreten und dieser hierdurch Einzelkaufmann wird, wenn aus einer Gesellschaft einzelne Gesellschafter austreten oder neue eintreten. Das gleiche gilt, wenn das Unternehmen eines Einzelkaufmanns oder einer offenen Handelsgesellschaft in eine Aktiengesellschaft oder Gesellschaft mit beschränkter Haftung umgewandelt wird, oder wenn eine Gesellschaft eine andere Gesellschaftsform annimmt.

Schwierigkeiten können sich ergeben, wenn ein Unternehmen, durch Auflösung oder Umänderung in mehrere Einzelunternehmungen zerfällt. z. B. ein Einzelkaufmann nur einen Teil eines Geschäftsbetriebes in eine Gesellschaft mit beschränkter Haftung verwandelt. Man wird hier im Zweifel sagen müssen, daß das Wettbewerbsverbot insoweit in Wirksamkeit bleibt, als sich hierdurch die Lage des Angestellten nicht verschlechtert. Bezog sich die Tätigkeit des Angestellten nur auf einen Teil des Betriebes, so folgt das Wettbewerbsverbot dem Schicksal dieses Teiles. Tritt eine Erschwerung der Lage des Angestellten hinsichtlich des Wettbewerbsverbots durch die Teilung des Betriebes ein, so ist mangels anderweitiger Abrede Hinfälligkeit des gesamten Wettbewerbsverbots anzunehmen.

Zu § 74a Abs. 1 Satz 2:

Der § 74a Abs. 1 Satz 2 wiederholt im wesentlichen den Grundsatz des bisherigen § 74 Abs. 1, wonach ein Wettbewerbsverbot nur insoweit gültig ist, als es keine unbillige Erschwerung des Fortkommens des Gehilfen enthält. In der Ausgestaltung aber weicht die Bestimmung doch von dem bisherigen Recht ab.

a) Das bisherige Recht spricht von einer unbilligen Erschwerung des Fortkommens nach Art, Zeit und Gegenstand, das neue Gesetz von Ort, Zeit oder Gegenstand. Das bisherige Recht erachtet es nicht als notwendig, daß eine Beschränkung jedesmal nach allen drei Richtungen, in denen sie möglich ist, als gleichzeitig örtlich, zeitlich und gegenständlich vorliege. Vielmehr wurde auch ein zeitlich oder örtlich unbeschränktes Verbot als zulässig erachtet, wenn es gegenständlich so begrenzt war, daß es nicht unbillig erschien (RG. 53 157; OLG. Darmstadt, OLGRspr. 11 383; LG. Hagen, GewKfmG. 13 313). Maßgebend war nach bisherigem Recht das Gesamtbild der Beschränkung unter Berücksichtigung aller drei Richtungen (Reinshagen S. 23; Staub § 74 Anm. 7). Nach jetzigem Recht ist in jeder einzelnen Richtung besonders zu prüfen, ob die Erschwerung unbillig ist. Hierbei ist allerdings zu berücksichtigen, daß noch nicht jede örtlich unbegrenzte Beschränkung unbillig zu sein braucht, z. B. wenn sie sich auf ganz kurze Zeit oder nur auf einen ganz engen Gegenstand erstreckt, ebenso wie natürlich eine zeitliche Begrenzung, die das gesetzliche Maximum von zwei Jahren erreicht, noch nicht unbillig ist.

b) Für die Frage, ob unbillige Erschwerung vorliegt, ist jetzt auch die gewährte Entschädigung heranzuziehen. Der von der Kommission angenommene Vorschlag des ersten Regierungsentwurfs, hierbei auch das Verhältnis zum berechtigten geschäftlichen Interesse des Prinzipals heranzuziehen, ist nicht Gesetz geworden, weil nach Satz 1 das Wettbewerbsverbot, insoweit es nicht zum Schutz eines berechtigten geschäftlichen Interesses dient, überhaupt unverbindlich ist. Es findet jetzt also in diesem Punkte keine gegenseitige Interessenwägung statt. Der Gehilfe braucht sich eine unbillige Erschwerung des Fortkommens auch dann nicht gefallen zu lassen, wenn der Prinzipal daran das erheblichste geschäftliche Interesse hat. Ein Ausgleich für das Unterbleiben dieser Interessenwägung liegt aber jetzt eben darin, daß für die Frage der unbilligen Erschwerung die gewährte Entschädigung mit in Betracht zu ziehen ist. Es wird daher, wenn der Gehilfe nur das gesetzliche Minimum der Karenzentschädigung, d. h. die Hälfte seiner bisherigen Bezüge, erhält, in der Regel genügen, wenn ihm trotz der Konkurrenzklausel die Möglichkeit gegeben ist, in einer seiner Lebensstellung und Lebenshaltung angemessenen Weise die restliche Hälfte anderweit zu verdienen. Eventuell hat es der Prinzipal in der Hand, durch Vereinbarung einer höheren Karenzentschädigung dem Gehilfen das Fortkommen während der Dauer der Konkurrenzbeschränkung noch weiter zu erleichtern. Die Fälle, in denen Ort, Zeit und Gegenstand des Verbots das Fortkommen unbillig erschweren, werden daher im neuen Recht viel seltener sein als bisher. Denkbar sind solche Fälle aber immerhin. Eine **unbillige Erschwerung hinsichtlich des Ortes** wird beispielsweise vorliegen, wenn es dem Gehilfen nicht möglich ist, auch unter Hinzurechnung der Karenzentschädigung gegen ein Gehalt angemessene Lebenshaltung ermöglicht, innerhalb des Konkurrenzrayons eine Stellung zu finden, und wenn er durch dringende wirtschaftliche Rücksichten an den bisherigen Rayon gebunden ist, z. B. wenn ein nichtsprachenkundiger Gehilfe in das Ausland gehen müßte, wenn der Gehilfe Grundbesitz am Ort hat, wenn er eine Familie zu erhalten hat, deren Umzug sich nur mit großen Schwierigkeiten ermöglichen läßt usw. Eine **unbillige Erschwerung in zeit-**

licher Hinsicht ist es z. B., wenn dem Gehilfen die Unterlassung seiner bisherigen Haupttätigkeit während eines so erheblichen Zeitraumes zugemutet wird, daß sich hierdurch Schädigungen für ihn ergeben, die für die Folgezeit auch durch Zahlung der Karenzentschädigung nicht wieder gutgemacht werden, z. B. wenn der Gehilfe innerhalb des zweijährigen Zeitraumes der Konkurrenzenthaltung seine bisherigen Fähigkeiten verlernen, der Reisende die Beziehungen zu seiner bisherigen Kundschaft verlieren würde usw. Auch hier kann durch eine höhere Karenzentschädigung, die das gesetzliche Minimum übersteigt, ein Äquivalent geschaffen werden. Immerhin wird es sich aber stets nur um seltene Ausnahmen handeln, in der Regel wird der Gehilfe in der Lage sein, ohne Schwierigkeiten bei Innehaltung des Wettbewerbsverbots mindestens die Hälfte seines bisherigen Verdienstes zu erwerben und auch gleichzeitig seine Lage so zu gestalten, daß ihm nach Ablauf der Karenzfrist ein Schaden nicht entsteht. Es ist besonders darauf Rücksicht zu nehmen, daß der Gehilfe, wenn er sich mit einem niedrigen Gehalt begnügen kann, dafür leichter die Gelegenheit erhalten wird, sich in eine neue Branche oder ein neues Arbeitsgebiet einzuarbeiten und hieraus weitere Vorteile für sein späteres Fortkommen zu ziehen.

Eine unbillige Erschwerung des Fortkommens wird man in der Regel annehmen müssen, wenn der Gehilfe durch das Wettbewerbsverbot in Orte oder Verhältnisse gedrängt wird, in denen er sich schwer oder gar nicht halten kann, z. B. regelmäßig wenn er zur Auswanderung ins Ausland gezwungen wird. Dagegen liegt eine unbillige Erschwerung noch nicht vor, wenn er genötigt wird, zu einer andern Branche überzugehen. Insbesondere ist es bei Buchhaltern oder sonstigen Kontorangestellten in der Regel gleichgültig, in welcher Branche sie beschäftigt werden. Dies gilt namentlich bei enger örtlicher Begrenzung des Wettbewerbsverbots (RG. in SächsArch. — 10 447). Bei Reisenden allerdings bildet in der Regel die bisherige Branche die wichtigste Grundlage des Fortkommens.

Bei der Prüfung der Erschwerung des Fortkommens ist zu

berücksichtigen, daß die im Geschäft und Betrieb gewonnenen Erfahrungen, der Kundenkreis, die Beziehungen zu den Lieferanten usw. regelmäßig zu den Werten des Geschäfts des Prinzipals gehören, daß der Prinzipal ein berechtigtes Interesse daran hat, sich diese Werte zu sichern, und daß der Angestellte sich noch nicht über eine Erschwerung seines Fortkommens beklagen darf, wenn ihm lediglich die Benutzung dieser Werte, die ihm nur vermöge seiner Tätigkeit im Geschäft zugänglich gemacht worden sind, unmöglich gemacht oder erschwert sind (vgl. Cantor, Konkurrenzklausel S. 12; vgl. dagegen allerdings RG. in LZ. 09 859, wonach unbillige Erschwerung des Fortkommens nicht dadurch ausgeschlossen wird, daß der Gehilfe ausschließlich bei dem Prinzipal ausgebildet ist und seither dort ununterbrochen Beschäftigung gefunden hat). Von einer unbilligen Erschwerung des Fortkommens kann überhaupt erst die Rede sein, wenn der Angestellte durch ein Konkurrenzverbot, das ihn in der Ausnutzung dieser speziellen Werte des Prinzipals hindert, zugleich auch in der Benutzung seiner allgemeinen Kenntnisse und Fähigkeiten gestört wird. Wer z. B. in einem Betrieb tätig war, der für eine bestimmte Branche ein tatsächliches Monopol besitzt, wird in seinem Fortkommen nicht unbillig behindert, wenn ihm die Beteiligung an einem Konkurrenzbetriebe untersagt wird, der überhaupt nur mit Hilfe seiner in dem bisherigen Betriebe erworbenen Kenntnisse errichtet werden könnte.

Das Wettbewerbsverbot ist, soweit es eine unbillige Erschwerung des Fortkommens enthält, nicht ohne weiteres nichtig. Es ist nur insoweit unverbindlich, als es die Grenzen der Billigkeit überschreitet. Es ist daher die Aufgabe des Richters, das Verbot zu ermäßigen und die Grenzen innerhalb des Rahmens der Billigkeit einzuschränken. Der Richter kann Ort, Zeit und Gegenstand der Beschränkung zugunsten des Gehilfen ändern. Ist es nicht möglich, auf diese Weise die Konkurrenzklausel auf ein billiges Maß zurückzuführen, so kann auch die ganze Konkurrenzklausel für unwirksam erklärt werden (vgl. für bisheriges Recht: OLG. Darmstadt, OLGRspr. 11 383; KfmG. Mannheim, Gew-

KfmG. 15 16). Wird gegenüber der Klage mit der Vertragsstrafe die Unbilligkeit des Wettbewerbsverbots geltend gemacht, so kann sich der Richter auf die Prüfung beschränken, ob gerade aus besonderen Gründen die streitigen vom Handlungsgehilfen unter mehreren ihm verbotenen Betätigungen gewählte Tätigkeit ohne unbillige Erschwerung des Fortkommens untersagt werden durfte (RG. 77 399). Darüber, inwieweit im übrigen eine Konkurrenzklausel für nichtig erklärt werden kann, vgl. unten zu Abs. 3.

Zu § 74a Abs. 1 Satz 3:

1. Entstehungsgeschichte. Die Wettbewerbsbeschränkung konnte nach bisherigem Recht nicht auf einen Zeitraum von mehr als drei Jahren von der Beendigung des Dienstverhältnisses beschränkt werden. Dies hatte auch der erste Entwurf beibehalten. Die Reichstagskommission hatte in erster Lesung die Beschränkung auf ein Jahr herabgesetzt, das Gesetz setzt sie wieder auf zwei Jahre hinauf.

2. Die Zeitgrenze von zwei Jahren ist ein Maximum, das keineswegs überschritten werden darf. Auch ein Wettbewerbsverbot von geringerer Zeitgrenze kann unter Umständen nach Satz 1 unverbindlich sein.

3. Die zweijährige Frist beginnt erst mit der rechtlichen Beendigung des Dienstverhältnisses, nicht schon mit dem tatsächlichen Aufhören der Dienstleistung (vgl. für bisheriges Recht Brand, HGB. § 74 Anm. 4d, dagegen Staub § 74 Anm. 3, im Gegensatz zu den früheren Auflagen). Staub führt so seine Meinung hinsichtlich des bisherigen Rechts (§ 60 Anm. 2) an, daß durch das Wettbewerbsverbot ein Widerstreit der Interessen des Gehilfen und Prinzipals verhindert werden solle, und daß deshalb die tatsächliche Dauer des Dienstverhältnisses maßgebend sein müsse. Dieser Ansicht kann jedenfalls für das neue Gesetz nicht beigetreten werden. Es muß und soll dem Prinzipal die Möglichkeit gegeben werden, sich von vornherein bei Abschluß des Anstellungsvertrags für bestimmte Zeit einen Konkurrenten fernzuhalten. Will der Prinzipal beispielsweise auf die Dauer von fünf Jahren einen bisherigen Konkurrenten aus-

schalten, so kann er ihn auf drei Jahre engagieren und im Anschluß daran ein zweijähriges Wettbewerbsverbot vereinbaren. Dies würde illusorisch werden, wenn der Gehilfe schon am ersten Tage des Engagements austreten und dann verlangen könnte, daß das Wettbewerbsverbot nur auf zwei Jahre läuft. Die zweijährige Frist wird also durch unberechtigte sofortige Kündigung oder unberechtigten sofortigen Austritt nicht in Lauf gesetzt. Berechtigter sofortiger Austritt und sofortige Entlassung bewirkt daher die Auflösung des Dienstverhältnisses und setzt die Frist in Lauf. (Darüber, inwieweit bei sofortiger Auflösung des Dienstverhältnisses überhaupt das Konkurrenzverbot wirksam bleibt, vgl. § 75.) Wenn auf längere Zeit hinaus, als tatsächlich Dienste geleistet werden, Gehalt gefordert und gezahlt wird, so beginnt die Frist für das Wettbewerbsverbot mit dem Zeitpunkt, bis zu dem die Zahlung erfolgt ist (KfmG. Frankfurt a. M., GewKfmG. 16 222 f.).

Zu § 74a Abs. 2 Satz 1:

1. Entstehungsgeschichte. Die Rechtsgültigkeit des Wettbewerbsverbots ist jetzt auch an eine Gehaltsgrenze geknüpft. Das österreichische Handlungsgehilfengesetz sieht in § 36 eine solche von 4000 Kronen vor. In Deutschland war bereits bei der Beratung des HGB. v. 9. 2. 97 durch den Abgeordneten Dr. von Buchka eine Gehaltsgrenze von 3000 ℳ angeregt und diesem Vorschlag auch von andern Abgeordneten zugestimmt worden. Bei der Vorbereitung des Gesetzes hatten eine große Anzahl von Kaufmannsgerichten sich für eine Gehaltsgrenze ausgesprochen, der erste Regierungsentwurf sah aber eine Gehaltsgrenze nicht vor. In den Motiven S. 7 heißt es:

„Ebensowenig empfiehlt es sich, einem vielfach gemachten Vorschlag zu folgen, der dahin geht, die Gültigkeit der Vereinbarung von einer bestimmten Höhe des Gehalts abhängig zu machen, also die Konkurrenzklausel nur für Handlungsgehilfen zuzulassen, die ein bestimmtes Mindesteinkommen beziehen. Eine zahlenmäßige Abgrenzung dieser Art wird immer willkürlich sein und kann der Mannigfaltigkeit der tatsächlichen Verhältnisse nicht gerecht werden. Sollen die berechtigten

Interessen der Prinzipale nicht gefährdet werden, so dürfte die Gehaltsgrenze nicht zu hoch gezogen werden; bei der Annahme einer niedrigen Grenze aber wäre die Neuerung für eine große Zahl von Angestellten ohne Bedeutung."

In der Reichstagskommission wurde eine Gehaltsgrenze von 5000 ℳ vorgeschlagen und in erster Lesung schließlich beschlossen, daß das Wettbewerbsverbot nichtig sein solle, wenn die dem Handlungsgehilfen zustehenden jährlichen vertragsmäßigen Leistungen den Betrag von 3000 ℳ übersteigen. Der darauf vorgelegte neue Gesetzentwurf der Regierung sah eine Gehaltsgrenze von 1500 ℳ vor. Die Kommission einigte sich daraufhin am Beginn der zweiten Lesung auf eine Grenze von 2000 ℳ. Auch diese bezeichnete der Staatssekretär des Reichsjustizamtes namens der verbündeten Regierungen als unannehmbar. Der Betrag von 1500 ℳ sei seinerzeit auch von der Gewerbeordnungskommission des Reichstags vorgeschlagen worden. Mit jeder Erhöhung des Betrages, mit jeder Ausbedingung der unbedingten Untersagung der Wettbewerbsklausel auf eine neue Gruppe von Angestellten wüchsen die oft erörterten Bedenken, die gegen eine solche mechanische Regelung sprächen. Den vielfachen Kautelen, die schon in der Regierungsvorlage und noch darüber hinaus in den neuen Vorschlägen gegen einen Mißbrauch der Konkurrenzklausel vorgesehen seien, ließen sich Billigkeitsgründe für ein Verbot der Konkurrenzklausel bei allen Handlungsgehilfen mit einem Jahresgehalt bis zu 2000 ℳ nicht anführen, zumal ja die Konkurrenzklausel ihre volle Wirkung nur in den Fällen äußere, wo der Gehilfe aus anderen Gründen als wegen vertragswidrigen Verhaltens des Prinzipals das Dienstverhältnis kündige, in diesen Fällen werde der Gehilfe aber meist schon eine andere Stellung in Aussicht haben. — Die Reichstagskommission beschloß daraufhin, der Regierung noch weiter entgegenzukommen und setzte die Gehaltsgrenze auf 1800 ℳ fest. Auch diese Grenze wurde von der Regierung bei der zweiten Lesung im Plenum als unannehmbar bezeichnet, worauf der Reichstag schließlich die vorgeschlagene Grenze von 1500 ℳ annahm.

2. Wenn die jährlichen vertragsmäßigen Leistungen den Be-

trag von 1500 ℳ nicht übersteigen, ist das Verbot nichtig. Eine demgemäß nichtige Abrede wird nicht gültig, wenn durch spätere Erhöhungen der Bezüge die Grenze erreicht wird. Es bedarf vielmehr einer neuen Abrede unter Beobachtung der Formvorschriften.

Die Grenze muß bereits beim Vertragsschluß erreicht sein. Erforderlich ist aber nur, daß nach den zur Zeit des Abschlusses bestehenden Vertragsabreden die Gesamtsumme von 1500 ℳ im nächsten Jahre erreicht werden würde. Es ist nicht etwa erforderlich, daß bereits zur Zeit der Vereinbarung des Wettbewerbsverbots ein entsprechendes Monatseinkommen tatsächlich gezahlt wird. Die Gehaltsgrenze ist z. B. erreicht, wenn nach dem Vertrage in den ersten sechs Monaten des Engagements ein Gehalt von 100 ℳ, von da ab aber ein Monatsgehalt von 150 ℳ gezahlt wird. Zweifelhaft kann es sein, ob das Wettbewerbsverbot seine Wirksamkeit verliert, wenn durch eine Änderung des Vertrages die vertragsmäßigen Leistungen unter den Betrag von 1500 ℳ sinken. Zwar normiert das deutsche Gesetz nicht wie das österreichische die Gehaltsgrenze ausdrücklich für die Zeit der Beendigung des Dienstverhältnisses, man muß aber aus dem sozialen Schutzzweck ohneweiteres annehmen, daß die Voraussetzungen einer Vereinbarung des Wettbewerbsverbotes auch noch in dem Moment bestehen müssen, in welchem es in Wirksamkeit tritt; denn der Schutzzweck der Gehaltsgrenze ist eben, den minder bezahlten Gehilfen vor Beschränkungen in seinem Fortkommen zu schützen. Das Wettbewerbsverbot verliert daher seine Wirksamkeit, wenn bei Auflösung des Dienstverhältnisses die jährlichen vertragsmäßigen Leistungen den Betrag von 1500 ℳ nicht übersteigen. Diese Rechtsansicht wird auch bestätigt durch die Anwendung des § 74b Abs. 2, der die Vorschriften für die Berechnung vertragsmäßiger Leistungen bei schwankenden Bezügen gibt. Hiernach erfolgt die Berechnung der Höhe der vertragsmäßigen Leistungen bei schwankenden Bezügen und demnach auch die Feststellung der Karenzentschädigung für den Zeitpunkt der Auflösung des Vertrages. Dieser Zeitpunkt kann daher auch für die die Wirksamkeit des Wettbewerbsverbots betreffende Gehaltsgrenze nicht bedeutungslos sein. — Nicht nötig ist dagegen, daß außer bei Abschluß der Abrede und bei Auflösung des Dienstverhältnisses auch während des ganzen Bestehens des Vertrages stets die Gehaltsgrenze innegehalten sein muß. Durch ein vorübergehendes Sinken der Bezüge wird das Wettbewerbsverbot noch nicht ohne weiteres unwirksam.

Über den Begriff „vertragsmäßige Leistungen" und deren Berechnung vgl. zu § 74b Abs. 2. Bei schwankenden Bezügen kann hiernach, wenn das feste Gehalt allein die Gehaltsgrenze nicht erreicht, die Feststellung, ob das Wettbewerbsverbot nichtig war, erst im Augenblick der Vertragsauflösung getroffen werden. Bestand die Bestimmung der schwankenden Bezüge noch nicht drei Jahre, so kann je nach dem Zeitpunkt der Auflösung des Vertrages sich eine ganz verschiedene Beurteilung über die Nichtigkeit oder Wirksamkeit des Wettbewerbsverbotes ergeben. So wird z. B. bei einem im wesentlichen auf den Bezug von Spesen gestellten Reisenden das Wettbewerbsverbot nichtig sein, wenn der Vertrag aufgelöst wird, ehe der Reisende auf die erste Tour gegangen ist, da dann die Spesen für die Berechnung der „vertragsmäßigen Leistungen" gemäß § 74b Abs. 2 Satz 2 nicht in Anrechnung kommen, während es gültig wird, wenn das Dienstverhältnis erst nach der Tour aufgelöst wird und dann mit Rücksicht auf die gemäß § 74b aufzustellende Berechnung die Gehaltsgrenze erreicht wird.

Zu § 74a Abs. 2 Satz 2:

1. Ebenso wie nach bisherigem Recht (§ 74) ist das Wettbewerbsverbot nichtig, wenn der Gehilfe zur Zeit des Abschlusses minderjährig war.

Gleichgültig ist es, ob der gesetzliche Vertreter des Minderjährigen mitgewirkt hat oder nicht, und ob er die Abrede nachträglich genehmigt (OLG. Karlsruhe, BadRpr. 12 13; LZ. 12 704; OLG. Hamm, Recht 06 571). Eine selbständige Verpflichtung des gesetzlichen Vertreters wäre jetzt nach Satz 3 nichtig. Die Frage, ob die Nichtigkeit des Wettbewerbsverbotes die Nichtigkeit des ganzen Dienstvertrages nach sich zieht, ist nach § 139 BGB. zu beantworten, d. h. es kommt darauf an, ob die Parteien den Vertrag auch ohne die nichtige Bestimmung abgeschlossen haben würden.

Das nichtige Wettbewerbsverbot wird wirksam, wenn der Gehilfe es nach erlangter Volljährigkeit bestätigt (BGB. § 141). Bloße stillschweigende Fortsetzung des Dienstverhältnisses nach Volljährigkeit ist aber noch keine genügende Bestätigung (KfmG. Mannheim, GewKfmG. 11 200; KfmG. Fürth, GewKfmG. 18 39 ff.; a. M. Droysen S. 50). Es muß vielmehr nachgewiesen werden, daß der Großjähriggewordene mit der Fortsetzung des Vertrages nach erlangter Großjährigkeit die Absicht hatte, dem Wettbewerbsverbot zur Rechtswirksamkeit zu verhelfen. Durch Volljährigkeitserklärung (§ 3 BGB.) erlangt der Minderjährige die rechtliche Stellung eines Volljährigen. Die Vereinbarung des Wettbewerbsverbots mit einem für volljährig Erklärten und die Bestätigung durch ihn ist daher rechtswirksam. Nicht auszudehnen ist die Bestimmung über die Nichtigkeit des Wettbewerbsverbotes auf die wegen Geistesschwäche, Verschwendung oder Trunksucht Entmündigten, die gemäß § 114 BGB. nur hinsichtlich der Geschäftsfähigkeit, aber nicht im übrigen den Minderjährigen gleichstehen.

2. Nichtig ist das Wettbewerbsverbot ferner, wenn sich der Prinzipal die Erfüllung auf Ehrenwort oder unter ähnlichen Voraussetzungen versprechen läßt. Dies entspricht der bereits vorher herrschenden Praxis des Reichsgerichts (RG. 68 229; 74 332; 78 260; JW. 12 382 ff.; LZ. 12 309; SeuffA. 67 181 f.).

Die Ehre bildet als ideales Gut einen Teil des Persönlichkeitsrechts des Menschen und die Grundlage seiner Existenz, sie kann deshalb nicht ohne weiteres in vermögensrechtlichen Beziehungen zugunsten anderer verwendet werden, ganz besonders aber stellt beim Dienstvertrag die Bindung der persönlichen Ehre des Angestellten einen schweren Mißbrauch dar. Die Verpfändung des Ehrenworts läßt den Schuldner als moralisch minderwertig erscheinen, auch wenn ihn kein oder kein erhebliches Verschulden trifft. Es kann gegen ihn der Vorwurf der Ehrlosigkeit erhoben werden, auch wenn er gar nicht ehrlos gehandelt hat. Es widerstrebt aber dem heutigen sittlichen Empfinden, den Schuldner der Gefahr einer solchen ungerechtfertigten Ehrenminderung auszusetzen, nur um dem Gläubiger die Erfüllung einer Forderung wirksamer zu sichern als dies mit den Mitteln des gerichtlichen Zwanges geschehen kann. Gerade beim Wettbewerbsverbot aber besteht die Gefahr, daß die Verpfändung des Ehrenworts dazu benutzt wird, um die gesetzlichen Schranken zu sprengen und die Einhaltung eines gesetzlich unwirksamen Verbots durch die Bedrohung mit schwerer Schädigung in der bürgerlichen Ehrenstellung und im Fortkommen zu erzwingen. — Gerade deshalb wird im Fall der Hereinziehung des Ehrenworts nicht nur das Ehrenwort selbst unwirksam, dessen Folgen ja wesentlich außerhalb der Rechtssphäre liegen, sondern die Nichtigkeit ergreift das Wettbewerbsverbot als Ganzes. Die Nichtigkeit tritt daher auch ein, wenn durch eine besondere bzw. nachträgliche Abrede erst dem Wettbewerbsverbot die ehrenwörtliche Bestärkung hinzugefügt wird. Sie ergreift auch in diesem Fall das Wettbewerbsverbot als Ganzes. Ein wirklich wirksamer Schutz gegen den Mißbrauch des Ehrenworts wäre allerdings nur durch eine dem § 302 StGB. entsprechende Strafbestimmung zu erreichen gewesen, denn die zivilrechtliche Nichtigkeit hilft hier dem Angestellten ziemlich wenig, da die Folgen der Nichterfüllung des Ehrenworts im wesentlichen gesellschaftlicher Natur sind und trotz der Nichtigkeit der Abrede bestehen bleiben.

Der ehrenwörtlichen Versicherung sind eidliche oder ähnliche Versicherungen oder Beteuerungen gleichzustellen (vgl. StGB. § 302).

Zu § 74a Abs. 2 Satz 3:

1. Entstehungsgeschichte. Nichtig ist die Vereinbarung, durch die ein Dritter an Stelle des Gehilfen die Verpflichtung übernimmt, daß sich der Gehilfe nach Beendigung des Dienstverhältnisses in seiner gewerblichen Dienstleistung beschränken werde.

Im Reichstag war geltend gemacht worden, die Verpflichtung eines Dritten gehöre überhaupt in den Rahmen des Dienstvertrages, der ein höchst persönlicher Vertrag sei, nicht herein. Verbiete man nicht jede Verpflichtung eines Dritten, die sich auf das Wettbewerbsverbot eines Handlungsgehilfen beziehe, so würden nicht nur Bürgschaften im Rahmen der von der Vorlage zugelassenen Konkurrenzverbote, sondern darüber hinaus noch selbständige Verpflichtungen begründet werden können, die die Grenzen der von der Vorlage zuzulassenden Konkurrenzklausel überschreiten. Die Rechtsprechung würde solche weitergehenden selbständigen Verpflichtungen von dritten Personen voraussichtlich zulassen müssen, da die Beschränkungen auf dem Gebiete der Konkurrenzklausel eben nur dem Verhältnis zwischen Prinzipal und Angestellten gelten. Eine Bestimmung im Sinne des Antrags sei um so notwendiger, als der Dritte sogar für den Erfolg haftbar gemacht werden könne; er würde nicht schon frei von seiner Bürgschaft, wenn er sich bemühe, den Angestellten zurückzuhalten. Der Bürge könne also sogar Haftstrafen erleiden. Wenn man aber berücksichtige, wie leichthin solche und ähnliche Abkommen aus Sorge um die Existenz des Stellungsuchenden getroffen werden, dann müsse solchen Gefahren und solchen darin liegenden Umgehungen des Gesetzes durch gesetzgeberische Maßnahmen gesteuert werden. Demgegenüber wurde aus der Kommission heraus geltend gemacht, daß im Falle eines Verbotes der Bürgschaft für die Vertragsstrafe jeder Prinzipal auch die Zahlungsfähigkeit der Bewerber prüfen und vermögenslosen Angestellten auf diese Weise die Erlangung besserer mit Wettbewerbsverboten versehener Stellung erschwert werden würde. Der Regierungsvertreter wandte sich gegen den Ausschluß der Bürgschaft, weil man dem Prinzipal, soweit man ihm die Konkurrenzklausel überhaupt einräume, auch die Realisierung seines Schadens ermöglichen und hierbei nicht die vom BGB. zugelassenen Bürgschaften in einem Spezialfall ausschließen dürfe. Trotzdem nahm die Kommission in erster Lesung eine Fassung folgenden Wortlauts an:

> „Nichtig ist auch die Vereinbarung, durch die ein Dritter an Stelle des Handlungsgehilfen oder neben ihm Verpflichtungen übernimmt in bezug auf ein Wettbewerbsverbot gegen den Handlungsgehilfen."

Während also die Kommissionsfassung erster Lesung auch die Bürgschaft ausschließen wollte, ist diese nach der jetzigen Fassung des Gesetzes zugelassen und nur die selbständige Verpflichtung eines Dritten an Stelle des Gehilfen für nichtig erklärt.

2. Gedacht ist bei der jetzigen Fassung der Bestimmung hauptsächlich an die nach bisherigem Recht nicht seltene Vereinbarung, nach der der gesetzliche Vertreter eines Minderjährigen für sich persönlich die Verpflichtung übernahm, zu verhindern, daß der Minderjährige in ein Konkurrenzgeschäft eintrete. Diese Bestimmung würde nach bisherigem Recht im allgemeinen für gültig erachtet (vgl. OLG. Hamm, Recht 06 571; OLG. Naumburg, OLGRspr. 12 422). Nach neuem Recht ist eine solche Abrede zweifellos nichtig. Rechtsgültig ist dagegen die Übernahme einer Verpflichtung neben dem Gehilfen. Diese erfolgt in der Regel in Form der Bürgschaft. Auch die kumulative Schuldübernahme ist keine Verpflichtung an Stelle des Hauptschuldners, sondern neben ihm als Gesamtschuldner. Sie unterscheidet sich von der Bürgschaft nur dadurch, daß ein eigenes Interesse des Schuldübernehmers an ihr vorliegen muß (vgl. Staudinger § 766 Anm. 4 und die dort zitierte Literatur). Auch sie muß daher beim Wettbewerbsverbot als zulässig angesehen werden. — Die Verpflichtung neben dem Gehilfen ist aber nur wirksam in demselben Umfang, in welchem die Verpflichtung des Gehilfen selbst rechtsgültig ist (vgl. für die Bürgschaft §§ 767, 768 BGB.).

Zu § 74a Abs. 3:

1. Die Bestimmung, daß die allgemeinen Vorschriften des § 138 BGB. über die Nichtigkeit von Rechtsgeschäften, die gegen die guten Sitten verstoßen, unberührt bleiben, besagt etwas Selbstverständliches. Auch nach der bisherigen Praxis war es möglich, ein Wettbewerbsverbot, das gegen die guten Sitten verstieß, für nichtig zu erklären (RG. 68 229; JW. 09 488 Nr. 9, 1910, 483 Nr. 30).

2. § 138 BGB. lautet:

„Ein Rechtsgeschäft, das gegen die guten Sitten verstößt, ist nichtig.

Nichtig ist insbesondere ein Rechtsgeschäft, durch das jemand unter Ausbeutung der Notlage, des Leichtsinns oder der Unerfahrenheit eines anderen sich oder einem Dritten für eine Leistung Vermögensvorteile versprechen oder gewähren läßt, welche den Wert der Leistung dergestalt übersteigen, daß den Umständen nach die Vermögensvorteile in auffälligem Mißverhältnis zu der Leistung stehen."

Die Nichtigkeit kann auf Grund der allgemeinen Bestimmung des § 138 Abs. 1 eintreten, wenn das Wettbewerbsverbot gegen die guten Sitten, d. h. „das Anstandsgefühl aller billig und gerecht Denkenden", verstößt (vgl. JW. 1910, 142). In Betracht zu ziehen ist als Maßstab auch die Sitte der betreffenden Verkehrskreise, im Handelsverkehr also die Anschauung eines ehrbaren Kaufmanns. Hierbei dürfen aber Geschäftspraktiken, die in Wirklichkeit Unsitten darstellen, nicht berücksichtigt werden (RG. 55 373). Die Nichtigkeit kann aber auch aus dem Gesichtspunkt des § 138 Abs. 2 eintreten, wenn der Prinzipal unter Ausbeutung der Notlage und des Leichtsinns oder der Unerfahrenheit des Gehilfen diesen zur Eingehung der Abrede bestimmt hat und das Wettbewerbsverbot für den Prinzipal einen Vermögensvorteil darstellt, der in auffälligem Mißverhältnis zu seiner Leistung steht.

3. Nach dem neuen Gesetz wird, was das Reichsgericht auch schon nach bisherigem Recht verlangt hat, der Anwendungskreis in § 138 BGB. für das Wettbewerbsverbot ein ziemlich enger sein müssen. Das Reichsgericht hat bereits ausgesprochen, daß die Höhe der Vertragsstrafe allein noch keinen Grund darstelle, einen Verstoß wider die guten Sitten anzunehmen, denn das Mißverhältnis der Strafhöhe sei durch das richterliche Herabsetzungsrecht (§ 343 BGB.) ohne weiteres zu beseitigen. Es müsse vielmehr etwas Weiteres hinzukommen, das dem Vertrag überhaupt den Stempel der Sittenwidrigkeit aufdrückt und ihn im ganzen als vernichtungswürdig erscheinen läßt (RG. in JW. 09 488 Nr. 9; 1910, 483 Nr. 30; LZ. 1910, 780). Unsittlich ist z. B. eine sich mit jedem Tage verdoppelnde Vertragsstrafe, die Trillione erreichen würde, denn eine Vertragsbestimmung, durch die sich der eine Kontrahent ganz in die Hände des anderen gibt und

eine Verpflichtung auf sich nimmt, die zur Vernichtung seiner Existenz führen kann, ohne daß sie einem entsprechenden Interesse des Gegners dient, ist unvereinbar mit den heutigen Anschauungen des rechtlich Erlaubten (OLG. Kassel, OLGRspr. 12 16 vom RG. bestätigt). Das gleiche muß auch hinsichtlich der Frage der Erschwerung des Fortkommens durch ein nach Zeit, Ort oder Gegenstand zu weit gehendes Wettbewerbsverbot gelten, da auch hier in erster Linie das richterliche Ermäßigungsrecht Platz greift. Sittenwidrigkeit kann aber z. B. vorliegen, wenn sich der Vertrag in seiner Gesamtheit als ein Knebelvertrag darstellt, mittels dessen der Unternehmer in rücksichtsloser Weise nur sein Interesse wahrt und den Angestellten in ausschweifender Weise in seiner persönlichen Freiheit beschränkt (RG. 68 229; JW. 09 488 Nr. 9). Dies muß aber noch durch andere Umstände als durch den zu großen Umfang des Wettbewerbsverbots oder die zu große Höhe der Strafe dargetan werden. Das Reichsgericht hat den Verstoß wider die guten Sitten nach früherem Recht namentlich bei Verpfändung des Ehrenworts angenommen, ein Fall, der aber jetzt schon durch besondere Bestimmung in § 74a Abs. 2 getroffen wird. Bei Anwendung der Wucherbestimmung des § 138 Abs. 2 BGB. wird zu berücksichtigen sein, daß ein auffälliges Mißverhältnis zwischen Leistung und Gegenleistung beim Wettbewerbsverbot jetzt sehr selten vorkommen wird, weil ja als Gegenleistung für das Wettbewerbsverbot die Karenzentschädigung gewährt wird. Es müßte also nachgewiesen werden, daß trotz Gewährung der Karenzentschädigung immer noch ein solches auffälliges Mißverhältnis vorliegt.

Maßgebend für die Frage, ob Verstoß gegen die guten Sitten vorliegt, sind grundsätzlich die Verhältnisse im Zeitpunkt des Vertragsschlusses. Änderungen sind nur beachtlich, wenn das Wettbewerbsverbot nach dem im Zeitpunkt des Vertragsschlusses bestehenden Parteiwillen diese Änderungen mitumfassen sollte oder wenn durch sie lediglich Erfahrungstatsachen des Lebens bestätigt werden, mit denen die Parteien beim Vertragsschluß rechnen mußten (RG. in JW. 09 71).

§ 74 b. Die nach § 74 Abs. 2 dem Handlungsgehilfen zu gewährende Entschädigung ist am Schlusse jedes Monats zu zahlen.

Soweit die dem Gehilfen zustehenden vertragsmäßigen Leistungen in einer Provision oder in anderen wechselnden Bezügen bestehen, sind sie bei der Berechnung der Entschädigung nach dem Durchschnitt der letzten drei Jahre in Ansatz zu bringen. Hat die für die Bezüge bei der Beendigung des Dienstverhältnisses maßgebende Vertragsbestimmung noch nicht drei Jahre bestanden, so erfolgt der Ansatz nach dem Durchschnitt des Zeitraums, für den die Bestimmung in Kraft war.

Soweit Bezüge zum Ersatz besonderer Auslagen dienen sollen, die infolge der Dienstleistung entstehen, bleiben sie außer Ansatz.

Zu § 74b Abs. 1:

Die Bestimmung entspricht dem § 64 HGB. Da die Zahlung des Gehalts am Schluß jedes Monats zu erfolgen hat, erschien es angemessen, das gleiche für die Karenzentschädigung auszusprechen. Unter dem Monat ist ebenso wie in § 64 HGB. nicht der Kalendermonat zu verstehen (vgl. Staub § 64 Anm. 1a). Der erste Monat beginnt daher mit der Auflösung des Dienstverhältnisses. Die letzte Rate der Entschädigung ist am Tage der Endigung der Karenzfrist zu zahlen. Endet der Monat an einem Sonn- oder Feiertage, so hat die Zahlung am nächsten Werktag zu erfolgen (§ 193 BGB.).

Eine Barzahlung der Karenzentschädigung ist ebensowenig wie eine Barzahlung des Gehalts vorgesehen. Das Verbot des Trucksystems (§ 115 GO.) gilt für Handlungsgehilfen bekanntlich nicht (GO. § 154 Nr. 2). Die Zahlung kann daher — natürlich nur auf Grund vorheriger Vereinbarung — auch in Waren oder Naturalien erfolgen. Selbstverständlich darf durch solche Vereinbarung die Vorschrift über das Mindestmaß der Entschädigung nicht umgangen werden (§ 75d).

Auf eine abweichende Vereinbarung über die Zeit der Zahlung der Entschädigung kann sich der Prinzipal nicht berufen, soweit die Abweichung zum Nachteil des Handlungsgehilfen erfolgt. Es kann daher nicht Postnumerandozahlung in größeren Zeiträumen, wohl aber Zahlung in kürzeren Zwischenräumen (wöchentlich, zweiwöchentlich usw.) oder auch Pränumerandozahlung für größere Zwischenräume vereinbart werden. Letztere Vereinbarung wird allerdings selten vorkommen, da sie die Anwendung der Anrechnungsbestimmung (§ 74c) für den Prinzipal erschwert.

Über den Zahlungsort ist, ebenso wie hinsichtlich des Gehalts im HGB., keine besondere Bestimmung getroffen. Es entscheidet daher gemäß § 269 BGB. die Natur des Schuldverhältnisses. Hiernach ist Leistungsort regelmäßig der Ort der Niederlassung des Prinzipals (§ 269 BGB.). Dagegen hat gemäß § 270 BGB. unbeschadet der Vorschriften über den Leistungsort der Prinzipal dem Handlungsgehilfen, wenn dieser den Wohnort wechselt, das Geld zu übermitteln. Gemäß § 270 Abs. 3 hat der Handlungsgehilfe die Übersendungskosten und die Gefahr der Übersendung zu tragen. Hierzu gehört insbesondere auch die Gefahr des rechtzeitigen Eintreffens. Der Gehilfe hat daher dafür zu sorgen, daß dem Prinzipal jederzeit seine richtige Adresse bekannt ist.

Der Prinzipal gerät in Zahlungsverzug, wenn er eine Rate nicht rechtzeitig leistet. Einer Mahnung des Gehilfen bedarf es nicht (§ 284 Abs. 2 BGB.). Der Prinzipal kommt nur dann nicht in Verzug, wenn die Leistung infolge eines Umstandes unterbleibt, den er nicht zu vertreten hat (§ 285 BGB.). Hierher gehört z. B., daß ihm die richtige Adresse des Gehilfen nicht bekannt ist, daß ihm ein Zurückbehaltungsrecht zusteht usw. Daß kein Verschulden vorliegt, muß der Prinzipal beweisen. Im Falle des Verzugs haftet der Prinzipal für den dem Angestellten entstehenden Schaden. Er hat insbesondere 4% Verzugszinsen zu zahlen. Die Geltendmachung eines weiteren Schadens, z. B. Aufnahme eines Darlehns zu höheren Zinsen, Räumung der Wohnung des Gehilfen wegen Mangels der Mittel zur Mietszahlung ist nicht ausgeschlossen (§§ 286, 288 BGB.).

Im Falle des Verzugs des Prinzipals stehen ferner dem Gehilfen die Rechte aus § 326 BGB. zu. Dieser lautet:

„Ist bei einem gegenseitigen Vertrage der eine Teil mit der ihm obliegenden Leistung im Verzuge, so kann ihm der andere Teil zur Bewirkung der Leistung eine angemessene Frist mit der Erklärung bestimmen, daß er die Annahme der Leistung nach dem Ablaufe der Frist ablehne. Nach dem Ablaufe der Frist ist er berechtigt, Schadensersatz wegen Nichterfüllung zu verlangen oder von dem Vertrage zurückzutreten, wenn nicht die Leistung rechtzeitig erfolgt ist; der Anspruch auf Erfüllung ist ausgeschlossen. Wird die Leistung bis zum Ablaufe der Frist teilweise nicht bewirkt, so findet die Vorschrift des § 325 Abs. 1 Satz 2 entsprechende Anwendung.

Hat die Erfüllung des Vertrags infolge des Verzugs für den anderen Teil kein Interesse, so stehen ihm die im Abs. 1 bezeichneten Rechte zu, ohne daß es der Bestimmung einer Frist bedarf."

Der Gehilfe kann also, wenn der Prinzipal mit einer Rate der Karenzentschädigung im Verzug ist, diesem eine Nachfrist stellen. Nach fruchtlosem Ablauf der Frist hat er die Wahl zwischen Schadensersatz wegen Nichterfüllung und Rücktritt vom Vertrage, dagegen keinen Anspruch mehr auf Erfüllung.

Die Nachfrist braucht nicht erst gesetzt zu werden, wenn die Erfüllung infolge des Verzugs für den Gehilfen kein Interesse mehr hat. Hierzu reicht aber die Tatsache, daß der Gehilfe die Karenzentschädigung zum Unterhalt braucht, nicht aus. Der Unterhaltszweck kann in der Regel auch erfüllt werden, wenn die Entschädigung einige Tage später gezahlt wird. Fixgeschäft im Sinne des § 361 BGB. ist die Karenzabrede in der Regel nicht, daher auch das dort verwandte sofortige Rücktrittsrecht nicht anwendbar. Die von der Kommission in erster Lesung beschlossene Bestimmung, daß der Gehilfe im Fall des Verzugs vom Vertrage ohne Nachfrist zurücktreten dürfe, ist von der zweiten Regierungsvorlage und demgemäß im Gesetz nicht aufgenommen.

Die Fristsetzung braucht sich zunächst nur auf die rückständige Rate zu beziehen. Der Gehilfe kann, wenn der Prinzipal mit nur einer Rate im Verzuge ist, die Androhung auf die Ablehnung der Annahme aller noch ausstehenden Raten erstrecken (vgl. RG. 58 419; 61 128). Der Rücktritt kann sich, auch wenn die Androhung nicht bezüglich aller ausstehenden Raten erklärt ist, nur auf den ganzen Vertrag beziehen. Dagegen kann, wenn die Ablehnung der Annahme nicht bezüglich aller ausstehenden Raten angedroht ist, Schadensersatz wegen Nichterfüllung nur insoweit verlangt werden, als der Prinzipal bei Setzung der Nachfrist im Verzuge war (RG. 61 131).

Wird der **Rücktritt** erklärt, so fallen für die Zukunft Wettbewerbsverbot und Karenzentschädigung weg. Für diejenige Zeit, wo der Prinzipal im Zahlungsverzug war, sind gemäß § 346 BGB. die beiderseitigen Leistungen zurückzugewähren. Der Angestellte kann daher für diese Zeit zwar nicht direkt die Karenzentschädigung, wohl aber den Wert, den das Wettbewerbsverbot in der betreffenden Zeit für den Prinzipal hat, zurückverlangen, dieser ist im Zweifel der Karenzentschädigung gleichzusetzen. Weitere Ansprüche stehen im Fall des Rücktritts dem Gehilfen nicht zu.

Verlangt der Gehilfe dagegen **Schadensersatz wegen Nichterfüllung**, so fällt gleichfalls der Anspruch des Prinzipals auf Einhaltung des Wettbewerbsverbotes weg (vgl. RG. 50 263). Der Gehilfe kann dann aber ferner verlangen, im Ergebnis so gestellt zu werden, wie wenn der Vertrag von beiden Seiten erfüllt worden wäre. Er kann daher insbesondere, wenn er infolge des Wettbewerbsverbotes eine weniger gut bezahlte Stellung angenommen hat und nach dem Wegfall des Verbots nicht oder nicht alsbald in der Lage ist, in eine besser bezahlte Stellung überzutreten, als Schadensersatz die Weiterzahlung der Karenzentschädigung beanspruchen. Der Gehilfe steht sich also stets besser, wenn er nicht einfach zurücktritt, sondern Schadensersatz wegen Nichterfüllung verlangt.

Über den Fall der Nichterfüllung des Wettbewerbsverbots seitens des Gehilfen vgl. zu § 75c.

Zu § 74b Abs. 2:

Über den Begriff „vertragsmäßige Leistungen" vgl. zu § 74 Abs. 2. Die vertragsmäßigen Leistungen zerfallen in feste Bezüge und wechselnde Bezüge.

Feste Bezüge sind solche, die sowohl dem Grunde wie der Höhe nach ohne weiteres auf Grund des Vertrages feststehen. Zu den festen Bezügen gehört daher auch ein Gehaltszuschlag, der in von vornherein fixierter Höhe nur für einen bestimmten Teil des Jahres, z. B. für die Saison oder für die Monate Dezember und Januar zu zahlen ist. Dagegen gehört zu den wechselnden Bezügen eine Gratifikation, die zwar in bestimmter Höhe aber nur für den Fall zugesagt ist, daß im Geschäft ein Gewinn erzielt wird (vgl. auch hierzu § 74 Abs. 2). Die freie Beköstigung ist fester Bezug, da für sie in der Regel ein Durchschnittswert angenommen wird, wenn auch der tatsächliche Wert der Beköstigung an den einzelnen Tagen ein schwankender ist. Es ist natürlich nicht angängig, etwa den tatsächlichen Wert der Beköstigung auf drei Jahre zurück auszurechnen. Wechselnde Bezüge sind insbesondere Provision, Gewinnbeteiligung, Verkaufsprämien und Reisespesen (über letztere vgl. Abs. 3).

Der Ansatz der wechselnden Bezüge erfolgt nach dem Durchschnitt der letzten drei Jahre. Die dreijährige Frist ist vom Zeitpunkt der Beendigung des Dienstverhältnisses rückwärts zu rechnen. In Ansatz zu bringen ist alles, was der Handlungsgehilfe bis zu seinem Ausscheiden verdient hat, also auch z. B. die noch nicht fällige, erst am Jahresschluß zu zahlende Provision, die anteilig zu zahlende Gratifikation usw. Hierbei sind die einzelnen Leistungen ohne Rücksicht auf den Zeitpunkt ihrer tatsächlichen Fälligkeit auf den ganzen in Betracht kommenden Zeitraum verhältnismäßig zu verteilen. Hiernach kann die Feststellung der Karenzentschädigung eine ziemlich schwierige rechnerische Operation sein.

Hat die für die Bezüge bei der Beendigung des Dienstverhältnisses maßgebende Vertragsbestimmung noch nicht drei Jahre bestanden, so erfolgt der Ansatz nach dem Durchschnitt des Zeitraums, für den die Bestimmung in Kraft war. Maßgebend ist also hier der Zeitpunkt des Inkrafttretens der Vertragsbestimmung, nicht der Zeitpunkt des Vertragsschlusses. Die Bestimmung gilt sinngemäß innerhalb eines bestehenden Vertragsverhältnisses nur, wenn wechselnde Bezüge neu eingeführt werden, nicht aber, wenn bestehende derartige Bezüge der Höhe oder Berechnung nach geändert werden. In letzterem Falle bleibt die Berechnung nach Satz 1 bestehen. Andernfalls könnte z. B. der längere Zeit tätige Reisende, wenn die Provisions- und Spesensätze geändert werden und er vor Beginn der neuen Reisezeit, für die diese Sätze gelten sollen, ausscheidet, überhaupt Provision und Spesen bei Berechnung der Karenzentschädigung nicht in Ansatz bringen kann. Scheidet dagegen der neu angestellte Reisende aus, bevor er das erstemal auf die Reise gegangen ist, so sind allerdings Spesen und Provision, da er solche bisher noch nicht verdient hat, bei Berechnung der Karenzentschädigung nicht anzusetzen.

Zu § 74b Abs. 3:

Bezüge, die zum Ersatz besonderer Auslagen dienen sollen, die infolge der Dienstleistung entstehen, müssen bei der Berechnung der Karenzentschädigung der Natur der Sache nach unberücksichtigt bleiben. Dies bestimmt § 74b Abs. 3 mit Rücksicht darauf, daß der Berechnung der Karenzentschädigung nur derjenige Teil der Bezüge zugrunde zu legen ist, der die Vergütung für die Tätigkeit des Handlungsgehilfen bildet. In Betracht kommen hier insbesondere Reisespesen und Repräsentationsgelder. Aus den Spesen soll der Reisende nicht nur die Reisekosten und den Mehraufwand, den er im geschäftlichen Interesse auf der Reise macht, sondern seinen gesamten Lebensunterhalt während der Reisezeit bestreiten. Der Teil der Spesen, der über den eigentlichen Reiseaufwand hinausgeht (sog. Mundspesen), bildet eine Gegenleistung für die Dienste und nicht Auslagenvergütung (vgl. OLG. Stettin und

Hamburg, OLGRspr. 6 418 u. 139). Insoweit die Spesen als Vergütung im Sinne des Lohnbeschlagnahmegesetzes (§ 3 Abs. 2) anzusehen sind, sind sie auch bei Berechnung der Karenzentschädigung mit zu berücksichtigen. Dies gilt in gleicher Weise bei festen Spesen und bei Vertrauensspesen. Auch Repräsentationsgelder gelten insoweit als Vergütung, als der Handlungsgehilfe aus ihnen zugleich seinen gewöhnlichen Lebensunterhalt bestreitet. Die gleichen Grundsätze gelten bezüglich eines Wohnungsgeldes oder Wohnungszuschusses, das einem Handlungsgehilfen gewährt wird, wenn er seine Wohnung zugleich zu Geschäftszwecken zur Verfügung zu stellen hat. Auch hier ist derjenige Teil der Entschädigung, aus dem der Angestellte Kosten bestreitet, die er ohnehin für seine Privatwohnung aufgewendet haben würde, anrechnungspflichtig.

§ 74 c. Der Handlungsgehilfe muß sich auf die fällige Entschädigung anrechnen lassen, was er während des Zeitraums, für den die Entschädigung gezahlt wird, durch anderweite Verwertung seiner Arbeitskraft erwirbt oder zu erwerben böswillig unterläßt, soweit die Entschädigung unter Hinzurechnung dieses Betrags den Betrag der zuletzt von ihm bezogenen vertragsmäßigen Leistungen um mehr als ein Zehntel übersteigen würde. Ist der Gehilfe durch das Wettbewerbverbot gezwungen worden, seinen Wohnsitz zu verlegen, so tritt an die Stelle des Betrags von einem Zehntel der Betrag von einem Viertel. Für die Dauer der Verbüßung einer Freiheitsstrafe kann der Gehilfe eine Entschädigung nicht verlangen.

Der Gehilfe ist verpflichtet, dem Prinzipal auf Erfordern über die Höhe seines Erwerbes Auskunft zu erteilen.

Zu § 74c:

Anrechnung anderweiten Erwerbs.

1. Entstehungsgeschichte. „Auf die Verpflichtung des Prinzipals zur Zahlung einer Entschädigung kann der Verdienst nicht ohne Einfluß bleiben, den der Gehilfe während der Zeit, für welche ihm die Vergütung zu entrichten ist, durch seine Arbeit, insbesondere in einer neu von ihm angenommenen Stellung, erzielt." (Motive S. 10.) Der Entwurf sah in dieser Beziehung vor, daß sich der Gehilfe auf die jeweils fällige monatliche Entschädigung anrechnen müsse, was er während des Monats, für den die Entschädigung gezahlt wird, durch anderweitige Verwertung seiner Arbeitskraft erwirbt, soweit die Entschädigung unter Hinzurechnung dieses Betrages den Betrag der zuletzt von ihm bezogenen vertragsmäßigen Leistungen übersteigen würde. „Es würde zu weit gehen, wenn der Prinzipal einem Gehilfen, dessen neuer Verdienst sein früheres Einkommen erreicht oder übersteigt, eine Vergütung entrichten müßte. Der Gehilfe wird allerdings unter Umständen in der Lage sein, nachzuweisen, daß er sich ohne die ihm auferlegten Konkurrenzbeschränkungen noch höhere Einkünfte hätte verschaffen können. Demgegenüber kommt jedoch in Betracht, daß die Konkurrenzklausel immer nur insoweit gültig ist, als der Prinzipal ein berechtigtes Interesse an ihr hat und sie das Fortkommen des Gehilfen nicht in unbilliger Weise erschwert. Wenn das Gesetz die Wirksamkeit der Klausel in dieser Weise begrenzt, so kann der Gehilfe nicht verlangen, schlechthin so gestellt zu werden, als ob die Konkurrenzvereinbarung überhaupt nicht getroffen wäre; vielmehr kann es sich nur darum handeln, einen angemessenen Ausgleich zu finden zwischen den Verpflichtungen, die dem Prinzipale trotz der Berechtigung der Klausel aufzuerlegen sind, und den Folgen der Vereinbarung, die der Gehilfe auf sich zu nehmen hat. Hätte der Gehilfe einen Anspruch auf Vergütung auch für die Zeit, während deren er in neuer Stellung einen Betrag verdient, der sein früheres Einkommen erreicht oder übersteigt, so könnte das überdies die Folge haben, daß die Gehilfen nur deshalb einen Stellenwechsel vornähmen, um den Versuch

zu machen, neben dem früheren Gehalt auch noch die Entschädigung zu erhalten (Motive S. 11). In der ersten Lesung der Kommission, die im § 74a schon die Karenzentschädigung auf das volle bzw. $1^1/_4$ fache Gehalt normiert hatte, stieß das Anrechnungsprinzip auf heftigen Widerspruch. Im Anschluß an die Angestelltenverbände, die sich gegen jede Anrechnung ausgesprochen hatten, wurde die Anrechnung als ein Eingriff in das Prinzip der bezahlten Karenz bezeichnet. Die Entschädigung sei kein Schadensersatz, sondern eine pauschale Vergütung für die mancherlei Wirkungen der Konkurrenzklausel. Der durch die Klausel entstehende Gesamtschaden könne aber nicht ziffernmäßig festgestellt werden. Es bestehe nicht nur ein Gehaltsverlust beim Stellenwechsel, die Schädigung könne vielmehr noch auf Jahre hinaus wirken, wenn der Angestellte durch die Konkurrenzklausel aus seiner Branche hinaus in eine neue gedrängt wurde, wo er nicht die gleichen Arbeitseffekte erzielen könne. Der Schaden könne aber auch schon während des Dienstvertrages eintreten, wenn der Prinzipal dem durch die Konkurrenzklausel gebundenen Angestellten keine oder nur unzulängliche Gehaltserhöhungen gewähre. Es wurde deshalb von einer Seite die gänzliche Beseitigung der Anrechnung, von anderer Seite ihre Zulassung nur hinsichtlich des Betrags beantragt, die über 125 % des bisherigen Gehalts hinausgehe. Die Regierungsvertreter erkannten an, daß der letztere Antrag einen berechtigten Kern habe, schon weil mit Recht anzunehmen sei, daß der Angestellte unter normalen Verhältnissen bei Stellenwechsel in seiner Branche ein höheres Gehalt erzielen werde, jedoch sei der Satz von 125 % zu hoch. Die Kommission beschloß, die Anrechnungsgrenze auf den $1^1/_4$ fachen Betrag der zuletzt bezogenen Leistungen festzusetzen, bei der Anrechnung solle jedoch $^1/_4$ der Entschädigung außer Ansatz bleiben. Nach dem Gesetz ist entsprechend der 2. Regierungsvorlage die Anrechnungsgrenze auf 110 % für den Fall aber, daß der Gehilfe infolge des Wettbewerbsverbots seinen Wohnsitz zu verlegen gezwungen ist, auf 125 % festgesetzt.

2. Die Anrechnung des anderweitigen Verdienstes betrifft

den Zeitraum, für welchen die Entschädigung gezahlt wird, d. h. den Kalendermonat (§ 74b). Es ist also der anderweitige Verdienst für jeden einzelnen Kalendermonat getrennt zu berechnen. Eine Verrechnung eines etwa in einem früheren oder späteren andern Monat erzielten Mehr- oder Minderverdienstes findet nicht statt, weder zugunsten des Prinzipals, wenn in dem andern Monat der Mehrverdienst so hoch war, daß er 110 bzw. 125 % des bisherigen Gehalts überstieg, noch zugunsten des Gehilfen, wenn in einem andern Monat Entschädigung und reiner Verdienst zusammen die Anrechnungsgrenze noch nicht erreicht haben. Die Rechtslage ist hier anders wie im Falle des § 615 BGB., da dort die ganze Zeit, für welche die Dienste noch zu leisten waren und nicht angenommen sind, für die Frage der Anrechnung anderweitigen Erwerbs in Frage kommt. In § 615 BGB. ist von einzelnen Zeitabschnitten nicht die Rede (vgl. RG. 58 402).

3. „Der Gehilfe muß sich das Ersparte anrechnen lassen." Der Prinzipal hat nur ein Recht des Abzugs, nicht etwa einen selbständigen Anspruch auf Bezahlung des anrechenbaren Betrages. Kommt nach Zahlung der Entschädigung nachträglich ein Anrechnungsposten zum Vorschein so kann die Karenzentschädigung insoweit gemäß § 812 BGB. auf Grund ungerechtfertigter Bereicherung zurückgefordert werden (Staudinger § 324 BGB. Anm. 7). Das Rückforderungsrecht tritt nicht ein, wenn der Prinzipal bei der Zahlung von der Existenz des Anspruchs auf den späteren Verdienst Kenntnis gehabt hat (§ 814 BGB.). In diesem Falle ist anzunehmen, daß der Prinzipal auf das Recht der Anrechnung verzichtet hat (RG. 58 406, vgl. auch LG. Magdeburg, GewKfmG. 10 Sp. 205 ff.).

4. Erreicht der Verdienst in der neuen Stellung die Anrechnungsgrenze, so fällt die Karenzentschädigung gänzlich weg. Erreicht er die Grenze allein nicht, geht er aber unter Einrechnung der Entschädigung darüber hinaus, so tritt eine entsprechende Minderung der Entschädigung ein. Die Anrechnung erfolgt auf die fällige Entschädigung. Der Prinzipal kann durch verspätete

Zahlung der Entschädigung, also z. B. für mehrere Monate zusammen, nicht erreichen, daß der anderweitige Verdienst für einen größeren Zeitraum zusammengerechnet und in größerem Umfang angerechnet wird, als die Zahlung für den einzelnen Monat (vgl. oben S. 116 ff.). Durch Verzug kann er keine Rechte erwerben.

5. Die Anrechnung erfolgt auf die Entschädigung, d. h. auf den vereinbarten Betrag (§ 74 Abs. 2), auch wenn und soweit er die gesetzliche Mindestgrenze übersteigt. Eine Vereinbarung, daß ein bestimmter Teil der Entschädigung unter allen Umständen anrechnungsfrei bleibt, ist zulässig (§ 75d).

6. Die Anrechnungsgrenze ist in der Regel ein Betrag von in der Regel 110 % der bisher bezogenen vertragsmäßigen Leistungen (§§ 74, 74b). Der Betrag erhöht sich auf 125 %, wenn der Gehilfe durch das Wettbewerbsverbot gezwungen worden ist, seinen Wohnsitz zu verlegen. Der Gehilfe ist, wenn er das Freibleiben des höheren Betrags beansprucht, für die Voraussetzungen beweispflichtig. Er muß beweisen:

a) daß er seinen Wohnsitz verlegt hat,

b) daß er durch Wettbewerbsverbot dazu gezwungen wurde.

Zu a genügt jede Verlegung des Wohnsitzes, auch in eine Nachbargemeinde. Der Gesetzgeber geht davon aus, daß jeder Umzug Mehraufwendungen erforderlich macht. Dagegen ist eine wirkliche Verlegung des Wohnsitzes erforderlich. Wird der bisherige Wohnsitz im Sinne des § 7 BGB. nicht aufgegeben, und wird nur der Sitz der geschäftlichen Tätigkeit verlegt, so kommt die Bestimmung nicht zur Anwendung, auch wenn z. B. erhöhte Fahrkosten für die Berufsausübung nötig werden oder der Angestellte zur Erleichterung der neuen Tätigkeit noch eine zweite Wohnung nimmt.

Zu b: Der Gehilfe muß beweisen, daß er infolge des Wettbewerbsverbotes keine geeignete Tätigkeit an seinem bisherigen Wohnort finden konnte. Hierzu genügt nicht, daß das Wettbewerbsverbot ihm die Annahme einer bestimmten Art von Tätigkeit an seinem Wohnsitz untersagt. Er muß ferner auch dartun, daß er an seinem Wohnsitz keine andere vom Wettbewerbsverbot nicht betroffene Tätigkeit finden konnte, deren Annahme ihm nach Treu und Glauben zugemutet werden kann. Der Beweis ist also ziemlich schwierig.

8. Den Beweis für Umfang und Wert der Anrechnungsposten hat der anrechnende Prinzipal zu erbringen (Staudinger § 615 III 4c; RG. in SeuffA. 61 Nr. 79; Recht 05 617; LG. München, Baum, Handbuch für Gewerbegerichte Nr. 900). Der Erleichterung der Beweisführung dient die in Abs. 2 normierte Auskunftspflicht des Prinzipals.

9. Der Gehilfe braucht sich nicht alles anrechnen zu lassen, was er überhaupt durch seine Erwerbskraft erwirbt, sondern nur, was er durch anderweitige Verwertung desjenigen Teiles seiner Arbeitskraft erwirbt, den er dem Prinzipal zur Verfügung zu stellen verpflichtet war. Erwerb aus einer Nebentätigkeit, die er auch neben seiner Erwerbsleistung für den bisherigen Prinzipal hätte verrichten können, fällt nicht darunter (RG. 58 404; Staub, § 70 HGB. Anm. 20; Staudinger § 615 Anm. III 4d). Nicht anzurechnen ist z. B. eine Provision, die sich der Gehilfe ohne Pflichtverletzung auch bei dem bisherigen Prinzipal während seiner Freistunden hätte verdienen können (RG. in JW. 03 Beil. 99). Anrechnungsfähig ist jede Verwendung der Arbeitskraft, nicht nur Verwendung im Handlungsgehilfenverhältnis. Immerhin muß es sich aber um eine Verwendung der Arbeitskraft handeln. Hierunter fällt außer dem Erwerb auf Grund eines Dienstvertrages, auch Werkvertrag, Agententätigkeit, Erwerb im eigenen Geschäft; nicht dagegen Lotteriegewinn, Erwerb durch Spiel und Wette usw. Nicht als durch Verwendung der Arbeitskraft verdient ist auch die Entschädigung für die Ausübung eines staatlichen Ehrenamtes anzusehen. Nicht anrechnungspflichtig ist daher z. B. die Entschädigung der Gewerbs- und Kaufmannsgerichtsbeisitzer, der Beisitzer der Mitglieder des Reichsversicherungsamts, der ehrenamtlichen Funktionäre der Angestelltenversicherung (vgl. GG. Solingen, Baum, Handbuch Nr. 898).

10. Anzurechnen ist ferner, was der Handlungsgehilfe zu erwerben böswillig unterläßt, d. h. was dem Handlungsgehilfen dadurch entgeht, daß er böswillig seine freigewordene Arbeitskraft nicht

verwendet. Böswilligkeit erfordert die Absicht, den Prinzipal zu schaden, fahrlässige Unterlassung bildet keinen Grund für die Anrechnung (Staudinger Anm. 6o zu 324). Böswillig ist also mehr als „vorsätzlich". „Hat der Schuldner gerechte Gründe gehabt, eine ihm gebotene Arbeitsgelegenheit auszuschlagen, so kann von Böswilligkeit keine Rede sein, besondere Anstrengungen, anderweitig Arbeit zu erhalten, werden ihm nicht auferlegt, nur wenn er ohne gerechten Grund die ihm vom Gläubiger oder von anderer Seite gebotene Arbeitsgelegenheit böswillig ausschlägt, muß er sich den dadurch entgangenen Lohn anrechnen lassen" (B. der RTKomm. zum BGB. 59/60). Der Handlungsgehilfe ist daher in der Regel verpflichtet, eine Aufforderung des bisherigen Prinzipals zur Weiterbeschäftigung anzunehmen (vgl. GG. Solingen, Weimar, Stuttgart, Offenbach, Charlottenburg; Baum, Handbuch 896; Frankenberg in DJZ. 03 195), andernfalls geht er der Karenzentschädigung verlustig. Die vom bisherigen Prinzipal zur Verfügung gestellte Beschäftigung braucht nicht notwendig die gleiche zu sein, die der Handlungsgehilfe vor der Entlassung gehabt hat, sie muß nur den Kräften und Fähigkeiten des Angestellten entsprechen und darf keine Herabwürdigung des Angestellten darstellen. Nimmt der Handlungsgehilfe die Tätigkeit nicht an, so verliert er in Höhe des für die angebotene Tätigkeit zugesicherten Gehalts die Karenzentschädigung. Die vorstehenden Grundsätze gelten auch, wenn das Dienstverhältnis fristlos gekündigt ist, soweit die Konkurrenzklausel und Karenzentschädigung gemäß § 75 in diesem Falle in Geltung bleibt. Zum Wiederantritt bei dem bisherigen Prinzipal ist der Gehilfe nur dann nicht verpflichtet, wenn die Auflösung des Anstellungsvertrages aus Gründen erfolgt ist, die eine Fortsetzung des Arbeitsverhältnisses als unbillige Zumutung erscheinen lassen, z. B. wenn der Prinzipal den Angestellten bedroht oder mißhandelt hat (vgl. GG. Frankfurt a. M., Baum, Handbuch Nr. 897).

Ein böswilliges Unterlassen anderweitigen Erwerbs ist insbesondere auch anzunehmen, wenn der Gehilfe in der neuen Stellung sich zum Schaden des früheren Prinzipals ein auffallend niedriges, seinen Leistungen nicht entsprechendes **Gehalt** ausbedingt oder statt des Gehalts zum Teil **Leistungen an einen Dritten**, z. B. Zahlungen an die Ehefrau ausbedingt (KommB. 53). Der **Besuch einer Schule** (Handelshochschule, Vorbereitungsanstalt für einen anderen Beruf) an Stelle Ausübung einer anderweitigen Tätigkeit, wird nur in Ausnahmefällen als böswilliges Unterlassen anzusehen sein (vgl. ebenda). Es muß nachgewiesen werden, daß die Absicht einer Schädigung des bisherigen Prinzipals und nicht die Absicht anderweitiger Fortbildung die Hauptursache ist. Das gleiche gilt, wenn während der Karenzzeit die **Militärdienstpflicht** erfüllt wird.

11. In Ergänzung der entsprechenden Vorschrift des § 615 BGB. ist noch ausgesprochen, daß die Entschädigung für die Dauer der Verbüßung einer **Freiheitsstrafe** nicht gefordert werden kann. Es muß sich um eine gerichtliche (auch vom Militärgericht verhängte) Strafe handeln. Freiheitsstrafen sind auch die vom Zivilgericht verhängten Strafen, z. B. § 380 ZPO. (gegen ausgebliebene Zeugen § 390 ZPO., wegen Zeugnisverweigerung § 890 ZPO., wegen Zuwiderhandlung gegen eine Duldungs- oder Unterlassungspflicht, ferner auch die in §§ 178—184 GVG. vorgesehenen Ordnungsstrafen). Keine Freiheitsstrafen sind dagegen die Untersuchungshaft, die Haft zur Erzwingung eines Zeugnisses ZPO. § 390 Abs. 2, zur Erzwingung einer Handlung ZPO. § 888 und des Offenbarungseides ZPO. § 901.

12. **Auskunftspflicht des Gehilfen.** Der Prinzipal ist an sich für den anderweitigen Verdienst des Gehilfen beweispflichtig. Um ihm die Beweisführung zu erleichtern, wird in § 74c Abs. 2 (abweichend von § 615 BGB.) dem Gehilfen eine Auskunftspflicht auferlegt. Die Nichterfüllung der Auskunftspflicht gibt zunächst dem Prinzipal das Recht der Zurückbehaltung an der Karenzentschädigung gemäß § 273 BGB. (vgl. die Motive). Der Prinzipal kann den Anspruch auf Auskunft aber auch selbständig realisieren. Die Verpflichtung zur Auskunft beschränkt sich auf die Mitteilung des Betrages des anderweitigen Erwerbs. Nach Treu und Glauben wird auch die Angabe des Dienstverhältnisses

verlangt werden können, in dem der Erwerb gemacht ist. Ein Anspruch auf Vorlegung eines Rechnungsauszuges oder auf Belege besteht nicht. § 259 BGB. ist nicht anwendbar, da es sich nicht um eine von dem Gehilfen geführte Verwaltung handelt. Aus dem gleichen Grunde kann auch die Leistung des Offenbarungseides über den anderweitigen Verdienst nicht gefordert werden. Die Vollstreckung eines auf Auskunftserteilung ergangenen Urteils erfolgt gemäß § 888 ZPO. durch Geldstrafe oder Haft § 888 Abs. 2.

§ 75. Löst der Gehilfe das Dienstverhältnis gemäß den Vorschriften der §§ 70, 71 wegen vertragswidrigen Verhaltens des Prinzipals auf, so wird das Wettbewerbverbot unwirksam, wenn der Gehilfe vor Ablauf eines Monats nach der Kündigung schriftlich erklärt, daß er sich an die Vereinbarung nicht gebunden erachte.

In gleicher Weise wird das Wettbewerbverbot unwirksam, wenn der Prinzipal das Dienstverhältnis kündigt, es sei denn, daß für die Kündigung ein erheblicher Anlaß in der Person des Gehilfen vorliegt oder daß sich der Prinzipal bei der Kündigung bereit erklärt, während der Dauer der Beschränkung dem Gehilfen die vollen zuletzt von ihm bezogenen vertragsmäßigen Leistungen zu gewähren. Im letzteren Falle finden die Vorschriften des § 74 entsprechende Anwendung.

Löst der Prinzipal das Dienstverhältnis gemäß den Vorschriften der §§ 70, 72 wegen vertragswidrigen Verhaltens des Gehilfen auf, so hat der Gehilfe keinen Anspruch auf die Entschädigung.

Zu § 75 Abs. 1:

1. Entstehungsgeschichte. Nach § 75 der früheren Fassung konnte der Prinzipal keine Ansprüche aus dem Wettbewerbsverbot

geltend machen, wenn er durch vertragswidriges Verhalten dem Gehilfen Grund zur sofortigen Auflösung des Dienstverhältnisses gemäß §§ 70, 71 HGB. gab, ebenso konnte er in der Regel keine Ansprüche geltend machen, wenn er das Dienstverhältnis kündigte. Das Wettbewerbsverbot blieb jedoch trotz der Kündigung des Prinzipals in Kraft:

a) wenn für die Kündigung ein erheblicher, vom Prinzipal nicht verschuldeter Anlaß vorlag,

b) wenn der Prinzipal zwar ohne erheblichen Anlaß oder aus einem von ihm verschuldeten Grunde gekündigt hatte, aber dem Gehilfen während der Dauer der Beschränkung das zuletzt von ihm bezogene Gehalt fortbezahlte.

Der gesetzgeberische Grund der Bestimmung war, daß der Gehilfe, wenn ihm durch den Prinzipal selbst die Möglichkeit genommen war, seine Arbeitskraft noch weiter im Geschäft des Prinzipals zu verwerten, nicht durch das Wettbewerbsverbot von einer ergiebigen anderweiten Ausnutzung seiner Fähigkeiten und Schaffenskraft zurückgehalten werden sollte. Das Gesetz hat diese Schutzvorschriften im wesentlichen beibehalten, mußte sie jedoch mit Rücksicht auf die Karenzentschädigung modifizieren. Dem Gehilfen ist daher jetzt in den beiden genannten Fällen ein Wahlrecht eingeräumt, nach welchem er entweder die Fortdauer des Wettbewerbsverbotes mit der Karenzentschädigung oder seine Befreiung davon erlangen kann. Gleichzeitig mußte dann auch für den Fall, daß das Dienstverhältnis wegen vertragswidrigen Verhaltens des Gehilfen gelöst wird, zum Schutz des Prinzipals eine Bestimmung getroffen werden. § 75 Abs. 3 sieht deshalb vor, daß hier der Anspruch des Gehilfen auf Entschädigung wegfällt, während seine Verpflichtung aus dem Wettbewerbsverbot bestehen bleibt.

2. Nach bisherigem Recht war es streitig, ob, wenn ein Auflösungsgrund aus §§ 70, 71 gegeben war, der Handlungsgehilfe, um von der Konkurrenzklausel frei zu werden, sofort kündigen mußte, oder ob auch Kündigung mit ordnungsmäßiger Frist genügte (letzterer Ansicht RG. in JW. 04 149; RG. 56 372). Nach der

Fassung der neuen Bestimmung, die insoweit von der ersten Regierungsvorlage und den Kommissionsbeschlüssen erster Lesung abweicht, ist Auflösung des Vertragsverhältnisses gemäß §§ 70, 71, also sofortige Kündigung Voraussetzung der Anwendbarkeit der Bestimmung.

§ 70 gibt das Recht zur Kündigung des Dienstverhältnisses ohne Einhaltung einer Kündigungsfrist, wenn ein wichtiger Grund vorliegt. § 71 bestimmt:

„Als ein wichtiger Grund, der den Handlungsgehilfen zur Kündigung ohne Einhaltung einer Kündigungsfrist berechtigt, ist es, sofern nicht besondere Umstände eine andere Beurteilung rechtfertigen, namentlich anzusehen:

1. wenn der Handlungsgehilfe zur Fortsetzung seiner Dienste unfähig wird;
2. wenn der Prinzipal den Gehalt oder den gebührenden Unterhalt nicht gewährt;
3. wenn der Prinzipal den ihm nach § 62 obliegenden Verpflichtungen nachzukommen verweigert;
4. wenn sich der Prinzipal Tätlichkeiten, erhebliche Ehrverletzungen oder unsittliche Zumutungen gegen den Handlungsgehilfen zuschulden kommen läßt oder es verweigert, den Handlungsgehilfen gegen solche Handlungen eines anderen Angestellten oder eines Familienangehörigen des Prinzipals zu schützen."

3. Es genügt aber nicht noch das Vorliegen eines Kündigungsgrundes gemäß §§ 70, 71, vielmehr muß außerdem noch dem Prinzipal ein vertragswidriges Verhalten zur Last fallen. Vertragswidriges Verhalten ist nicht lediglich objektive Vertragswidrigkeit, sondern schuldhafte Pflichtverletzung (vgl. Staub § 70 Anm. 18; Brand § 75 Anm. 1A; OLG. Hamburg, OLGRspr. 8 255; Kfm G. Straßburg, GewKfmG. 12 203; KfmG. Berlin, Jahrb. 1910, 230 Nr. 88, 89). Es scheiden daher zunächst die Fälle aus, in denen die sofortige Kündigung durch Umstände in der Person des Gehilfen veranlaßt wird, z. B. Kündigung des Gehilfen wegen Dienstunfähigkeit (§ 71 Nr. 1), Kündigung der Handlungsgehilfin im Fall der Verheiratung usw. Es scheiden aber auch ferner die-

jenigen Fälle aus, in denen zwar eine Vertragswidrigkeit vorliegt, an der der Prinzipal aber kein Verschulden trägt, z. B. Konkurs des Prinzipals, in gutem Glauben erstattete, aber objektiv falsche Strafanzeige (KfmG. Straßburg, GewKfmG. 12 203; KfmG. Berlin, Jahrb. 1910, 230 Nr. 89). Auch im Falle des § 71 Nr. 2 (Nichtgewährung des Gehalts) ist noch besonders festzustellen, ob ein schuldhaftes Verhalten des Prinzipals vorliegt. Aus § 279 BGB. allein kann das schuldhafte Verhalten noch nicht hergeleitet werden.

4. Im Falle der Vertragslösung aus § 75 Abs. 1 wird das Wettbewerbsverbot unwirksam, wenn der Gehilfe vor Ablauf eines Monats nach der Kündigung schriftlich erklärt, daß er sich an die Vereinbarung nicht gebunden erachtet. In der Kommission war vorgeschlagen, das Wettbewerbsverbot umgekehrt in diesem Falle stets wegfallen zu lassen, wenn nicht der Gehilfe ausdrücklich seine Fortgeltung verlange. Mit Recht wurde seitens des Regierungsvertreters demgegenüber darauf hingewiesen, daß es sich um ein gegenseitiges Vertragsverhältnis handele und hier nach dem allgemeinen Recht zum Erlöschen eine ausdrückliche Erklärung gefordert werden müsse.

Die Erklärung muß der Gehilfe vor Ablauf eines Monats nach der Kündigung abgeben. Sie muß innerhalb dieser Frist dem Prinzipal zugehen (§ 130 BGB.). Die Erklärung bedarf der Schriftform (§ 126 BGB.), muß also von dem Handlungsgehilfen eigenhändig durch Namensunterschrift oder mittels gerichtlich oder notariell beglaubigten Handzeichens unterzeichnet werden. Unterstempelung genügt nicht, auch nicht telegraphische Übermittlung (vgl. Staudinger § 126 Anm. VI und § 127 BGB.).

Im Gegensatz zum Fall des Abs. 2 kann der Prinzipal die Fortdauer des Wettbewerbsverbotes nicht durch Fortzahlung des Gehalts erkaufen.

Zu § 75 Abs. 2:

1. Das Wettbewerbsverbot wird in der Regel unwirksam, wenn der Prinzipal kündigt. Vorausgesetzt ist eine einseitige, gleichviel ob befristete oder unbefristete Kündigung. Das Wettbewerbs-

verbot bleibt also bestehen, wenn das Vertragsverhältnis infolge Zeitablaufs erlischt, auch dann, wenn der Prinzipal die Bitte des Gehilfen um Fortsetzung des Vertragsverhältnisses ablehnt oder die Entlassung ausdrücklich ausspricht. Ebenso bleibt das Wettbewerbsverbot bestehen, wenn der Vertrag durch beiderseitige Vereinbarung vorzeitig aufgelöst wird (OLG. Posen, OLGRspr. 8 96; KfmG. Frankfurt, GewKfmG. 16 222; a. M. KfmG. und LG. Hamburg, GewKfmG. 18 85, die das Wettbewerbsverbot wegfallen lassen wollen, wenn der Prinzipal die Veranlassung zu der vereinbarten Aufhebung gegeben hat). Beiderseitige Vereinbarung liegt auch vor, wenn der Handlungsgehilfe eine an sich wirkungslose Kündigung annimmt. Hier beendigt nicht die Kündigung, sondern die Einigung der Parteien das Vertragsverhältnis. Nicht der Prinzipal entzieht dem Gehilfen die Arbeitsgelegenheit, sondern dieser verzichtet freiwillig. Es liegt daher kein Anlaß vor, das Wettbewerbsverbot fallen zu lassen (OLG. Kolmar, LZ. 08 242).

Der Kündigung des Prinzipals steht die **Kündigung durch den Konkursverwalter** gleich (RG. in JW. 03 389 Nr. 20).

Im Falle der Kündigung seitens des Prinzipals gilt dasselbe wie im Fall des Abs. 1. Das Wettbewerbsverbot bleibt an sich wirksam, es fällt nur weg, wenn der Gehilfe vor Ablauf eines Monats nach der Kündigung schriftlich erklärt, daß er sich an die Vereinbarung nicht gebunden erachtet.

2. Trotz der Kündigung des Prinzipals ist der Gehilfe in zwei Ausnahmefällen nicht berechtigt, das Wettbewerbsverbot zu beseitigen:

a) wenn für die Kündigung ein erheblicher Anlaß in der Person des Gehilfen vorliegt,

b) wenn sich der Prinzipal bei der Kündigung bereit erklärt, während der Dauer der Beschränkung dem Gehilfen die vollen zuletzt von ihm bezogenen vertragsmäßigen Leistungen zu gewähren.

Zu a: Nach bisherigem Recht genügte es, wenn für die Kündigung ein erheblicher Anlaß vorlag, den der Prinzipal nicht verschuldet hatte. Jetzt muß ein **Anlaß in der Person des Ge-**

hilfen vorliegen. Es genügt jetzt also nicht mehr ein erheblicher Anlaß, der außerhalb der Person des Gehilfen liegt, z. B. durch die Konjunktur gebotene Einschränkung des Betriebes, von dem Gehilfen nicht hervorgerufene Differenzen mit Mitangestellten, unverschuldete Konkurseröffnung, Zerstörung des Geschäfts durch Feuer usw. Andererseits ist es auch nicht nötig, daß der Anlaß vom Gehilfen verschuldet ist. Auch Kündigung wegen Krankheit des Gehilfen, wegen Einberufung zum Militär usw., vom Gehilfen nicht verschuldeten ungenügenden Leistungen (OLG. Hamburg, OLGRspr. 8 97), können in Frage kommen.

Der Kündigungsgrund braucht bei der Kündigung nicht angegeben zu werden. Es genügt, wenn er dem Handlungsgehilfen erkennbar ist. Dagegen darf nicht später noch ein Grund untergeschoben werden, der bei der Kündigung noch nicht vorlag und erst bis zum Ablauf der Kündigungsfrist eintrat. Der Gehilfe muß bereits bei der Kündigung wissen, woran er ist und inwieweit er andere Stellung suchen darf (a. M. KfmG. Berlin, Jahrb. 1910, 298; LG. Hamburg, LZ. 1912, 957. Der dort vertretenen Ansicht, daß mit dem nachträglichen Eintritt eines „erheblichen Anlasses" die Wirkungen der vorher ausgesprochenen grundlosen Kündigung wegfielen, kann jedenfalls für die Frage des Wettbewerbsverbotes nicht beigetreten werden).

Liegt ein erheblicher Grund in der Person des Gehilfen vor, und hat der Prinzipal deswegen gekündigt, so ist es gleichgültig, ob der Gehilfe auch seinerseits einen Grund zur Kündigung hatte (vgl. hierzu RG. 56 374). Sache des Gehilfen wäre es in solchem Falle, ev. von einem Recht zur sofortigen Kündigung Gebrauch zu machen und sich dann auf § 75 Satz 1 zu berufen.

Die Beweislast, daß ein erheblicher Anlaß in der Person des Gehilfen vorliegt, trägt der Prinzipal; da das Recht des Gehilfen zur Beseitigung des Wettbewerbsverbotes die Regel ist, muß er das Vorliegen des Ausnahmefalls darlegen (vgl. RG. in JW. 03 389 Nr. 20).

Da der Prinzipal bei der Kündigung den Grund nicht anzugeben braucht, verliert der Gehilfe seine Rechte auch nicht dadurch, daß er der Kündigung nicht widerspricht. Sache des Gehilfen ist es, innerhalb der Monatsfrist die Erklärung abzugeben, daß er sich an die Vereinbarung nicht für gebunden erachtet. Die Rechtswirksamkeit der Erklärung selbst ist erst im Prozeß nachzuprüfen. Der Gehilfe verliert sein Recht auch noch nicht dadurch, daß er innerhalb der Monatsfrist die erste etwa fällige Rate der Karenzentschädigung annimmt, er muß dann natürlich aber die Entschädigung, wenn er seinen Rücktritt von der Wettbewerbsabrede erklärt, wieder zurückgewähren.

Zu b: Auch wenn die Kündigung ohne erheblichen Anlaß erfolgt, kann sich der Prinzipal die Fortdauer der Konkurrenzklausel dadurch erkaufen, daß er sich bei der Kündigung bereit erklärt, dem Gehilfen die vollen zuletzt bezogenen Leistungen weiter zu gewähren. Die Erklärung muß sofort bei der Kündigung abgegeben werden. Der Prinzipal darf also nicht erst abwarten, ob der Gehilfe von dem Recht der Außerkraftsetzung der Wettbewerbsabrede Gebrauch machen will. Der Gehilfe muß sofort bei der Kündigung wissen, wie er sich zu verhalten hat (RG. 59 127; JW. 05 29 Nr. 43; OLGRspr. 8 387). Abweichend von der Erklärung des Gehilfen bedarf die Erklärung des Prinzipals nicht der Schriftform. Die Erklärung muß sich auf die ganze für das Wettbewerbsverbot vorgesehene Zeit beziehen. Der Prinzipal kann nicht etwa für einen Teil der Zeit durch Fortgewährung der Bezüge das Wettbewerbsverbot aufrechterhalten. Eine Erklärung, durch die sich der Prinzipal nur für einen Teil der Zeit zur Fortzahlung der Bezüge bereit erklärt, wäre unwirksam (vgl. Reinshagen S. 36, 38). An die einmal abgegebene Erklärung ist der Prinzipal gebunden. Er kann nicht etwa durch eine Kündigung erreichen, daß er von der Gehaltszahlung und der Gehilfe von dem Wettbewerbsverbot befreit wird. Auch eine Kündigung aus §§ 70, 71 HGB. kommt nicht in Betracht, da das Dienstverhältnis erloschen ist, und sich die rechtlichen Beziehungen zwischen den Parteien lediglich auf Wettbewerbsverbot und Karenzentschädigung begrenzt haben (so schon für bisheriges Recht Staub § 75 Anm. 4; Brand § 75 Anm. 1 B b β).

Dem Prinzipal bleibt es aber unbenommen, statt dem Gehilfen zu kündigen, ihn nur zur Disposition zu stellen, d. h. auf die Dienstleistungen zu verzichten. Dann tritt überhaupt das Wettbewerbsverbot noch nicht in Kraft, sondern der ursprüngliche Vertrag läuft mit dem Wettbewerbsverbot aus § 60 HGB. weiter, und der Prinzipal hat dann im Falle einer unbefugten Konkurrenz das Recht zur Kündigung aus § 72 Nr. 1 und kann dann, wenn er von diesem Kündigungsrecht Gebrauch macht, die Einhaltung des Wettbewerbsverbots ohne Karenzentschädigung verlangen. Es wird sich deshalb in solchem Fall empfehlen, den Handlungsgehilfen nicht zu kündigen, sondern ihn nur zur Disposition zu stellen. Der einzige Unterschied bleibt dann nur, daß der Prinzipal auch zur Weiterzahlung der Beiträge für die Sozialversicherung verpflichtet bleibt.

Unbenommen bleibt es den Parteien, eine Vereinbarung zu treffen, nach der der Gehilfe anerkennt, daß die Kündigung aus einem in seiner Person liegenden erheblichen Anlaß erfolgt ist. Dies ist nichts anderes als eine Aufhebung des Vertrages in beiderseitigem Einverständnis und deshalb keine Gesetzesumgehung im Sinne des § 75d. Zulässig ist es daher auch, im Wege der Vereinbarung die Karenzentschädigung im Falle des § 75 Abs. 2 niedriger zu bemessen als auf das volle Gehalt. Die Entschädigung darf nur nicht unter das gesetzliche Minimum herabgehen.

Fortzugewähren sind die vollen zuletzt bezogenen vertragsmäßigen Leistungen. Ihre Berechnung erfolgt gemäß § 74b. Die Streitfrage des früheren Rechts, ob neben dem Gehalt auch die sonstigen Bezüge weitergewährt werden müßten (vgl. Staub § 75 Anm. 4), ist hiernach beseitigt. Die Anrechnung anderweitigen Verdienstes findet ebenso wie nach bisherigem Recht nicht statt (KommB. über den Entw. eines HGB. 44; Staub § 75 Anm. 4). § 74c ist nicht entsprechend anwendbar erklärt. Über das Rücktrittsrecht des Gehilfen im Falle nicht pünktlicher Fortzahlung der Karenzentschädigung vgl. zu § 74b Anm. 1.

Die Bestimmung des § 74b, nach der die Entschädigung monatlich zu gewähren ist, findet hier keine Anwendung. Die bisherigen

Leistungen sind vielmehr zu denjenigen Fälligkeitsterminen fortzugewähren, an denen sie an sich beim Fortbestehen des Vertragsverhältnisses zu gewähren sein würden.

Zu § 75 Abs. 3:

Wenn durch die Vorschriften der Abs. 1 u. 2 der Gehilfe in den Fällen geschützt wird, wo der Prinzipal ihn durch vertragswidriges Verhalten zum Austritt veranlaßt oder ihn ohne erheblichen Anlaß entläßt, so kann auf der andern Seite dem Prinzipal nicht zugemutet werden, dem Gehilfen für die Einhaltung eines berechtigten Konkurrenzverbots eine Entschädigung zu zahlen, wenn er infolge vertragswidrigen Verhaltens des Gehilfen gemäß §§ 70, 72 HGB. das Dienstverhältnis löst. § 75 Abs. 3 sieht deshalb vor, daß hier der Anspruch des Gehilfen auf Entschädigung wegfällt, während seine Verpflichtungen aus dem Wettbewerbsverbot bestehen bleiben. Die Regierungsvorlage hatte, wie in Abs. 1, auch hier vorgesehen, daß die Entschädigung schon wegfallen sollte, wenn der Gehilfe durch vertragswidriges Verhalten Grund zur sofortigen Auflösung des Dienstverhältnisses gibt, ohne daß ausdrücklich bestimmt war, daß das Dienstverhältnis auch tatsächlich ohne Kündigung gelöst sein müsse. Die Bestimmung erfuhr in der Kommission (KommB. 57) heftige Angriffe, es wurde geltend gemacht, sie verletze die Rechtsgleichheit, weil in Abs. 1 nicht vorgeschlagen sei, die Konkurrenzklausel zu kassieren und dem Angestellten den Anspruch auf die Entschädigung zu belassen. Nach längerer Verhandlung wurde doch die jetzt geltende Fassung angenommen, in welcher ausdrücklich betont ist, daß nicht nur ein Grund gemäß §§ 70, 72 vorliegen, sondern auch das Vertragsverhältnis aus diesem Grunde gelöst sein muß. Während § 70 die Auflösung des Vertragsverhältnisses aus wichtigem Grunde gestattet, ist es nach § 72, sofern nicht besondere Umstände eine andere Beurteilung rechtfertigen, als wichtiger Grund zur Kündigung ohne Einhaltung einer Kündigungsfrist namentlich anzusehen:

1. wenn der Handlungsgehilfe im Dienste untreu ist oder das Vertrauen mißbraucht oder die ihm nach § 60 obliegende Verpflichtung verletzt;

2. wenn er seinen Dienst während einer den Umständen nach erheblichen Zeit unbefugt verläßt oder sich beharrlich weigert, seinen Dienstverpflichtungen nachzukommen;
3. wenn er durch anhaltende Krankheit, durch eine längere Freiheitsstrafe oder Abwesenheit oder durch eine die Zeit von acht Wochen übersteigende militärische Dienstleistung an der Verrichtung seiner Dienste verhindert wird;
4. wenn er sich Tätlichkeiten oder erhebliche Ehrverletzungen gegen den Prinzipal oder dessen Vertreter zuschulden kommen läßt.

Auch hier ist ebenso wie in Abs. 1 in jedem Falle nachzuprüfen, ob außer dem Auflösungsgrunde auch noch ein vertragswidriges Verhalten des Gehilfen vorliegt. Ein solches wird im Falle des § 72 Nr. 3 in der Regel bei anhaltender Krankheit und militärischen Dienstleistungen zu verneinen sein, wenn nicht der Gehilfe die Krankheit vorsätzlich oder grob fahrlässig herbeigeführt hat oder seine Einziehung zu der militärischen Dienstleistung ohne zwingenden Grund freiwillig veranlaßt hat.

§ 75a. Der Prinzipal kann vor der Beendigung des Dienstverhältnisses durch schriftliche Erklärung auf das Wettbewerbverbot mit der Wirkung verzichten, daß er mit dem Ablauf eines Jahres seit der Erklärung von der Verpflichtung zur Zahlung der Entschädigung frei wird.

1. Entstehungsgeschichte. Die Bestimmung regelt den Wegfall des Wettbewerbsverbots auf Grund einseitiger Erklärung des Prinzipals. Die Motive führen aus: Wenn ein Prinzipal auf die Rechte aus dem Wettbewerbsverbot verzichten wolle, so liege kein Anlaß vor, ihn unbedingt an der Verpflichtung zur Zahlung der Entschädigung festzuhalten. Demgemäß sah § 75a des Entwurfs sowohl einen Verzicht während der Dauer des Dienstverhältnisses vor, der die Verpflichtung zur Zahlung der Entschädigung ohne weiteres beseitigte, als auch einen Verzicht nach Beendigung des Dienstverhältnisses, bei denen die Entschädigung

noch sechs Monate nach dem Wegfall der Verpflichtung des Gehilfen weiter zu zahlen war. Der § 75a des Entwurfs lautete demgemäß:

„Der Prinzipal kann vor der Beendigung des Dienstverhältnisses durch schriftliche Erklärung auf die Erfüllung der von dem Handlungsgehilfen in der Vereinbarung übernommenen Verpflichtungen mit der Wirkung verzichten, daß auch seine Verpflichtung zur Zahlung der Entschädigung wegfällt. Der Verzicht kann sich auf eine Verkürzung der Zeit beschränken, für welche die Vereinbarung getroffen ist.

Zur Abgabe der Erklärung kann der Gehilfe, nachdem das Dienstverhältnis gekündigt worden ist, dem Prinzipal schriftlich eine Frist setzen; die Frist muß mindestens eine Woche betragen. Endigt das Dienstverhältnis nach dem Vertrag ohne vorherige Kündigung, so kann die Frist innerhalb der letzten drei Monate vor der Beendigung gesetzt werden.

Nach der Beendigung des Dienstverhältnisses oder nach dem Ablauf der gemäß Abs. 2 gesetzten Frist kann der Prinzipal den Verzicht nur mit der Wirkung erklären, daß seine Verpflichtung zur Zahlung der Entschädigung noch für die Zeit von sechs Monaten nach dem Wegfall der Verpflichtung des Gehilfen bestehen bleibt. Ist jedoch das Dienstverhältnis durch Kündigung ohne Einhaltung einer Kündigungsfrist aufgelöst und erklärt der Prinzipal den Verzicht innerhalb einer Woche nach der Kündigung, so hat der Gehilfe auf die Entschädigung keinen Anspruch, es sei denn, daß die Auflösung wegen vertragswidrigen Verhaltens des Prinzipals erfolgt ist."

In der Kommission wurde das ganze Prinzip dieser Bestimmung bekämpft. Es wurde geltend gemacht, das Verzichtsrecht begünstige nur die leichtfertige und schablonenhafte Verhängung der Konkurrenzklausel. Gerade der Mißbrauch würde förmlich geschützt werden, wenn der Prinzipal es vollständig in der Hand habe, im letzten Augenblick sich von seinen Verpflichtungen durch den Verzicht zu befreien. Gerade die Entschädigungspflicht solle doch ein Mittel sein, gegen überflüssige Konkurrenzklauseln einzuwirken. Es sei auch zu berücksichtigen, daß durch das Gesetz ein zweiseitiges Rechtsverhältnis geschaffen werde, auch dieser Grundsatz würde durch das einseitige Verzichtsrecht durchbrochen werden. Wenn das Verzichtsrecht noch am letzten Beschäftigungstage erklärt werden könne, könne der Angestellte bis dahin bereits infolge des Wettbewerbsverbotes in einer fremden Branche Stellung angenommen haben und dadurch erheblich geschädigt sein, diese Einbuße werde ihm dann in Gestalt der Entschädigung nicht mehr ersetzt. Der Regierungsvertreter machte demgegenüber geltend, es sei richtig, daß die Vorschriften des Entwurfs unter Umständen den Prinzipal veranlassen könnten, ein nicht unbedingt notwendiges Wettbewerbsverbot zu vereinbaren, indem er sich vorbehalte, später darauf zu verzichten. Andererseits seien Fälle, in denen ein späterer Verzicht auf das Wettbewerbsverbot durchaus gerechtfertigt sei, durchaus nicht selten. Lege beispielsweise ein Industrieller einem in seinem Betriebe angestellten Handlungsgehilfen ein Konkurrenzverbot auf, weil der Gehilfe einen Einblick in ein sehr wichtiges nicht geschütztes Fabrikationsverfahren habe, werde aber dies Verfahren später wertlos, so dürfe dem Prinzipal die Möglichkeit nicht genommen werden, einseitig auf die Wettbewerbsabrede zu verzichten. Es genügt keineswegs, ihn auf eine Einigung mit dem Gehilfen zu verweisen. Letzterer dürfte schon deshalb schwerlich geneigt sein, dem Verzicht zuzustimmen, weil die bezahlte Karenz ihn vor einer Verschlechterung seiner Einkommensverhältnisse im Falle des Stellenwechsels schützt.

Die Kommission lehnte in erster Lesung den § 75a ab. Auf Grund des Kompromisses der zweiten Lesung ist gemäß der zweiten Regierungsvorlage die vorliegende Fassung zustande gekommen, die das Verzichtsrecht auf die Zeit vor Beendigung des Dienstverhältnisses beschränkt und die Befreiung von der Verpflichtung zur Zahlung der Entschädigung erst nach Ablauf eines Jahres eintreten läßt.

2. Unter **Beendigung** ist auch hier die rechtliche Beendigung zu verstehen (vgl. zu § 74a Abs. 1 Satz 3). Die Verzichtserklärung kann auch schon vor dem Dienstantritt abgegeben werden. Sie kann abgegeben werden bis zur tatsächlichen Be-

endigung des Dienstverhältnisses, also auch während der Kündigungsfrist.

Die Erklärung bedarf der Schriftform und wird in dem Zeitpunkt wirksam, in welchem sie dem Gehilfen zugeht (§ 130 BGB., vgl. zu § 75 Abs. 1).

Zulässig ist nur ein gänzlicher Verzicht auf das Wettbewerbsverbot, nicht etwa eine zeitliche, örtliche oder gegenständliche Einschränkung.

3. Die Verpflichtung des Angestellten aus dem Wettbewerbsverbot erlischt bereits in dem Zeitpunkte des Verzichts, die Entschädigungspflicht bleibt also während des dem Verzicht folgenden Jahres ohne Gegenleistung bestehen. Die Karenzentschädigung ist natürlich nur insoweit zu zahlen, als sie innerhalb des Jahres fällig wird. Besteht das Dienstverhältnis während des Jahres noch ganz oder teilweise fort, so ist für die betreffende Zeit eine Entschädigung auch dann nicht zu zahlen, wenn der Gehilfe schon infolge des Wettbewerbsverbotes eine ihm vorteilhafte Konkurrenzstellung ausgeschlagen und von einem ihm zustehenden Kündigungsrecht keinen Gebrauch gemacht hat.

§ 75 b. Ist der Gehilfe für eine Tätigkeit außerhalb Europas angenommen, so ist die Verbindlichkeit des Wettbewerbverbots nicht davon abhängig, daß sich der Prinzipal zur Zahlung der im § 74 Abs. 2 vorgesehenen Entschädigung verpflichtet. Das gleiche gilt, wenn die dem Gehilfen zustehenden vertragsmäßigen Leistungen den Betrag von achttausend Mark für das Jahr übersteigen; auf die Berechnung des Betrags der Leistungen finden die Vorschriften des § 74 b Abs. 2, 3 entsprechende Anwendung.

Die Bestimmung sieht gewisse Ausnahmen von dem Grundsatz der bezahlten Karenz vor, nämlich:

1. bei einer Tätigkeit außerhalb Europas,
2. bei einem Einkommen von mehr als 8000 ℳ.

Der Entwurf hatte noch eine dritte Ausnahme vorgesehen. Es war bestimmt, daß die Vergütung nicht entrichtet zu werden brauche, wenn sich die Vereinbarung auf ein Jahr und auf einen Umkreis von 2 km beschränke. Diese sog. kleine Konkurrenzklausel sollte auch den kleineren Gewerbetreibenden die Möglichkeit wahren, sich ohne besondere Aufwendungen der Konkurrenzklausel zu bedienen. Die erste Lesung der Kommission hat den gesamten § 75b gestrichen. In zweiter Lesung sind gemäß der 2. Regierungsvorlage nur die beiden oben bezeichneten Ausnahmen zugelassen.

Zu 1: Die erste Ausnahme betrifft die Tätigkeit außerhalb Europas.

a) Entstehungsgeschichte. Die Motive (S. 13) führen aus:

„Die Notwendigkeit, sich durch eine Konkurrenzklausel gegen ungerechtfertigte Eingriffe zu schützen, wird hier für den Prinzipal häufiger und dringender hervortreten als bei den sonstigen Angestellten. Es handelt sich vielfach um Vertrauensstellungen eigener Art, die für den Prinzipal in der Regel mit erheblichen Aufwendungen verbunden sind, ihm andererseits aber erst nach längerer Tätigkeit des Gehilfen einen Nutzen bringen. Der Wert, den die Arbeitskraft des Gehilfen für den Prinzipal wie für dessen Konkurrenten besitzt, beruht hier in besonderem Maße auf dem, was der Gehilfe durch die Beschäftigung für seine Firma und auf ihre Kosten an Kenntnissen und Beziehungen erworben hat. Diesen Verhältnissen muß die Gesetzgebung Rechnung tragen. Es wäre ungerechtfertigt, wenn in solchen Fällen vom Prinzipal verlangt würde, daß er dem Gehilfen noch eine besondere, überdies nach dem hohen Auslandsgehalte berechnete Gegenleistung verspricht, wenn er ihm in einer nicht unbilligen Weise Beschränkungen in der freien Konkurrenz auferlegen will. Dazu kommt, daß eine zuweitgehende Belastung der Prinzipale durch die deutsche Gesetzgebung leicht dazu führen kann, daß die Firmen, welche Niederlassungen außerhalb Europas besitzen oder sonst Gehilfen dorthin entsenden, die Angestellten hierfür im Ausland suchen, um sich dadurch gegen die Anwendung der Grundsätze des deutschen Rechtes zu sichern. Die sonstigen Schranken, die der Entwurf der Konkurrenzklausel zieht, gelten auch für Angestellte, die für eine außereuropäische Tätigkeit angenommen werden, insbesondere kommt auch ihnen gegenüber die Vorschrift zur Anwendung, daß eine Konkurrenzklausel unverbindlich ist, soweit sie eine unbillige Erschwerung des Fortkommens enthält."

Von den Gegnern der Bestimmung wurde in der Kommission geltend gemacht, es sei wohl richtig, daß es sich bei den Stellungen im Ausland regelmäßig um Vertrauensstellungen handele, aber es müsse auch anerkannt werden, daß die Rechtsunsicherheit für den Gehilfen im Ausland eine sehr hohe sei. Übrigens sei zu bedenken, daß der Aufwand des Gehilfen durch einen Stellenwechsel im Ausland ein besonders hoher sei und die Wirkungen eines solchen Wettbewerbsverbotes dort noch schlimmere seien. Es sei auch nicht zu befürchten, daß die Entschädigungspflicht zum Ausschluß deutscher Handlungsgehilfen von Auslandsstellungen führen würde, weil hier alles von der persönlichen Tüchtigkeit der betreffenden Bewerber abhänge (KommB. 66—69). Der Regierungsvertreter (KommB. 67) stellte sich demgegenüber auf den Standpunkt der Motive und wies insbesondere darauf hin, daß die Gehälter der im Ausland beschäftigten Angestellten durchweg erheblich höher bemessen seien wie bei den übrigen Handlungsgehilfen, so werde beispielsweise in Südamerika das Doppelte oder Dreifache des in Deutschland zu zahlenden Entgelts gewährt. Wenn auf solche Fälle der Grundsatz der bezahlten Karenz ausgedehnt werde, so werde der Gehilfe, der aus dem Ausland nach Deutschland zurückkehre, ohne jede innere Berechtigung die Auffüllung seiner Bezüge bis zur Höhe des Auslandsgehalts bzw. im Falle des § 74c Abs. 1 Satz 2 noch darüber hinaus verlangen können. Durch eine derartige Bestimmung würden die deutschen überseeischen Firmen geradezu gezwungen werden, nichtdeutsche Handlungsgehilfen für die Tätigkeit im Ausland anzustellen. Gerade aber für das Fortkommen der deutschen Handlungsgehilfen und für die Ausbildung des kaufmännischen Nachwuchses sei die Auslandstätigkeit von besonderer Bedeutung. Die Kommission hat in erster Lesung die Ausnahmebestimmung abgelehnt, in zweiter Lesung dagegen die Bestimmung wieder hergestellt.

b) Außerhalb Europas im Sinne der Bestimmungen liegen auch die außereuropäischen Kolonien und Schutzgebiete europäischer Staaten, auch die Deutschlands (vgl. Staub § 65 Abs. 2; Brand § 68 Anm. 3a). Der Begriff „Tätigkeit außerhalb Europas" ist weiter zu fassen als die Annahme „für eine außereuropäische Handelsniederlassung" in § 68 HGB. Es fallen also darunter außer den in außereuropäischen Handelsniederlassungen angestellten Gehilfen auch die Reisenden, die in überseeischen Staaten für deutsche Geschäftshäuser tätig sind (KommB. 67). Die außereuropäische Tätigkeit muß nach dem Anstellungsvertrage die ausschließliche oder wenigstens die überwiegende Tätigkeit des Handlungsgehilfen umfassen. Die Anwendung der Ausnahmebestimmung wird noch nicht beseitigt, wenn der Reisende in demjenigen Umfang, wie es geschäftsüblich ist, außerhalb der Reisezeit im inländischen Geschäftslokal arbeitet, z. B. auf dem Lager die Kommissionen zusammenstellt oder die Korrespondenz mit der Reisekundschaft führt (vgl. hierzu Staub § 59 Anm. 36a). Dagegen findet die Ausnahmebestimmung keine Anwendung mehr, wenn eine hierüber hinausgehende, wenn auch nur den kleineren Teil der Tätigkeit des Gehilfen einnehmende Tätigkeit innerhalb Europas in Betracht kommt.

Es genügt nicht, wenn der Gehilfe tatsächlich außerhalb Europas beschäftigt wird, es muß vielmehr von vornherein nach dem Anstellungsvertrage nur eine Tätigkeit außerhalb Europas in dem oben angegebenen Sinne vereinbart sein. Ist der Gehilfe nach dem Anstellungsvertrage verpflichtet, sich nach Wahl des Prinzipals innerhalb und außerhalb Europas beschäftigen zu lassen, so greift die Ausnahmebestimmung auch dann nicht Platz, wenn er tatsächlich nur außerhalb Europas beschäftigt wurde. Kehrt ein Gehilfe, der auf Grund eines unter die Ausnahmebestimmung fallenden Vertrages außerhalb Europas beschäftigt war, nach Europa zurück, und wird er dann vom Prinzipal weiter beschäftigt, so ist damit der Auslandsvertrag beendigt, und es tritt ein neues Vertragsverhältnis in Kraft. Das durch den Auslandsvertrag normierte Wettbewerbsverbot beginnt daher auch bei

Weiterbeschäftigung im Inland hinsichtlich seiner Geltungsfrist mit dem Aufhören der Tätigkeit im Ausland zu laufen. Es wird also unwirksam, wenn die Beschäftigungszeit im inländischen Geschäft die im Auslandsvertrage für das Wettbewerbsverbot vorgesehene Frist überschreitet.

Zu 2:

a) Entstehungsgeschichte. Den Ausschluß der obligatorischen Karenzentschädigung für Gehilfen mit mehr als 8000 ℳ Einkommen rechtfertigen die Motive (S. 14) damit, daß kein Bedürfnis bestehe, bei ihrer sozialen und wirtschaftlichen Lage den Grundsatz der Entschädigungspflicht auch auf sie auszudehnen. In den Verhandlungen der Reichstagskommission wurde seitens des Regierungsvertreters (S. 69) die Bestimmung weiter damit gerechtfertigt, daß die Novelle nur die Gehilfen mit niedrigen Gehältern schützen solle, und die Reichstagskommission, welche seinerzeit die Gesetzesvorlage über die Wettbewerbsklausel der technischen Angestellten beraten habe, dieser Gehaltsgrenze gleichfalls zugestimmt habe. In erster Lesung wurde die Ausnahmebestimmung abgelehnt, in der zweiten Lesung der Kommission dagegen wieder hergestellt.

b) Die Ausnahmebestimmung verlangt nicht wie § 68 HGB., daß die von vornherein feststehenden Bezüge mindestens 8000 ℳ ausmachen. Es ist hier nicht wie in § 68 von Gehalt die Rede (Staub § 68 Anm. 1; Brand § 68 Anm. 2). Der Berechnung zugrunde zu legen ist vielmehr der gesamte Betrag der vertragsmäßigen Leistungen im Sinne des § 74b Abs. 2 u. 3 (siehe diese). Es sind daher auch Gewinnanteile, Gratifikationen, Tagegelder, Naturalbezüge usw. einzurechnen. Die Berechnung erfolgt also ähnlich wie die des Jahresarbeitsverdienstes in § 4 KfmGG.

Nicht erforderlich ist, daß der Gehilfe auf mindestens ein Jahr eingestellt ist, oder daß das Gehalt vertragsmäßig für das Jahr berechnet ist. Ist es nach kürzeren Zeitabschnitten bemessen, so ist es auf das Jahr umzurechnen. Bei Berechnung des Gehalts in ausländischer Währung hat Umrechnung nach dem Kurse am Leistungsort in deutsche Währung zu erfolgen (vgl. KfmG. Hamburg, GewKfmG. 11 333).

Gleichgültig ist, ob der Gehilfe die 8000 ℳ übersteigenden Leistungen tatsächlich erhält. Es kommt nur darauf an, ob der Prinzipal nach dem Vertrage verpflichtet ist, sie zu bewirken. Nichtig wäre aber gemäß § 75d ein Scheinvertrag, der das Gehalt nur zur Beseitigung der Karenzentschädigung auf mehr als 8000 ℳ normiert, während die Parteien darüber einig sind, daß nur ein geringerer Betrag zu zahlen ist.

Es ist zulässig, mit einem Gehilfen, der ursprünglich ein niedrigeres Gehalt bezieht, die Vereinbarung zu treffen, daß die Verpflichtung zur Zahlung der Karenzentschädigung wegfällt, sobald das Jahreseinkommen 8000 ℳ übersteigt (KommB. 14). Die Frage, ob auch ohne eine solche besondere Abrede ein Wettbewerbsverbot, das wegen zu niedriger oder fehlender Karenzentschädigungsabrede unwirksam war, Gültigkeit erlangt, wenn die Bezüge des Gehilfen den Betrag von 8000 ℳ erreichen, ist zu verneinen. Die Wettbewerbsabrede bedarf gemäß § 74 der Schriftform. Eine Vereinbarung, die zur Zeit des schriftlichen Abschlusses unverbindlich war, kann nicht durch eine formlose Bestätigung, die an sich in der Vereinbarung eines Gehaltes von mehr als 8000 ℳ bei Fortsetzung des Anstellungsvertrages liegen würde, wirksam werden.

Vorbemerkung vor § 75c:

Ansprüche des Prinzipals bei Vertragsverletzung.

Das Gesetz regelt in § 75c die Ansprüche des Prinzipals nur für den Fall, daß eine Vertragsstrafe vereinbart ist. Ist eine solche nicht vereinbart, so richten sich die Ansprüche des Prinzipals lediglich nach den allgemeinen gesetzlichen Vorschriften.

1. Bei Verletzung des Wettbewerbsverbots hat der Prinzipal zunächst den Anspruch auf Erfüllung, d. h. auf Unterlassung der verbotenen Wettbewerbstätigkeit (RG. 9 334; 27 430; JW. 92 371; Staub § 75 Anm. 7). Die Durchführung des Erfüllungsanspruchs erfolgt im Vollstreckungswege gemäß § 890 ZPO., also durch Geldstrafe bis 1500 ℳ oder Haft bis zu sechs Monaten, wobei das Höchstmaß der Gesamtstrafe zwei Jahre Haft nicht übersteigen darf. Während es nach bisherigem Recht nicht zweifellos war, ob der

Erzwingung der Erfüllung des Wettbewerbsverbots nicht § 888 Abs. 2 ZPO. entgegenstand (vgl. hierzu Baum, JW. 12 694 ff.), so kann jetzt jedenfalls kein Zweifel mehr sein, daß nach der Entstehungsgeschichte der Novelle (vgl. S. 52) der Gesetzgeber nicht nur die Erfüllungsklage, sondern auch den Erfüllungszwang zulassen wollten. Aus der Plenarentsch. des RG. 72 393 können jedenfalls Bedenken gegen die Zulässigkeit der Erfüllungsklage nicht erhoben werden, da sich diese Entscheidung, wie sie ausdrücklich ausspricht, auf ein vertragsmäßiges Wettbewerbsverbot nicht bezieht. Zur Durchführung des Unterlassungsanspruchs kann der Prinzipal auch eine einstweilige Verfügung erwirken, die auf Einstellung der Konkurrenztätigkeit gehen und so den mit der Klage zu erzielenden Erfolg vorweg nehmen kann (vgl. Staub § 75 Anm. 7). — Auch der Gehilfe kann seinerseits eine Feststellungsklage erheben, um Gewißheit zu erhalten, ob er die anderweitige Stellung annehmen bzw. den Betrieb eröffnen darf oder nicht.

2. Die Verletzung des Wettbewerbsverbots ist eine positive Vertragsverletzung (vgl. Staub, Exk. zu § 374 Anm. 172 ff.; Staudinger § 325 Anm. 7 und die dort zitierte Literatur). Der Prinzipal hat daher, sei es auf Grund direkter, sei es auf Grund analoger Anwendung des § 325 BGB. ohne Setzung einer Nachfrist das Recht, Schadensersatz wegen Nichterfüllung zu verlangen oder von dem Vertrage zurückzutreten.

a) Wählt er den Rücktritt, so fallen für die Zukunft Wettbewerbsverbot und Karenzentschädigung weg.

Für die Zeit vom Beginn der Zuwiderhandlung bis zur Rücktrittserklärung sind gemäß § 346 BGB. die beiderseitigen Leistungen zurückzugewähren. Da der Gehilfe, der das Wettbewerbsverbot verletzt hat, dem Prinzipal nichts geleistet hat, so besteht die Realisierung der Bestimmung des § 346 hier darin, daß lediglich der Gehilfe die Karenzentschädigung zurückzugewähren hat, soweit sie für die Zeit der Verletzung des Wettbewerbsverbots bereits gezahlt ist.

Weitere Ansprüche hat der Prinzipal im Falle des Rücktritts nicht.

b) Wählt der Prinzipal Schadensersatz wegen Nichterfüllung, so braucht er für diejenige Zeit, während deren der Gehilfe das Wettbewerbsverbot verletzt hat, jedenfalls die Karenzentschädigung nicht zu zahlen, da diese den Gegenwert für die Vertragserfüllung bildet. Soweit er darüber hinaus noch weiteren Schaden geltend machen will, muß er ihn substantiieren. Ein Eintrittsrecht in die vom Gehilfen verbotswidrig abgeschlossenen Geschäfte, wie im Falle des § 61 HGB., oder einen Anspruch auf den vom Gehilfen erzielten Gewinn steht ihm nicht ohne weiteres zu. Ein solcher Anspruch kann auch nicht unter dem Gesichtspunkt der Geschäftsführung ohne Auftrag (§ 687 BGB.) geltend gemacht werden (OLG. Celle, Recht 09 2 Nr. 2809). Aus dem gleichen Grund besteht auch kein Anspruch auf Rechnungslegung (OLG. Celle, OLGRspr. 18 29; OLG. Hamburg, Recht 1910 Nr. 3455). Dem Prinzipal bleibt es vielmehr überlassen, den ihm entgangenen Gewinn im einzelnen darzulegen.

Wegen der Ansprüche des Gehilfen im Falle der Nichterfüllung seitens des Prinzipals vgl. oben S. 117 f.

§ 75 c. Hat der Handlungsgehilfe für den Fall, daß er die in der Vereinbarung übernommene Verpflichtung nicht erfüllt, eine Strafe versprochen, so kann der Prinzipal Ansprüche nur nach Maßgabe der Vorschriften des § 340 des Bürgerlichen Gesetzbuchs geltend machen. Die Vorschriften des Bürgerlichen Gesetzbuchs über die Herabsetzung einer unverhältnismäßig hohen Vertragsstrafe bleiben unberührt.

Ist die Verbindlichkeit der Vereinbarung nicht davon abhängig, daß sich der Prinzipal zur Zahlung einer Entschädigung an den Gehilfen verpflichtet, so kann der Prinzipal, wenn sich der Gehilfe einer Vertragsstrafe der im Abs. 1 bezeichneten Art unterworfen hat, nur die verwirkte Strafe verlangen; der Anspruch auf Erfüllung oder auf Ersatz eines weiteren Schadens ist ausgeschlossen.

1. Entstehungsgeschichte. Nach dem bisherigen § 75 konnte der Prinzipal, wenn der Handlungsgehilfe für den Fall der Nichterfüllung der Verpflichtung aus dem Wettbewerbsverbot eine Strafe versprochen hatte, lediglich diese verlangen. Der Anspruch auf Erfüllung oder auf Ersatz eines weiteren Schadens war ausgeschlossen. Der Prinzipal, der mit dem Gehilfen eine Vertragsstrafe vereinbart hatte, war daher namentlich nicht befugt, von ihm zu verlangen, daß er eine Stellung, die er dem Konkurrenzverbot zuwider angenommen hatte, aufgebe. Hierin lag eine Abweichung von den allgemeinen Vorschriften des bürgerlichen Rechts, denn nach § 340 BGB. kann der Gläubiger zwar nicht nebeneinander Strafe und Erfüllung verlangen, wohl aber zwischen Strafe und Erfüllung wählen, auch wird er durch die Einforderung der Strafe nicht gehindert, einen über den Betrag der Strafe hinausgehenden Schaden geltend zu machen. Nach Ansicht der Motive (S. 15) ließe es sich bei Einführung des Prinzips der Karenzentschädigung nicht mehr rechtfertigen, dem Prinzipal im Falle der Abrede einer Vertragsstrafe, die ihm nach dem allgemeinen bürgerlichen Recht zustehenden Ansprüche zu entziehen. Vielmehr müßte man ihm, wenn er bereit war, die ihm obliegende Leistung zu bewirken, auch den Anspruch auf die volle Gegenleistung zugestehen. Nur insoweit, als die Konkurrenzklausel ohne Karenzentschädigung verbindlich blieb, solle es bei dem bisherigen Recht bewenden, gegen eine über § 340 BGB. hinausgehende Sondervereinbarung, die etwa ein Recht auf Austritt aus der Konkurrenzstellung und Vertragsstrafe nebeneinander normiert hätte, bot § 75d genügenden Schutz. Für diejenigen Fälle, in denen die Konkurrenzklausel ohne Karenzentschädigung verbindlich bliebe, solle dagegen auch der bisherige Rechtszustand maßgebend bleiben. — In der Reichstagskommission wurden eine Reihe von Anträgen gestellt, die im Falle der Vereinbarung einer Vertragsstrafe den alten Rechtsstandpunkt aufrecht

erhalten, daneben aber die Höhe der Strafe bis auf die Höhe eines Jahresgehalts begrenzen und zur Sicherung des bisherigen Prinzipals eine Mithaftung des neuen Prinzipals einführen wollten. Gegen die Einführung des Erfüllungsanspruchs wurde namentlich geltend gemacht, daß mehrfach Gehilfen zur Erfüllung der Konkurrenzklausel durch Androhung und Verhängung von Haftstrafen gezwungen worden seien, was der modernen Rechtsanschauung nicht entspräche, zumal der Gehilfe gegenüber dem Prinzipal, der die Karenzentschädigung nicht zahle, das Rechtsmittel der Haftstrafe nicht habe. Die Regierungsvertreter baten demgegenüber, es bei der Fassung der Regierungsvorlage zu lassen, man könne dem Prinzipal, der lange Zeit die Karenzentschädigung gezahlt habe, nicht das Recht nehmen, von dem Gehilfen Austritt aus dem Konkurrenzgeschäft zu verlangen, zumal es sich jetzt um ein gegenseitiges Rechtsverhältnis mit Leistung und Gegenleistung handele. Gerade wenn man der Konkurrenzklausel aus sozialen Gründen enge Grenzen ziehe, so müsse man wenigstens innerhalb dieser Grenzen ihre völlige Durchführung sichern (KommB., S. 73). Die Reichstagskommission nahm in erster Lesung daraufhin den § 75c im wesentlichen in der Fassung der Regierungsvorlage an, fügte nur eine Bestimmung bezüglich Aufrechterhaltung der Vorschriften des BGB. über die Herabsetzung einer unverhältnismäßig hohen Vertragsstrafe hinzu und strich den Abs. 2, der gegenstandslos geworden war, weil nach der damals beschlossenen Fassung eine Vertragsstrafe ohne Karenzentschädigung überhaupt nicht mehr in Betracht kam.

Der in der zweiten Lesung der Kommission gestellte Kompromißantrag forderte zu § 75c die Wiederherstellung des geltenden Rechts, wonach bei vereinbarter Vertragsstrafe Erfüllung nicht beansprucht werden kann. Dieser Antrag fand in der Kommission trotz des Widerspruchs des Staatssekretärs und trotz der Erklärung des Regierungskommissars, daß hierdurch das Gesetz ernstlich gefährdet sei, Annahme (KommB. 105). Die jetzige Fassung des Gesetzes, die im wesentlichen den Vorschlag des ersten Regierungsentwurfs wieder herstellt, beruht auf einem in der zweiten Lesung im Reichstag gestellten Kompromißantrag aller bürgerlichen Parteien. Ein sozialdemokratischer Antrag, nach dem bei der Erfüllungsklage Freiheitsstrafen unzulässig sein sollen, wurde in namentlicher Abstimmung abgelehnt (vgl. S. 52).

2. Nach der jetzigen Fassung des Gesetzes gilt also

a) das Recht des § 340 BGB., soweit die Verpflichtung zur Zahlung einer Karenzentschädigung besteht,

b) das bisherige Recht, soweit eine solche Verpflichtung nicht besteht.

a) § 340 BGB. bestimmt:

„Hat der Schuldner die Strafe für den Fall versprochen, daß er seine Verbindlichkeit nicht erfüllt, so kann der Gläubiger die verwirkte Strafe statt der Erfüllung verlangen. Erklärt der Gläubiger dem Schuldner, daß er die Strafe verlange, so ist der Anspruch auf Erfüllung ausgeschlossen.

Steht dem Gläubiger ein Anspruch auf Schadensersatz wegen Nichterfüllung zu, so kann er die verwirkte Strafe als Mindestbetrag des Schadens verlangen. Die Geltendmachung eines weiteren Schadens ist nicht ausgeschlossen."

§ 340 begründet kein Wahlschuldverhältnis mit Wahlberechtigung des Gläubigers, sondern eine sog. alternative Ermächtigung. Die §§ 262 ff. BGB. kommen daher nicht zur Anwendung (Staudinger § 340 Anm. 2). Der Handlungsgehilfe kann daher dem Prinzipal nicht gemäß § 264 Abs. 2 eine Frist zur Vornahme der Wahl zwischen Vertragsstrafe und Erfüllung setzen. Der Prinzipal kann ferner, wenn er nach Verwirkung der Vertragsstrafe Erfüllung verlangt hat, solange die Erfüllung nicht bewirkt ist, von diesem Verlangen wieder abgehen und die Strafe fordern. Dies gilt selbst dann, wenn der Erfüllungsanspruch bereits gerichtlich geltend gemacht worden ist (RG. in JW. 1913, 319 Nr. 5). Nur, wenn er durch Erklärung dem Schuldner gegenüber einmal die Strafe verlangt hat, ist sein Erfüllungsanspruch unwiderruflich ausgeschlossen. Die Erklärung gegenüber dem Schuldner ist eine empfangsbedürftige Willenserklärung (§§ 130 ff. BGB.).

Im Falle der Verletzung des Wettbewerbsverbotes steht

dem Prinzipal in der Regel ein Schadensersatzanspruch zu (§§ 280, 286, 325, 326 BGB.; vgl. hierüber S. 147). In diesem Falle kann er stets die Strafe als Mindestbetrag des Schadens verlangen, kann aber den Anspruch auf Ersatz eines über den Betrag der Strafe hinausgehenden Schadens noch außerdem geltend machen. Für das Vorhandensein eines übersteigenden Schadens ist er allerdings beweispflichtig, während er vorbehaltlich des richterlichen Ermäßigungsrechts aus § 343 BGB. die Strafe mit ihrer Verwirkung ohne Rücksicht auf die Erweislichkeit eines Schadens und auf die Höhe des letzteren verlangen kann (Staudinger § 340 Anm. 2). Ist als Strafe eine andere Leistung als die Zahlung einer Geldsumme versprochen, so ist gemäß § 342 BGB. der weitere Schadensersatzanspruch ausgeschlossen, wenn der Prinzipal die Strafe verlangt.

Wählt der Prinzipal die Vertragsstrafe, so ist der Anspruch auf Erfüllung ausgeschlossen Vom Zeitpunkt der Abgabe der Wahlerklärung fällt daher auch der Anspruch des Gehilfen auf die Karenzentschädigung ohne weiteres fort (vgl. RG. 50 263). Für die Zeit vor der Erklärung tritt dagegen der Anspruch auf die Strafe nur an die Stelle des Anspruchs auf die eigentliche Leistung. Der Vertragsanspruch wird daher nur in abgeänderter Richtung geltend gemacht (Komm. der Reichsgerichtsräte § 340 Anm. 2). Der Prinzipal, der die Vertragsstrafe fordert, muß daher auch seinerseits die Karenzentschädigung bis zum Zeitpunkt seiner Erklärung zahlen. Er kann allerdings auch gemäß §§ 325, 326 BGB. vom Vertrage zurücktreten. Hierdurch erlischt aber der Vertrag und mit dem Erlöschen des Vertrages erlischt auch der Anspruch auf die Vertragsstrafe, so daß der Prinzipal dann lediglich Ersatz des ihm tatsächlich entstandenen Schadens verlangen kann (Staudinger § 340 Anm. 2 BGB.; Komm. der Reichsgerichtsräte § 340 Anm. 2).

Praktisch wird der Prinzipal, wenn eine Vertragsstrafe vereinbart ist, zunächst den Anspruch auf Erfüllung geltend machen und erst, falls dieser nicht realisiert wird, die Vertragsstrafe, und zwar unter dem Gesichtspunkt des Schadensersatzes wegen Nichterfüllung als Mindestbetrag des entgangenen Schadens fordern.

Die Verwirkung der Vertragsstrafe setzt an sich ein Verschulden nicht voraus, die Parteien können jedoch verabreden, daß sie nur im Falle des Verschuldens verwirkt sein solle (Recht 12 Nr. 2814). Die Vertragsstrafe ist verwirkt, sobald der Gehilfe die verbotene gewerbliche Tätigkeit begonnen hat. Bloße Vorbereitungshandlungen genügen noch nicht (OLG. Hamburg, Recht 09 Nr. 1051). Die Vertragsstrafe ist also noch nicht verwirkt, wenn mit dem Inhaber eines Konkurrenzgeschäfts ein Dienstvertrag abgeschlossen wird, sondern erst mit dem wirklichen Dienstantritt. Bestreitet der Gehilfe die Verwirkung der Strafe, weil er das Verbot beachtet habe, so ist der Prinzipal für die Verletzung des Wettbewerbsverbots beweispflichtig (§ 345 BGB.). Ist die Strafe für jeden Fall der Zuwiderhandlung versprochen, so ist sie nicht etwa so oft verfallen, als einzelne Übertretungshandlungen vorliegen, vielmehr ist der Betrieb eines Konkurrenzgeschäftes oder der Eintritt in ein solches nur ein einziger Zuwiderhandlungsfall und die Vertragsstrafe daher nur einmal verwirkt (OLG. Kolmar, LZ. 09 82; BolzePr. 2 Nr. 603; RG. 40 100; JW. 09 273; RG. 70 439). Ist die Vertragsstrafe einmal — sei es für eine oder mehrere Zuwiderhandlungen — gefordert, so ist damit der Erfüllungsanspruch erloschen. Für spätere Zuwiderhandlungen kann daher keine Strafe mehr verlangt werden. Wohl kann, wenn zunächst Erfüllung verlangt ist, bei späteren Zuwiderhandlungen der Strafanspruch geltend gemacht werden.

Die Vertragsstrafe ist im Falle des Verzugs mit 4 % (erst 5 %) zu verzinsen (RG. in PucheltsZ. 34 15).

Der Anspruch auf die Vertragsstrafe kann in dem für die Hauptverpflichtung gegebenen Gerichtsstand erhoben werden (RG. 69 12).

Ist die verwirkte Vertragsstrafe unverhältnismäßig hoch, so kann sie auf Antrag des Gehilfen gemäß § 343 BGB. auf den angemessenen Betrag herabgesetzt werden. Eine Vereinbarung, wonach die Vertragsstrafe der richterlichen Ermäßigung nicht unterliegen soll, ist nichtig (§ 75d; KfmG. Breslau, GewKfmG. 17 252; KfmG. in OLGRspr. 23 12). Unabhängig hiervon ist zu prüfen, ob nicht die **Höhe der Vertragsstrafe** in Verbindung mit anderen Momenten das ganze Wettbewerbsverbot **sittenwidrig** und damit nichtig macht (vgl. RG. 68 229). Das bloße Mißverhältnis der Strafhöhe für sich allein wird allerdings, wenn nicht noch weitere Umstände hinzukommen, zur Annahme der Sittenwidrigkeit nicht ausreichen (RG. in JW. 09 489; 1910, 483 Nr. 30). Unsittlich ist z. B. eine Vertragsstrafe, die sich mit jedem folgenden Tag verdoppelt, also in die Trillione gehen kann, weil sie den einen Kontrahenten ganz in die Hände des andern gibt und zur Vernichtung seiner Existenz führen kann, ohne daß sie einem entsprechenden Interesse des Gegners dient (OLG. Kassel, OLGRspr. 12 16 vom RG. bestätigt).

Daß die Strafe unverhältnismäßig hoch ist, muß der Gehilfe beweisen. Die Beurteilung der Höhe ist Tatfrage (RG. in JW. 07 12). Bei Würdigung der Höhe ist einerseits der Betrag der Strafe, andererseits jedes berechtigte Interesse des Handlungsgehilfen und des Prinzipals in Erwägung zu ziehen, auch soweit es kein Vermögensinteresse ist. In Betracht zu ziehen sind hierbei nicht nur die Verhältnisse zur Zeit des Vertragsschlusses, sondern auch die Verhältnisse der Folgezeit (RG. in JW. 07 12 Nr. 12; 12 794 Nr. 10; RG. 64 293; LG. Gießen, GewKfmG. 13 318; KfmG. Bremen, ebenda 302). In Betracht zu ziehen ist u. a. das geschäftliche Interesse des Prinzipals (BayObLGSt. 03 161), das Interesse des Gehilfen an möglichst günstigem Fortkommen, die Höhe des möglichen und des wirklichen Schadens, die Schwere der Zuwiderhandlung (OLG. Hamburg, OLGRspr. 24 302), die Vermögens- und Gehaltsverhältnisse des Gehilfen, die teilweise Beachtung des Konkurrenzverbots usw. (Staub § 75 Anm. 6; RG. in JW. 06 34 Nr. 44; 58 Nr. 10; KfmG. Stuttgart, GewKfmG. 16 248).

Ist das Wettbewerbsverbot gemäß § 74a dem Gegenstande nach zu beschränken, so folgt daraus noch nicht ohne weiteres, daß in demselben Maß auch die Vertragsstrafe herabzusetzen ist (RG. im Recht 08 139).

Die Herabsetzung tritt nur auf Antrag des Schuldners ein, der im Wege der Klage, aber auch im Wege der Einrede erfolgen kann (vgl. Staudinger § 343 Anm. 4). Nach vollständiger freiwilliger Entrichtung der Strafe findet eine Herabsetzung nicht mehr statt, wohl aber kann bei teilweiser Entrichtung bezüglich des Restes die richterliche Ermäßigung noch beansprucht werden. Auch durch freiwillige Zahlung wird der Anspruch auf Herabsetzung nicht ausgeschlossen, wenn diese unter Vorbehalt der Herabsetzung erfolgt (Staudinger l. c.).

b) Ist die Verbindlichkeit des Wettbewerbsverbots von der Zahlung einer Karenzentschädigung nicht abhängig, so kann der Prinzipal, wenn sich der Gehilfe einer Vertragsstrafe unterworfen hat, wie nach bisherigem Recht nur die Vertragsstrafe fordern. Dies gilt also im Falle des § 75b bei Tätigkeit außerhalb Europas bzw. einem Jahresgehalt von mehr als 8000 ℳ und im Fall des § 82a bei Volontären. Ist hier gleichwohl im Vertrage vereinbart, daß der Prinzipal Vertragsstrafe und Erfüllung nebeneinander oder teilweise verlangen kann, so ist der Vertrag deswegen nicht nichtig, sondern der Prinzipal lediglich auf die Geltendmachung der Vertragsstrafe beschränkt. Der Prinzipal kann sich nicht etwa ohne Zustimmung des Gehilfen den Anspruch auf Erfüllung dadurch sichern, daß er, sei es auch noch während der Dauer des Dienstvertrages, auf den Anspruch auf Vertragsstrafe verzichtet. Ist der Gehilfe vermögenlos, so kann durch die vorbezeichneten Bestimmungen die Realisierung des Wettbewerbsverbots für den Prinzipal völlig vereitelt werden. Es ist deshalb in der Regel in den Fällen des § 75b und 82a dem Prinzipal zu empfehlen, bei zweifelhaften Vermögensverhältnissen des Gehilfen von der Vereinbarung einer Vermögensstrafe abzusehen, zumal auch bei Einklagung einer Vertragsstrafe der tatsächlich entstandene Schaden eine erhebliche Rolle spielt, wenn der Gehilfe den Antrag auf Herabsetzung der Strafe stellt.

§ 75d. Auf eine Vereinbarung, durch die von den Vorschriften der §§ 74 bis 75c zum Nachteil des Handlungsgehilfen abgewichen wird, kann sich der Prinzipal nicht berufen. Das gilt auch von Vereinbarungen, die bezwecken, die gesetzlichen Vorschriften über das Mindestmaß der Entschädigung durch Verrechnungen oder auf sonstige Weise zu umgehen.

1. Die Bestimmung soll den zwingenden Charakter der Vorschriften über das Wettbewerbsverbot sichern. Auch die bisherigen Bestimmungen über das Wettbewerbsverbot waren bereits zwingendes Recht (§ 75 Abs. 3 alter Fassung).

2. Der bisher herrschenden Auffassung gemäß (vgl. Staub § 75 Anm. 10; RG. 68 317) ist jetzt ausdrücklich bestimmt, daß Abweichungen nur insoweit unwirksam sind, als sie zugunsten des Prinzipals getroffen sind. Nach dem Wortlaut kann sich der Prinzipal auf abweichende Vereinbarungen zum Nachteile des Handlungsgehilfen nicht berufen. Dies kann zu Zweifeln Anlaß geben, ob nicht der Handlungsgehilfe aus einem an sich zu seinem Nachteil von den gesetzlichen Vorschriften abweichenden Wettbewerbsverbot Rechte herleiten kann. Dies ist jedenfalls insoweit zu verneinen, als das Gesetz abweichende Vereinbarungen für nichtig erklärt. Es ist ferner auch zu verneinen hinsichtlich der Abweichungen von den Formvorschriften des § 74, da mangels deren Beobachtung eine Vereinbarung überhaupt nicht zustande kommt. Hiernach ergibt sich im einzelnen folgendes:

§ 74. Vereinbarung in mündlicher Form ist nichtig. Verzicht auf die Aushändigung der Urkunde ist nichtig. Wettbewerbsverbot mit zu geringer Karenzentschädigung ist nichtig.

§ 74a. Das Wettbewerbsverbot ist unwirksam, soweit es die dort gezogenen Grenzen überschreitet. Innerhalb der Grenzen bleibt das zu weit erstreckte Wettbewerbsverbot wirksam.

Nichtig schlechthin ist das Wettbewerbsverbot, wenn die Bezüge des Gehilfen die Gehaltsgrenze nicht erreichen, wenn er minderjährig ist, wenn das Ehrenwort usw. gegeben ist, oder wenn das Wettbewerbsverbot gegen die guten Sitten verstößt. Nichtig ist auch die Vereinbarung mit dem Dritten.

§ 74b. Eine Abrede, wonach längere Zahlungsfrist als ein Monat vereinbart wird, ist nichtig. An ihre Stelle tritt monatliche Zahlung. Abrede kürzerer Fristen ist zulässig. Abrede, daß für schwankende Bezüge ein anderer Zeitraum als der dreijährige Durchschnitt bzw. die Dauer des Bestehens der Bezüge maßgebend sein soll, ist gültig, soweit der Handlungsgehilfe dabei besser steht, andernfalls unwirksam. An ihre Stelle tritt die gesetzliche Berechnung. Die Prüfung der Gültigkeit der abweichenden Abrede kann daher hier erst am Schluß des Dienstverhältnisses erfolgen.

Die Vereinbarung, daß Bezüge, die zum Ersatz besonderer Auslagen dienen sollen, bei Berechnung der Entschädigung mit eingerechnet werden, ist gültig.

§ 74c. Der völlige oder teilweise Ausschluß der Anrechnung anderweitigen Erwerbs ist gültig. Nichtig ist eine Abrede, durch die anderweitiger Erwerb in höherem Maße angerechnet werden soll als § 74c gestattet. Gültig ist die Zusicherung der Entschädigung für die Dauer einer Freiheitsstrafe. Gültig ist Verzicht des Prinzipals auf die Auskunftspflicht.

§ 75. Nichtig ist eine Abrede, durch die der Gehilfe auf das ihm zustehende Recht verzichtet, das Wettbewerbsverbot durch einseitige Erklärung im Falle der Kündigung unwirksam zu machen. Gültig ist die Abrede, daß die Karenzentschädigung auch zu zahlen ist, wenn der Prinzipal gemäß §§ 70, 72 HGB. gekündigt hat.

§ 75a. Die Abrede, daß dem Prinzipal das dort normierte Verzichtsrecht nicht zustehen soll, ist gültig.

§ 75b. Gültig ist natürlich die Zusicherung der Karenzentschädigung an die dort bezeichneten Gehilfen.

§ 75c. Nichtig ist die Abrede, wonach die Vertragsstrafe der richterlichen Mäßigung nicht unterliegt, der Prinzipal im Falle des Abs. 1 neben der Strafe Erfüllung im Falle des Abs. 2 statt oder neben der Strafe Erfüllung oder Schadensersatz verlangen kann. Gültig ist die Abrede, daß auch im Fall des Abs. 1 nur die Strafe und nicht Erfüllung gefordert werden darf.

3. Besonders verboten sind noch Vereinbarungen, die bezwecken, die gesetzlichen Schriften über das Mindestmaß der Entschädigung durch Verrechnungen oder auf sonstige Weise zu umgehen. Es ist daher nicht zulässig, eine Gehaltserhöhung in Form eines Vorschusses auf die Karenzentschädigung zu gewähren. Dagegen ist eine Vorschußleistung auf die Karenzentschädigung nicht unbedingt untersagt. Sie darf nur nicht zum Zwecke der Gesetzesumgehung erfolgen. Zulässig ist es daher, kurz vor Beendigung des Vertrages bei absolut klarer Situation einen Vorschuß auf die Entschädigung zu gewähren (KommB. 48).

4. Ist ein Teil der Wettbewerbsabrede nichtig, so ist gemäß § 139 BGB. der ganze Vertrag nichtig, wenn nicht anzunehmen ist, daß er auch ohne den nichtigen Teil abgeschlossen wäre. § 139 BGB. gilt auch für die sozialen Schutzvorschriften (Staudinger § 139 Anm. 6; Brand § 75 Anm. 3 gegen Staub, Exkurs zu § 62 Anm. 2; das Reichsgericht hat die Frage in der Entsch. in JW. 1910, 483 Nr. 30 offen gelassen). Im Zweifel wird anzunehmen sein, daß die Parteien die Absicht hatten, einen rechtsgültigen Anstellungsvertrag zustande zu bringen, und daß sie daher, wenn der Gesetzgeber einer ihrer Bestimmungen die Anerkennung versagt, die übrigen gelten lassen wollen. (Vgl. OLG. Kolmar, Recht 02 592; OLG. Hamburg, OLGRspr. 7 385; RG. in LZ. 1912, 665 f.; auch Marcus, DJZ. 07 352 f.) In der Regel wird dies z. B. der Fall sein, wenn die Geltung des Wettbewerbsverbotes dem Gesetz entgegen auch unter allen Umständen für den Fall normiert ist, daß der Prinzipal kündigt oder der Gehilfe durch vertragswidriges Verhalten des Prinzipals zur Kündigung gezwungen ist. Dagegen fällt natürlich die ganze Wettbewerbsabrede, wenn gegen Bestimmungen verstoßen ist, von denen die Gültigkeit des ganzen Abkommens abhängt, z. B. Schriftform, Höhe der Karenzentschädigung, Minimalgehalt, Großjährigkeit. Insbesondere kann nicht an Stelle einer zu niedrigen vereinbarten Entschädigung der gesetzlich zulässige Mindestsatz gesetzt werden.

Inwieweit die Nichtigkeit der Wettbewerbsabrede, die im Anstellungsvertrag getroffen ist, den ganzen Anstellungsvertrag beeinflußt, richtet sich gleichfalls nach § 139 BGB. Wer im Falle der Nichtigkeit der Wettbewerbsabrede die Gültigkeit des Anstellungsvertrages behauptet, hat die Beweislast.

§ 75e. Die Entschädigung, die der Handlungsgehilfe auf Grund der Vorschriften der §§ 74 bis 75d für die Zeit nach der Beendigung des Dienstverhältnisses beanspruchen kann, gehört zu den Dienstbezügen im Sinne des § 61 Nr. 1 der Konkursordnung.

Der Anspruch auf die Entschädigung kann zum Zwecke der Sicherstellung oder Befriedigung eines Gläubigers erst dann gepfändet werden, wenn der Tag, an dem sie zu entrichten war, abgelaufen ist, ohne daß der Gehilfe sie eingefordert hat. Die Pfändung ist jedoch zulässig, soweit die Entschädigung allein oder zusammen mit den in den §§ 1, 3 des Gesetzes, betreffend die Beschlagnahme des Arbeits- oder Dienstlohns, bezeichneten Bezügen die Summe von fünfzehnhundert Mark für das Jahr übersteigt. Die Vorschriften des § 2, des § 4 Nr. 2, 3 und des § 4a des bezeichneten Gesetzes finden entsprechende Anwendung.

Es entspricht der Natur der Sache, die Beträge, die der Prinzipal als Karenzentschädigung zu zahlen hat, hinsichtlich des Vorrechts im Konkurse und hinsichtlich der Einschränkung der Pfändbarkeit den Dienstbezügen gleichzustellen. Hierzu war eine ausdrückliche Bestimmung erforderlich, denn die Karenzentschädigung ist an sich nicht mehr Vergütung für Arbeiten oder Dienste im Sinne des § 1 des Lohnbeschlagnahmegesetzes und auch nicht Lohnanspruch im Sinne des § 61 Nr. 1 KO. Die hiernach erforderlichen Gesetzesbestimmungen enthält § 75e.

A. Das Wettbewerbsverbot im Konkurs.

1. Der Konkurs ist nach Beendigung des Dienstverhältnisses eröffnet.

a) Kraft ausdrücklicher Bestimmung gehört die Entschädigung, die auf Grund der §§ 74—75d zu zahlen ist, zu den Dienstbezügen im Sinne des § 61 Nr. 1 KO. Das Privileg genießt also sowohl die im Vertrage vorgesehene Karenzentschädigung des § 74 als die Entschädigung in voller Höhe des Gehalts, zu deren Zahlung sich der Prinzipal gemäß § 75 Abs. 2 bei der Kündigung bereit erklärt hat.

Die Dienstbezüge des § 61 Nr. 1 genießen das Vorrecht, soweit sie für das letzte Jahr vor der Eröffnung des Verfahrens oder dem Ableben des Gemeinschuldners rückständig sind. Die Frist wird ohne Rücksicht auf den Fälligkeitstermin vom Tage der Konkurseröffnung zurückberechnet (RG. 22 142). Wenn z. B. Pränumerandozahlung der Karenzentschädigung am Tage der Auflösung des Dienstverhältnisses vereinbart, die Karenzentschädigung aber nicht gezahlt ist und der Konkurs 14 Monate nach Auflösung des Dienstverhältnisses eröffnet ist, genießt trotzdem die Karenzentschädigung für die Dauer von 12 Monaten das Vorrecht. Ist der Gemeinschuldner vor Eröffnung des Konkursverfahrens verstorben und über den Nachlaß Konkurs eröffnet, so erweitert sich die Frist, indem die gesamte im letzten Jahre vor dem Erbfall und von da ab bis zur Konkurseröffnung geschuldete Karenzentschädigung bevorrechtigt wird (vgl. Jaeger KO. § 61 Anm. 14; Wilmowski § 61 Anm. 6).

b) Die für weitere Zeit als ein Jahr rückständige Karenzentschädigung ist einfache Konkursforderung.

c) Läuft das Wettbewerbsverbot noch für die Zeit nach der Konkurseröffnung weiter, so ist die Karenzentschädigung für die Zeit während des Konkursverfahrens Masseschuld (§ 59 Nr. 2 KO.). Es handelt sich um einen Anspruch, dessen Erfüllung für die Zeit nach der Eröffnung des Verfahrens zur Konkursmasse erfolgen muß. Dem Konkursverwalter steht, wenn das Dienstverhältnis bei der Konkurseröffnung bereits gelöst war, ein Kündigungsrecht aus § 22 KO. nicht mehr zu, denn ein bereits aufgelöstes Dienstverhältnis kann nicht mehr gekündigt werden. Ebensowenig ist nach Beendigung des Dienstverhältnisses ein Rücktritt vom Wettbewerbsverbot für den Konkursverwalter möglich. § 75a HGB. bezieht sich nur auf die Zeit vor Beendigung des Dienstverhältnisses.

2. Der Konkurs ist vor Beendigung des Dienstverhältnisses eröffnet.

a) Gemäß § 22 KO. läuft das Dienstverhältnis an sich weiter, nur mit der Maßgabe, daß es von jedem der beiden Teile gekündigt werden kann. Wird von dem Kündigungsrecht aus § 22 KO. kein Gebrauch gemacht, und endigt demgemäß das Dienstverhältnis mit Ablauf der vertragsmäßigen Zeit, so bleibt auch das Wettbewerbsverbot unberührt und die Karenzentschädigung wird Masseforderung (vgl. oben zu 1).

b) Kündigt der Verwalter gemäß § 22 KO., so kann der Gehilfe das Wettbewerbsverbot gemäß § 75 Abs. 2 unwirksam machen, wenn nicht der Verwalter bei der Kündigung sich zur Fortzahlung des vollen Gehaltes bereit erklärt. Der Anspruch auf Fortzahlung des vollen Gehaltes würde dann Masseschuld sein. Gibt der Gehilfe keine Erklärung aus § 75 HGB. ab, so wird der Anspruch auf die Karenzentschädigung Masseforderung und der Gehilfe bleibt zur Erfüllung des Wettbewerbsverbots verpflichtet. Der Verwalter kann dann noch bis zur Auflösung des Dienstverhältnisses durch Abgabe der Erklärung aus § 75a das Wettbewerbsverbot aufheben und die Zeit für die Zahlung der Karenzentschädigung beschränken.

c) Kündigt der Gehilfe gemäß § 22 KO., so bleibt das Wettbewerbsverbot wirksam. Die Karenzentschädigung wird gleichfalls Masseschuld. Der vom Reichsgericht angeregte Zweifel (JW. 06 762 Nr. 33), ob der Parteiwille dahin auszulegen sei, daß das Wettbewerbsverbot auch für den Fall der Kündigung aus § 22 KO. gelte, wird, nachdem jetzt die Wettbewerbsabrede zum zweiseitigen auch im Interesse des Gehilfen liegenden Vertrage geworden ist, nicht mehr aufrechtzuerhalten sein. Ein Recht auf

Rücktritt von der Vereinbarung gemäß § 75 Abs. 1 steht dem Gehilfen in der Regel nicht zu. Die Konkurseröffnung als solche stellt noch kein vertragswidriges Verhalten des Prinzipals dar (Staub § 70 Anm. 18). Der Gehilfe müßte dartun, daß der Prinzipal die Konkurseröffnung schuldhafterweise herbeigeführt hat.

B. Pfändung der Karenzentschädigung.

In entsprechender Anwendung der Vorschriften des § 1 LohnBG. kann der Anspruch auf die Entschädigung zum Zwecke der Sicherstellung oder Befriedigung eines Gläubigers erst dann gepfändet werden, wenn der Tag, an dem sie zu entrichten war, abgelaufen ist, ohne daß der Gehilfe sie eingefordert hat.

§ 1 LohnBG. verlangt außerdem noch, daß die Leistung der Arbeiten erfolgt sein muß. Dies ist nicht analog anzuwenden. Es ist daher die pränumerando zahlbare Karenzentschädigung bereits am Tage nach ihrer Fälligkeit pfändbar.

Die Pfändbarkeit beginnt mit dem Ablauf des Tages, an welchem die Vergütung zu entrichten war. Dieser Tag muß vollständig abgelaufen sein. Es genügt daher nicht, wenn während der Geschäftsstunden des Prinzipals oder am Schluß derselben die Pfändung erfolgt (StenB. über die Verhandlungen des RT. des Norddeutschen Bundes 1869 3 582). Zulässig ist dagegen auch vor dem gedachten Zeitpunkt, sei es im Augenblick der Auszahlung, sei es unmittelbar hinterher, die Wegnahme des bereits ausgezahlten Betrages der Karenzentschädigung durch den Gerichtsvollzieher (a. M. Meyer, LohnBG. 43). Eine Sicherung des bereits ausgezahlten Betrages gegen Pfändungen kennt das Gesetz nur bei Offizieren, Beamten usw. in § 411 Nr. 8 ZPO.

Erforderlich ist ferner, daß der Gehilfe die Karenzentschädigung **nicht eingefordert** hat. Hat er sie am Fälligkeitstage eingefordert aber nicht erhalten, so bleibt die Pfändung unzulässig. Trotz Einforderung wird die nicht gezahlte Karenzentschädigung pfändbar durch eine zwischen Prinzipal und Gehilfen nachträglich auch vergleichsweise getroffene Vereinbarung, daß sie weiterhin als Darlehn geschuldet wird (§ 607 BGB.). Dagegen schafft eine bloße

Bewilligung von Nachlaß, Stundung oder Ratenzahlungen den gesetzlichen Schutz vor Pfändungen noch nicht ohne weiteres ab (vgl. Meyer 45). Die Einforderung der Karenzentschädigung ist an keine Form gebunden und ist im Prozeß von demjenigen zu beweisen, der die Befreiung von der Beschlagnahme erstreiten will (vgl. JW. 88 116; OLGRspr. 5 455; Meyer 46). Die Unterlassung der Einforderung beseitigt das Pfändungsprivileg unter allen Umständen, auch dann, wenn die Einforderung deswegen unterbleibt, weil sie offensichtlich resultatlos sein würde, z. B. bei Zahlungsunfähigkeit des Prinzipals, vorheriger Pfändung usw. (a. M. Meyer 46).

Die Pfändung ist zulässig, soweit die Entschädigung allein oder zusammen mit dem in §§ 1 u. 3 LohnBG. bezeichneten Bezügen die Summe von 1500 ℳ für das Jahr übersteigt. Der Berechnung der Grenze von 1500 ℳ sind also nicht wie in § 74c alle Einkünfte aus der Verwertung der Arbeitskraft zuzurechnen. Außer Ansatz bleibt insbesondere, was besonders wichtig ist, der Erwerb durch selbständige Tätigkeit, also z. B. der Erwerb in einem eigenen Geschäft. Über den Begriff der Vergütung im Sinne des LohnBG. bestimmt dieses in

§ 3. Als Vergütung ist jeder dem Berechtigten gebührende Vermögensvorteil anzusehen. Auch macht es keinen Unterschied, ob dieselbe nach Zeit oder Stück berechnet wird.

Ist die Vergütung mit dem Preise oder Wert für Material oder mit dem Ersatz anderer Auslagen in ungetrennter Summe bedungen, so gilt als Vergütung im Sinne dieses Gesetzes der Betrag, welcher nach Abzug des Preises oder des Wertes der Materialien und nach Abzug der Auslagen übrigbleibt.

Die Vergütung ist die Gegenleistung des Prinzipals an den Angestellten für die vertragsmäßig übernommenen und zu leistenden Arbeiten und Dienste. Was sich nicht als Gegenwert für die Vertragsleistungen und nicht als Arbeitserfolg darstellt, entbehrt des Schutzes dieses Gesetzes. Den Schutz des LohnBG. genießen insbesondere nicht die Schadensersatzforderungen, die an Stelle der Gehaltsforderungen treten. Eine Schadensersatzforderung und keine Gehaltsforderung steht z. B. dem Handlungsgehilfen zu, der infolge vertragswidrigen Verhaltens des Prinzipals kündigt, oder dem vom Konkursverwalter gemäß § 22 KO. gekündigt wird. Dagegen bleibt die dem Handlungsgehilfen infolge ungerechtfertigter Entlassung oder im Falle des Verzuges des Prinzipals zustehende Forderung Gehaltsforderung (vgl. Meyer, LohnBG., 4. Aufl., S. 64).

Zur Vergütung gehört insbesondere auch Tantieme, Entgelt für Überstunden, zugesagte Gratifikationen, Repräsentationsgelder, Umzugsspesen, Tagegelder, Fuhrkosten, Wohnungszuschüsse, Kleidungsgelder, Provisionen, auch solche für Nachorders (vgl. Meyer ebenda 65).

§ 3 Abs. 2 bezweckt die Ermittelung der Höhe des sog. reinen Lohnes, des eigentlichen Entgelts der Arbeit in den Fällen, in welchen der Angestellte das von ihm angeschaffte oder ihm anvertraute und ihm berechnete Material mit dem Gehalt in ungetrennter Summe empfängt. Alles was von dem Lohn nicht als Arbeitserfolg selbst zu betrachten ist, wird nach § 3 Abs. 2 von der Vergütung abgezogen und von dem Pfändungsverbot nicht berührt, ist daher auch bei Prüfung der Pfändbarkeit der Karenzentschädigung nicht mit einzurechnen. Unter den Begriff des Ersatzes von Auslagen fallen insbesondere auch die Reisespesen, insoweit sie sich innerhalb der Grenzen des üblichen Dienstaufwandes halten. Gehen sie darüber hinaus, so sind sie nicht Ersatz für Auslagen, sondern Gegenleistung für Dienste und unterliegen insoweit der Pfändungsbeschränkung (vgl. Staub § 59 Anm. 47; SächsOLG. 25 255; OLG. Stettin und Hamburg, OLGRspr. 6 418 und 139).

Hinsichtlich der Karenzentschädigung finden die §§ 2, 4 Nr. 2 und 3 u. 4a LohnBG. entsprechende Anwendung.

§ 2 lautet:

§ 2. Die Bestimmungen des § 1 können nicht mit rechtlicher Wirkung durch Vertrag ausgeschlossen oder beschränkt werden.

Soweit nach diesen Bestimmungen die Beschlagnahme unzulässig ist, ist auch jede Verfügung durch Zession, Anweisung, Verpfändung oder durch ein anderes Rechtsgeschäft ohne rechtliche Wirkung.

§ 2 bezieht sich außer auf Anweisung, Abtretung, Verpfändung auch auf Verzicht und Vergleich (vgl. Meyer, LohnBG. 53). Hieraus folgt also, daß ein Vergleich über den unpfändbaren Anspruch auf Karenzentschädigung überhaupt unwirksam ist, sofern die Entschädigung noch nicht fällig ist oder der Handlungsgehilfe die fällige Karenzentschädigung gefordert hat. Dagegen bleibt es während des Bestehens des Anstellungsverhältnisses zulässig, den Vertrag, in welchem die Karenzentschädigung normiert ist, beliebig zu ändern, soweit hierdurch nicht gegen § 75d verstoßen wird. Zulässig ist gleichfalls unter Berücksichtigung des § 75d (vgl. oben S. 156) die Gewährung und Anrechnung von Vorschüssen auf die Karenzentschädigung (vgl. Meyer 53).

Soweit die Karenzentschädigung der Pfändung entzogen ist, kann der Prinzipal gemäß § 394 BGB. nicht mit Gegenforderungen gegen sie aufrechnen. Dagegen steht ihm nach herrschender Ansicht unter den Voraussetzungen des § 273 BGB., also wegen Forderungen aus dem Anstellungsverhältnis ein Zurückbehaltungsrecht an der Karenzentschädigung zu (über die Zulässigkeit des Zurückbehaltungsrechts gegenüber unpfändbaren Forderungen vgl. Staudinger § 273 Anm. I 1 und die dort zitierten Entscheidungen).

Die übrigen für entsprechend anwendbar erklärten Vorschriften des LohnBG. bieten hinsichtlich der Karenzentschädigung keine Besonderheiten. Es sei deshalb hinsichtlich ihrer Auslegung lediglich auf Meyer, LohnBG. 70 ff. und die Monographie desselben Verfassers „Pfändung und Sicherung von Lohn und Gehalt in Gegenwart und Zukunft", Berlin 1914, J. Guttentag, verwiesen. Die betreffenden Bestimmungen lauten:

§ 4. Das gegenwärtige Gesetz findet keine Anwendung:

. . . . .

2. auf die Beitreibung der direkten persönlichen Staatssteuern und Kommunalabgaben (die derartigen Abgaben an Kreis-, Kirchen-, Schul- und sonstige Kommunalverbände mit ein-

geschlossen), sofern diese Steuern und Abgaben nicht seit länger als drei Monaten fällig geworden sind;

3. auf die Beitreibung der den Verwandten, dem Ehegatten und dem früheren Ehegatten für die Zeit nach Erhebung der Klage und für das diesem Zeitpunkte vorausgehende letzte Vierteljahr kraft Gesetzes zu entrichtenden Unterhaltsbeiträge.

§ 4a. Auf die Beitreibung der zugunsten eines unehelichen Kindes von dem Vater für den im § 4 Nr. 3 bezeichneten Zeitraum kraft Gesetzes zu entrichtenden Unterhaltsbeiträge findet dieses Gesetz nur insoweit Anwendung, als der Schuldner zur Bestreitung seines notdürftigen Unterhalts und zur Erfüllung der ihm seinen Verwandten, seiner Ehefrau oder seiner früheren Ehefrau gegenüber gesetzlich obliegenden Unterhaltspflicht der Vergütung (§§ 1, 3) bedarf. Hierbei werden ausschließlich die Leistungen berücksichtigt, welche vermöge einer solchen Unterhaltspflicht für den nämlichen Zeitraum, oder, falls die Klage zugunsten des unehelichen Kindes nach der Klage eines Unterhaltsberechtigten erhoben ist, für die Zeit von dem Beginne des der Klage dieses Berechtigten vorausgehenden letzten Vierteljahres ab zu entrichten sind.

§ 75f. Auf eine Vereinbarung, durch die sich ein Prinzipal einem anderen Prinzipal gegenüber verpflichtet, einen Handlungsgehilfen, der bei diesem im Dienste ist oder gewesen ist, nicht oder nur unter bestimmten Voraussetzungen anzustellen, findet die Vorschrift des § 152 Abs. 2 der Gewerbeordnung Anwendung.

1. Entstehungsgeschichte. Die Bestimmung wendet sich gegen die sog. geheime Konkurrenzklausel. Mehrfach haben Vereinigungen von Arbeitgebern ihre Mitglieder verpflichtet, Angestellte anderer Mitglieder nur unter bestimmten Bedingungen oder nach vorangegangener Verständigung zu engagieren. So haben die sog. D-Banken im September 1906 ein Kartell geschlossen, durch das sie sich verpflichteten, nicht mehr wechselseitig Beamte

aus ungekündigten Stellungen zu engagieren. Der Verein deutscher Briefumschlag-Fabrikanten, Bezirk Elberfeld, hat schon im Jahre 1900 eine Vereinbarung getroffen, wonach sich die Mitglieder gegenseitig verpflichten, keinerlei Angestellte oder Arbeiter der Konkurrenz ohne vorherige Genehmigung des bisherigen Arbeitgebers anzunehmen (Lange, Konkurrenzklausel 62). Ähnliche Vereinbarungen bestanden im Verband der Brauereien zu Hannover (Soz. Praxis 16 Sp. 331). Die heimliche Konkurrenzklausel ermöglicht es dem Prinzipal, sich einen Stamm von Angestellten zu erhalten. Sie ermöglicht es ihm aber auch zugleich, die Konkurrenz hinsichtlich der Lohnbedingungen auszuschalten und die Gehaltserhöhungen, die mit dem Stellenwechsel verbunden zu sein pflegen, unmöglich zu machen. Es war vorauszusehen, daß die Verschärfung der Beschränkungen der Konkurrenzklausel zu einer weiteren Verbreitung der heimlichen Konkurrenzklausel führen würde. — Zur Verhinderung der hierdurch erreichten Umgehung des Gesetzes wurde in der Reichstagskommission ein Verbot der heimlichen Konkurrenzklausel gefordert und verlangt, daß die Zuwiderhandlung unter Strafe gestellt werden solle. Von den beiden hierzu gestellten Anträgen wollte der eine die Bestimmung in Form eines Gesetzentwurfs, betr. Abänderung der §§ 152a, 153 GO. kleiben, während der andere dem Gesetzentwurf einen neuen § 175f hinzufügen wollte. Die Regierungsvertreter wandten sich gegen beide Anträge, weil sie einen einseitigen Eingriff in das Koalitionsrecht der Unternehmer bedeuteten. Es könnten nicht Handlungen unter Strafe gestellt werden, die unter Umständen durchaus billigenswert sein könnten. Es sei durchaus sittlich, wenn Prinzipale, die bislang einander Gehilfen fortengagierten und sich dadurch schädigten, davon abließen und sich verständigten, künftig das zu unterlassen. Es sei ein einseitiger Eingriff in die Koalitionsfreiheit, denn die Gehilfen würden befugt bleiben, untereinander zu vereinbaren, z. B. Stellungen mit Konkurrenzklauseln nicht einzugehen. Es könnten mit Hilfe der Stellenvermittlung der Handlungsgehilfenverbände die Gehilfen, ohne sich dadurch strafbar zu machen, Prinzipale, die die Unterwerfung unter eine Konkurrenzklausel verlangten, sperren oder gar boykottieren. Annahme fand dann schließlich ein Eventualantrag folgenden Inhalts:

„Ein Wettbewerbsverbot, das Unternehmer gegen ihre Angestellten verabreden, ohne es mit ihren Angestellten nach den §§ 74—75e zu vereinbaren, ist nichtig und verpflichtet die an der Verabredung beteiligten Unternehmer zum Schadensersatz."

(KommB. 90 ff.)

Der von der Regierung zur zweiten Lesung der Kommission eingebrachte Entwurf sah den § 75 f in der jetzigen Fassung vor. Der Staatssekretär des Reichsjustizamts erklärte hierzu:

„Was die Einführung einer Schadensersatzpflicht der Prinzipale bei Vereinbarungen betreffe, durch die sie sich untereinander verpflichten, Handlungsgehilfen, die bei einem von ihnen in Dienst sind oder gewesen sind, nicht oder nur unter bestimmten Voraussetzungen anzustellen, so sei dieser Vorschlag unannehmbar. Wenn Prinzipale, die sich eine Zeitlang gegenseitig ihre Angestellten abspenstig gemacht hätten, übereinkämen, für die Zukunft hiervon abzusehen, so sei vom Standpunkte der guten Sitten aus hiergegen gewiß nichts einzuwenden. Der Gesetzgeber könne ein solches Übereinkommen nicht mit einer Schadensersatzverpflichtung bedrohen, er könne nicht weiter gehen, als daß er in Übereinstimmung mit den für die Koalitionen der Arbeitgeber und Arbeitnehmer geltenden Vorschriften des § 152 der Gewerbeordnung die rechtliche Erzwingbarkeit der durch das Übereinkommen übernommenen Verpflichtungen ausschließe. In die allgemeinen Grundsätze des Koalitionsrechts könne nicht einseitig zum Nachteile der Arbeitgeber eingegriffen werden."

(KommB. 101.)

2. § 152 GO. lautet:

Alle Verbote und Strafbestimmungen gegen Gewerbetreibende, gewerbliche Gehilfen, Gesellen oder Fabrikarbeiter wegen Verabredungen und Vereinigungen zum Behufe der Erlangung günstiger Lohn- und Arbeitsbedingungen, insbesondere mittels Einstellung der Arbeit oder Entlassung der Arbeiter, werden aufgehoben.

Jedem Teilnehmer steht der Rücktritt von solchen Vereinigungen und Verabredungen frei, und es findet aus letzteren weder Klage noch Einrede statt.

Hiernach steht jedem Teilnehmer an einer geheimen Konkurrenzklausel der Rücktritt von der Abrede frei und es findet daraus weder Klage noch Einrede statt. Die Gesetzesbestimmung bietet in der vorliegenden Form eigentlich nichts Neues, denn die geheime Konkurrenzklausel ist bereits eine Verabredung zum Behufe der Erlangung günstiger Arbeitsbedingungen im Sinne des § 152 Abs. 1 GO. Die Bestimmung ist auch ohne große praktische Bedeutung. Klagen aus der heimlichen Konkurrenzklausel sind bisher kaum vorgekommen. Die Arbeitgeber wissen sich anderweit zu sichern. Mit Recht führte Fabrikdirektor Dr. Guggenheimer-Augsburg auf der Tagung des Zentralverbandes Deutscher Industrieller vom 1. 2. 13 aus:

„Wenn man die Geheimverträge auch für ungültig erklärt, dann muß man sie erst kennen, und muß weiter erst der deutschen Arbeitgeberschaft, dem deutschen Unternehmertum das Bewußtsein rauben, daß man auch ungültige Verträge hält, wenn Ehre und Ansehen es verlangen."

(Deutsche Industriezeitung 8. 2. 13.)

Die Bestimmung bezieht sich sowohl auf Vereinbarung mit einem einzelnen Prinzipal als auch auf solche mit einer Gesamtheit, insbesondere also auch auf Reverse, die gegenüber einem Verein ausgestellt sind, und statutarische Bestimmungen eines solchen. Gleichgültig ist es im Gegensatz zur Fassung des Paragraphen in der ersten Lesung der Kommission, ob das Wettbewerbsverbot von dem Prinzipal, daneben noch mit dem Handlungsgehilfen verabredet ist. Die Bestimmung bezieht sich aber nur auf Handlungsgehilfen, die bei den beteiligten Prinzipalen im Dienste sind oder gewesen sind. Eine allgemeine Verabredung über die Bedingungen, unter denen Handlungsgehilfen angestellt werden sollen, also z. B. über Maximalgehälter, Zugehörigkeit zu bestimmten Verbänden, Konfessionen, Parteien usw., Benutzung eines bestimmten Vertragsformulars usw. fällt nicht unter die Bestimmung. Die Bestimmung bezieht sich auch auf eine Vereinbarung, die mit einer dritten Person, etwa dem nicht der Vereinigung angehörigen Syndikus zugunsten der ihr angehörenden Prinzipale getroffen wird.

3. Aus der Abrede findet weder Klage noch Einrede statt. Auch eine zur Sicherung des Anspruchs aus der Abrede versprochene Vertragsstrafe ist nichtig (§ 344 BGB., RG. 50 28 ff.). Die Vereinbarung kann auch nicht dadurch gesichert werden, daß beim Verbandsvorstand Depotwechsel niedergelegt werden, die dieser im Fall der Zuwiderhandlung geltend machen soll (RG. ebenda). Die Weitergabe derartiger Depotwechsel an einen gutgläubigen Dritten verstößt wider die guten Sitten und verpflichtet den Begeber, dem Akzeptanten den vollen Schaden zu ersetzen (RG. 51 359). Dagegen kann eine vor dem Rücktritt von der Vereinbarung gezahlte Vertragsstrafe nicht zurückgefordert werden, ebensowenig kann für einen aus der bisherigen Innehaltung der Vereinbarung entstandenen Schaden Vertragsstrafe verlangt werden. Wirksam ist auch die Bestimmung in der Satzung eines Vereins, wonach die Verletzung der heimlichen Konkurrenzklausel den Ausschluß zur Folge hat.

Der übrige Inhalt des Vertrages wird durch die Klaglosigkeit der heimlichen Konkurrenzklausel nicht berührt. § 139 BGB. ist nicht anwendbar, da ja die Abrede nicht nichtig, sondern nur klaglos ist.

§ 76 Abs. 1. Die Vorschriften der §§ 60 bis 63, 75f gelten auch für Handlungslehrlinge. Vereinbarungen, durch die diese für die Zeit nach der Beendigung des Lehr- oder Dienstverhältnisses in ihrer gewerblichen Tätigkeit beschränkt werden, sind nichtig.

Zu § 76 Abs. 1:

1. Entstehungsgeschichte. Der erste Gesetzentwurf wollte die für Handlungsgehilfen geltenden Bestimmungen über die Konkurrenzklausel in gleichem Umfang auch für Handlungslehrlinge gelten lassen. In der Kommission wurde demgegenüber das völlige Verbot

der Konkurrenzklausel für Lehrlinge gefordert, weil für einen Lehrling, der die Konkurrenzklausel eingehe, sein ganzes Fortkommen auf dem Spiele stehe. Er erhalte zwar eine vielleicht sogar gute Ausbildung, aber wenn er von ihr nach Beendigung der Lehrzeit Gebrauch machen wolle, renne er gegen die durch die Konkurrenzklausel errichtete Schranke unausweichbar an. Von den Regierungsvertretern wurde demgegenüber darauf hingewiesen, daß die Ausbildung der Lehrlinge gefährdet würde, wenn mit ihnen die Konkurrenzklausel nicht vereinbart werden könne, da sich sonst der Prinzipal nicht gegen einen Mißbrauch von Geschäftsgeheimnissen schützen könne, insbesondere müsse man an das Volontärwesen denken. Volontäre treten gerade in Geschäfte ein, um sich spezielle Branchenkenntnisse anzueignen; durch sie seien Geschäftsgeheimnisse besonders gefährdet. Insbesondere solle man auch darauf denken, daß in der Öffentlichkeit wiederholt gefordert werde, daß auch Staatsbeamte sich im praktischen Geschäftsleben umsehen sollten. Die Kommission beschloß trotzdem das Verbot der Konkurrenzklausel für Lehrlinge schlechthin in der Fassung des jetzigen § 76 Abs. 1. In zweiter Lesung ist nach der neuen Regierungsvorlage der § 82a hinzugefügt, der die Möglichkeit des Konkurrenzverbots für Volontäre sicherstellt (KommB. 79 ff.).

2. Die Vorschrift des § 76 Abs. 1 wird praktische Bedeutung kaum erlangen, da ohnehin durch § 74a bereits das Wettbewerbsverbot mit Minderjährigen und mit Angestellten, die weniger als 1500 ℳ Gehalt beziehen, für nichtig erklärt ist. Wenn es vielleicht auch großjährige Lehrlinge gibt, so dürfte es doch kaum einen Lehrling geben, der diese Gehaltsgrenze überschreitet.

3. Handlungslehrling ist, wer in einem Handlungsgewerbe zum Zweck seiner kaufmännischen Ausbildung und zur Leistung der erlernten Dienste durch Vertrag angestellt ist (Staub § 76 Anm. 1; Brand § 76 Anm. 2). Die Lehrlingseigenschaft ist nicht an ein bestimmtes Alter geknüpft. Ein Lehrverhältnis kann unter Umständen auch zwischen Vater und Sohn bestehen. Über den Unterschied von Lehrling und Volontär vgl. zu § 82a.

Das mit dem Lehrling abgeschlossene Wettbewerbsverbot ist

schlechthin **nichtig**. Es wird nicht etwa wirksam, wenn nach Beendigung der Lehrzeit das Dienstverhältnis als Handlungsgehilfenverhältnis fortgesetzt wird. Es bedarf vielmehr in diesem Falle einer völlig neuen Vereinbarung des Wettbewerbsverbots, insbesondere auch der nochmaligen Erfüllung der Formvorschriften des § 74 Abs. 1 (vgl. für das bisherige Recht GewKfmG. 11 Sp. 200).

Artikel 2.

Hinter den § 82 des Handelsgesetzbuchs wird folgende Vorschrift eingestellt.

§ 82a. Auf Wettbewerbverbote gegenüber Personen, die, ohne als Lehrlinge angenommen zu sein, zum Zwecke ihrer Ausbildung unentgeltlich mit kaufmännischen Diensten beschäftigt werden (Volontäre), finden die für Handlungsgehilfen geltenden Vorschriften insoweit Anwendung, als sie nicht auf das dem Gehilfen zustehende Entgelt Bezug nehmen.

1. **Entstehungsgeschichte.** § 82a ist von der neuen Regierungsvorlage aufgenommen, um bei der gänzlichen Beseitigung des Wettbewerbsverbots gegenüber Lehrlingen das Wettbewerbsverbot wenigstens gegenüber den Volontären zu ermöglichen.

2. **Volontär** ist nach der Definition des Gesetzes, wer, ohne als Lehrling angenommen zu sein, zum Zwecke seiner Ausbildung unentgeltlich mit kaufmännischen Diensten beschäftigt wird. Der Volontär wird also ebenso wie der Lehrling zum Zwecke seiner Ausbildung beschäftigt, er darf aber **nicht als Lehrling angenommen** sein. Zur Annahme als Lehrling ist ein förmlicher Lehrvertrag nicht erforderlich. Es kann trotz der Bezeichnung „Volontär" ein Lehrvertrag vorliegen (KfmG. München, GewKfmG. 12 Sp. 64; KfmG. Berlin, Jahrb. 3 295). Insbesondere wird großjährigen Lehrlingen gegenüber mit Vorliebe die Bezeichnung „Volontär" gewählt. Praktisch unterscheidet sich der Volontär vom Lehrling in der Regel dadurch, daß er selbst die Absicht kundgibt, sich in dem

betreffenden Betrieb umzutun und sich durch eigene Erfahrung, nicht durch planmäßige Ausbildung seitens des Prinzipals die Kenntnisse der einzelnen Zweige des Handelsgewerbes anzueignen. Wenn daher eine insbesondere jüngere Persönlichkeit, die noch keine kaufmännische Schulung durchgemacht hat, unentgeltlich in einem Geschäft nach einem vom Prinzipal vorgeschriebenen Ausbildungsgang ausgebildet und beschäftigt wird, ist sie als Lehrling und nicht als Volontär anzusehen. Dies ist besonders wichtig, weil jetzt möglicherweise vielfach zur Umgehung der Bestimmungen des Gesetzes versucht werden wird, dem Lehrverhältnis die äußere Form des Volontärvertrages zu geben (über die Stellung des Volontärs vgl. insbesondere Staub § 59 Anm. 10; Brand § 59 Anm. 6d; Rustige, Die rechtliche Stellung des Handelsvolontärs, Stuttgart 1908).

3. Die Bestimmungen für Volontäre gelten nur, wenn sie unentgeltlich beschäftigt werden. Erhält der Volontär ein wenn auch noch so kleines Taschengeld, so ist er Handlungsgehilfe und die Gültigkeit des Wettbewerbsverbots daher an die Gehaltsgrenze von 1500 ℳ geknüpft.

4. Für das Wettbewerbsverbot der Volontäre gelten die für Handlungsgehilfen geltenden Vorschriften insoweit, als sie nicht auf das dem Gehilfen zustehende Entgelt Bezug nehmen. Es gilt daher insbesondere die Vorschrift des § 74 Abs. 1 über die Schriftform und die Aushändigung der Urkunde, die Vorschrift des § 74a über die Unverbindlichkeit eines Wettbewerbsverbots das nicht berechtigten Interessen des Prinzipals dient, und das eine unbillige Erschwerung des Fortkommens enthält. Bei Prüfung dieser Frage ist zu berücksichtigen, daß der Volontär eine Karenzentschädigung an sich nicht bekommt. Wird eine solche mit ihm vereinbart, so ist sie bei der Prüfung der Frage der Erschwerung mit in Rechnung zu ziehen. Es gilt ferner die Zeitgrenze von zwei Jahren (§ 74a Satz 2), die Nichtigkeit der Vereinbarung mit Minderjährigen und auf Ehrenwort, und die Nichtigkeit der Vereinbarung mit Dritten. Bei fristloser Auflösung des Dienstverhältnisses bleibt gemäß § 75 Abs. 3 das Wettbewerbsverbot bestehen, wenn die Auf-

lösung wegen vertragswidrigen Verhaltens des Volontärs erfolgt. Im Falle der Auflösung wegen vertragswidrigen Verhaltens des Prinzipals hat der Volontär das Recht aus § 75 Abs. 1. Im Falle des § 75 Abs. 2 wird das Wettbewerbsverbot unwirksam, wenn für die Kündigung nicht ein erheblicher Anlaß in der Person des Volontärs vorliegt. Durch Angebot einer Zahlung für die Dauer der Beschränkung kann der Prinzipal das Verbot nicht aufrechterhalten. Anwendbar ist endlich § 75c Abs. 2 hinsichtlich der Geltendmachung des Anspruchs auf Vertragsstrafe (lediglich Strafanspruch, kein Erfüllungsanspruch, wenn Strafe vereinbart ist) und § 75f (heimliche Konkurrenzklausel).

5. Ist mit dem Volontär eine Karenzentschädigung vereinbart, so finden auf diese auch die Bestimmungen der §§ 74b, 74c, 75 Abs. 3, 75d, 75e Anwendung.

Artikel 3.

Dieses Gesetz tritt am 1. Januar 1915 in Kraft.

Die neuen Vorschriften finden, abgesehen von den Formvorschriften des § 74 Abs. 1, auch auf die vorher vereinbarten Wettbewerbverbote Anwendung. Ein Wettbewerbverbot, das nach den neuen Vorschriften unverbindlich ist, weil eine dem § 74 Abs. 2 entsprechende Entschädigung nicht vereinbart ist oder die dem Gehilfen zustehenden vertragsmäßigen Leistungen den Betrag von fünfzehnhundert Mark für das Jahr nicht übersteigen, bleibt verbindlich, falls sich der Prinzipal vor dem Ablauf von drei Monaten seit dem Inkrafttreten des Gesetzes schriftlich erbietet, die vorgeschriebene Entschädigung zu zahlen sowie die dem Gehilfen zustehenden vertragsmäßigen Leistungen auf mehr als fünfzehnhundert Mark für das Jahr zu erhöhen.

1. Entstehungsgeschichte. Art. 2 des ersten Regierungsentwurfs wollte den neuen Vorschriften rückwirkende Kraft beilegen, den Prinzipalen aber die Möglichkeit geben, die bestehenden Verträge der gesetzlichen Bestimmung anzupassen. Mit Rücksicht hierauf schlug er folgende Fassung vor:

Dieses Gesetz tritt am . . . . in Kraft.

Die Vorschriften des Artikel 1 mit Ausnahme des § 74 finden auf eine vor dem Inkrafttreten dieses Gesetzes getroffene Vereinbarung, durch die der Angestellte für die Zeit nach der Beendigung des Dienstverhältnisses in seiner gewerblichen Tätigkeit beschränkt wird, mit der Maßgabe Anwendung, daß die Vereinbarung verbindlich ist, wenn sich der Prinzipal vor dem Ablauf von drei Monaten nach dem Inkrafttreten des Gesetzes verpflichtet, die im Artikel 1 bezeichnete Entschädigung zu zahlen. Endigt jedoch das Dienstverhältnis vor dem Inkrafttreten des Gesetzes oder innerhalb einer Frist von drei Monaten nach dem Inkrafttreten oder nimmt der Angestellte das Erbieten des Prinzipals zur Zahlung der Entschädigung nicht an, so bewendet es bei den bishergen Vorschriften.

Die Reichstagskommission ging in der ersten Lesung erheblich weiter. Sie dehnte die rückwirkende Kraft des Gesetzes auch auf diejenigen Wettbewerbsverbote aus, bei denen das Dienstverhältnis bereits vor dem Inkrafttreten des Gesetzes beendet war und normierte die prinzipielle Aufhebung aller vor dem Inkrafttreten des Gesetzes normierten Wettbewerbsverbote, wenn nicht der Prinzipal sich schriftlich erbot, den Vertrag dem Gesetz anzupassen. Demgemäß gab sie dem Art. 2 folgende Fassung:

Dieses Gesetz tritt am . . . . in Kraft.

Die vorher vereinbarten Wettbewerbsverbote treten mit dem Ablauf von drei Monaten nach dem . . . . außer Kraft, wenn sie den Bestimmungen dieses Gesetzes, abgesehen von den Formvorschriften des § 74, nicht entsprechen, es sei denn, daß der Prinzipal sich vor Ablauf dieser Frist schriftlich erbietet, den Vertrag jenen Bestimmungen anzupassen. Die Frist verlängert sich bis zu einem Jahr seit Inkrafttreten dieses Gesetzes, falls eine dem § 74a des Gesetzes entsprechende Entschädigung vereinbart ist oder vom Prinzipal binnen einer einmonatigen Frist dem Angestellten schriftlich angeboten wird.

Die jetzige Fassung folgt der neuen Regierungsvorlage.

2. Hiernach gilt also v. 1. 1. 15 ab für alle Wettbewerbsverbote neues Recht, mit Ausnahme der Formvorschriften. Insoweit ein Wettbewerbsverbot danach unverbindlich sein würde, weil eine Karenzentschädigung nicht vereinbart ist oder die Gehaltsgrenze nicht erreicht ist, kann der Prinzipal es dadurch in Kraft erhalten, daß er sich innerhalb dreier Monate seit dem Inkrafttreten des Gesetzes schriftlich erbietet, diese beiden Mängel abzuhelfen.

3. Neues Recht gilt demnach für alle Wettbewerbsverbote, die am 1. 1. 15 noch in Wirksamkeit sind, es gilt sowohl für diejenigen, bei denen der Anstellungsvertrag noch ungekündigt läuft, als bei denen, die zur Zeit des Inkrafttretens des Gesetzes gekündigt sind, als endlich auch bei denen, für die das Dienstverhältnis bereits vorher abgelaufen ist, deren Geltungsdauer aber noch läuft. Gerade die letzten beiden Klassen sind durch die jetzt abweichend von der ersten Regierungsvorlage getroffene Regelung von dem neuen Recht mit umfaßt. Altes Recht ist nach dem 1. 1. 15 demnach nur insoweit anzuwenden, als die Geltungsdauer des Wettbewerbsverbotes vollkommen abgelaufen und nur noch Ansprüche aus der Zeit seiner früheren Geltung Vertragsstrafe bzw. Schadensersatz geltend gemacht werden.

4. Das neue Recht ist durchweg anzuwenden mit Ausnahme der Formvorschriften des § 74 Abs. 1. Das Wettbewerbsverbot gilt also auch weiter, wenn es mündlich vereinbart ist und es ist nicht erforderlich, daß eine Urkunde dem Gehilfen ausgehändigt wird. — Anwendbar insbesondere ist auch § 74a Abs. 1 Satz 3, hiernach kann aus einem Wettbewerbsverbot, bei dem das Dienstverhältnis vor dem 1. 1. 13 beendet war, für die Zeit nach dem 1. 1. 15 kein Anspruch mehr hergeleitet werden, auch wenn das Verbot ursprünglich auf mehr als drei Jahre vereinbart war und sich der Prinzipal für das dritte Jahr zur Zahlung einer Karenzentschädigung erbietet. Gemäß § 74a Abs. 2 ist die auf Ehren-

wort übernommene Verpflichtung, soweit sie nicht schon nach bisherigem Rechte nichtig ist und gemäß § 74a Abs. 2 Satz 3 die von einem Dritten an Stelle des Gehilfen übernommene Verpflichtung für die Zeit v. 1. 1. 15 ab nichtig; dagegen tritt nicht etwa noch weiterhin rückwärts für die Zeit vor dem 1. 1. 15 Nichtigkeit ein.

Im Anwendungsbereich des § 75 sind die Wirkungen einer vor dem 1. 1. 15 ausgesprochenen Kündigung nach altem Recht zu beurteilen. Die nach § 75 Abs. 1 des alten HGB. bereits weggefallene Konkurrenzklausel kann durch das Inkrafttreten des neuen Gesetzes nicht wieder aufleben. Ist dagegen die Kündigung, sei es auch auf Grund eines vor dem 1. 1. 15 liegenden Vorfalles erst nachher ausgesprochen, so kommt die neue Fassung in Anwendung. Die Unwirksamkeit des Wettbewerbsverbots ist also an eine ausdrückliche Erklärung des Gehilfen gebunden. Gibt er diese Erklärung nicht innerhalb der Monatsfrist ab, so bleibt das Wettbewerbsverbot wirksam, bzw. dem Prinzipal ist die Möglichkeit gegeben, es durch Anpassung an die neuen Vorschriften wirksam zu erhalten.

Die in § 75a vorgesehene Verzichtserklärung kann der Prinzipal auch bei solchen Wettbewerbsverboten des alten Rechts abgeben, in denen bereits eine Karenzentschädigung vorgesehen war, wenn das Dienstverhältnis am 1. 1. 15 noch läuft. In diesem Falle wirkt also die Rückwirkung zugunsten des Gehilfen.

Was die Anordnung des in § 75c neu festgesetzten Wahlrechts des Prinzipals zwischen Vertragsstrafe und Erfüllung betrifft, so kann dies auf vor dem 1. 1. 15 vereinbarte Wettbewerbsverbote nicht einwirken. Vertragsinhalt einer unter altem Recht getroffenen Vereinbarung ist lediglich, daß für den Fall der Verletzung nur die Strafe gefordert werden kann. Nur insoweit liegt bei einer altrechtlichen Abrede ein übereinstimmender Parteiwille vor. Das neue Gesetz kann nicht dem Wettbewerbsverbot einen Inhalt geben, der über die Einigung der Parteien beim Vertragsschluß hinausgeht. Anders ist die Sache zu beurteilen, wenn die Parteien bereits mit Rücksicht auf das Inkrafttreten des neuen Rechts für die Zeit v. 1. 1. 15 ab im Vertrage das Wahlrecht zwischen Strafe und Erfüllung ausdrücklich festgesetzt haben. Dann ist diese Abrede v. 1. 1. 15 ab wirksam, auch wenn das Dienstverhältnis bereits vorher beendigt ist. Unter allen Umständen verliert aber der Prinzipal den Erfüllungsanspruch, wenn er bereits, sei es auch vor dem 1. 1. 15, dem Schuldner erklärt hat, daß er die Strafe verlange.

Die Pfändungs- und Konkursvorrechte des § 75e beziehen sich auf alle Karenzentschädigungen, auch auf die schon vor dem 1. 1. 15 fällig gewordenen. Ist freilich bereits eine Pfändung vor dem 1. 1. 15 ausgebracht, so wird das wohlerworbene Recht des Pfandgläubigers durch das Inkrafttreten des Gesetzes nicht berührt.

5. Ein Wettbewerbsverbot, das infolge des Inkrafttretens des neuen Gesetzes mangels vereinbarter Karenzentschädigung oder mangels der erforderlichen Gehaltshöhe unwirksam wird, bleibt verbindlich, falls sich der Prinzipal erbietet, die vorgeschriebene Entschädigung zu zahlen sowie die dem Gehilfen zustehenden vertragsmäßigen Leistungen auf mehr als 1500 ℳ für das Jahr zu erhöhen. Erforderlich ist lediglich ein schriftliches Erbieten des Prinzipals (empfangsbedürftige Willenserklärung §§ 130 ff. BGB.), das vor Ablauf von drei Monaten seit dem Inkrafttreten des Gesetzes, also bis einschließlich 31. März 1915 dem Gehilfen zugegangen sein muß. Eine Annahme des Erbietens durch den Gehilfen, also ein Vertragsschluß, ist nicht erforderlich. Die Wirksamkeit ist lediglich an die einseitige Erklärung des Prinzipals geknüpft. Hieraus folgt, daß für diese Erklärung die Grundsätze von Offerten und Annahmen §§ 146 ff. BGB. nicht gelten. Der Gehilfe kann daher jederzeit die Karenzentschädigung bzw. das Mehrgehalt fordern, auch wenn er keine Erklärung abgegeben hat, sogar auch dann, wenn er die Annahme abgelehnt hat. Letzteres folgt aus § 75d.

Auch für das Erbieten des Prinzipals macht es keinen Unterschied, ob das Dienstverhältnis noch läuft oder nicht. Die Karenzentschädigung und die Gehaltserhöhung braucht nur für die Zeit nach dem Inkrafttreten des Gesetzes gewährt zu werden, sie muß aber, auch wenn die Erklärung des Prinzipals erst im Laufe des ersten Quartals 1915 abgegeben wird, bereits rückwirkend für die Zeit vom 1. 1. 15 ab angeboten werden. War das Dienstverhältnis am 1. 1. 15 bereits beendigt, so erfolgt die Erhöhung der vertragsmäßigen Leistungen auf 1500 ℳ jährlich bereits dadurch, daß eine Karenzentschädigung von mindestens 750 ℳ Jahressatz angeboten wird.

---

2. Das Wettbewerbsverbot bei gewerblichen Betriebsbeamten.*)

a) Der Begriff des Betriebsbeamten.

Die gesetzliche Bestimmung enthält § 133f GO. Da dieser nur für die in § 133a GO. bezeichneten Personen gilt, bedarf das Anwendungsgebiet des § 133a daher hier besonderer Erörterung.

1. Die Bestimmung der §§ 133a ff. für Betriebsbeamte, Werkmeister, Techniker usw. gelten nur für Angestellte gewerblicher Unternehmungen. Den Begriff des Gewerbeunternehmens oder auch nur des Gewerbes hat aber die GO. nicht erläutert, sondern seine Entwicklung der Wissenschaft und Praxis überlassen. Die Wissenschaft versteht unter „Gewerbe" jede zum Erwerb mit Fortsetzungsabsicht betriebene und erlaubte Tätigkeit.

Der Begriff des Gewerbebetriebes erfordert also zunächst eine dauernde Tätigkeit. Ein Gewerbebetrieb liegt nicht vor, wenn ein Privatmann nur für seine persönlichen Zwecke ein Haus baut.

---

*) Baum-Grünspach, Technikerrecht, Düsseldorf 1914. Potthoff-Lehmann, Konkurrenzklausel, Düsseldorf 1908. Martin, Konkurrenzklausel der technischen Beamten, 2. Aufl., Berlin 1910. Beyer, Die Konkurrenzklausel der GO., Bremen 1914.

Der von ihm zur Beaufsichtigung dieses Baues angestellte Techniker untersteht daher nicht der GO. Ebensowenig liegt ein Gewerbebetrieb vor, wenn der Betrieb nicht auf Gewinnerzielung gerichtet ist, z. B. bei Wohltätigkeitsanstalten, Offizierkasinos, Konsumvereinen usw.

Schwierig ist die Beurteilung der staatlichen und kommunalen Betriebe. Soweit ihre Angestellten die Eigenschaft öffentlicher Beamter haben, unterstehen diese ohnehin schon nicht der GO., selbst wenn der Betrieb, in dem sie beschäftigt sind, ein Gewerbebetrieb ist. Hinsichtlich der nicht beamteten Angestellten ist zu unterscheiden, ob der Betrieb ausschließlich oder doch vorwiegend im öffentlichen Interesse oder doch vorwiegend mit der Absicht auf Gewinnerzielung betrieben wird. Auf Gewinnerzielung gerichtet und somit als Gewerbebetrieb angesehen werden staatliche Porzellanfabriken, Brauereien, Brennereien. Zweifelhaft ist die Entscheidung bei Gas-, Elektrizitäts- und Wasserwerken; denn sie dienen sowohl der Befriedigung öffentlicher Bedürfnisse, werfen aber trotzdem hin und wieder Überschüsse ab. Straßenreinigungsanstalten, Feuerlöschwesen, Betriebe des Heeres und der Marineverwaltung sind nicht als Gewerbebetriebe anzusehen, also unterstehen auch die Angestellten solcher Betriebe nicht der GO. Als Gewerbebetrieb wurde angesehen Wasserwerk (LG. Frankfurt a. M., GG. 5 75; Baum, Handbuch Nr. 66a; GG. Berlin, Baum, Handbuch Nr. 63), städtische Kanalisation (GG. Moers, Baum, Handbuch Nr. 65), Gaswerk (GG. Kiel, Handbuch Nr. 62). Nicht als Gewerbebetriebe wurden angesehen Desinfektionsanstalt (GG. Berlin, Handbuch Nr. 60b), Volksbald (GG. Kiel, Handbuch Nr. 61), Straßenreinigung (GG. Duisburg, Handbuch Nr. 66).

Nach der geschichtlichen Entwicklung der GO. erstreckt sie sich ohnehin nicht auf die Urproduktion, ihr untersteht daher nicht die gesamte Land- und Forstwirtschaft, Tierzucht, Jagd und Fischerei, auch der Bergbau nicht, soweit nicht kraft ausdrücklicher Vorschrift einzelne Bestimmungen der GO. auf ihn anzuwenden sind. Es scheiden deshalb die in diesen Betrieben beschäftigten Werkmeister und Techniker aus. Landwirtschaftliche Nebenbetriebe, die nach der historischen Entwicklung als Teil der landwirtschaftlichen Betätigung betrachtet werden, unterstehen der GO. gleichfalls nicht. Dies gilt z. B. für die Brennereien zur Herstellung von Branntwein aus selbstgewonnenen Kartoffeln, so daß der größte Teil der Brennmeister des Schutzes der GO. nicht teilhaftig wird. Wohl aber fallen Veranstaltungen besonderer Art zur Verarbeitung landwirtschaftlicher Erzeugnisse, wie Zuckerfabriken, Sägemühlen, Brotfabriken usw. unter den Begriff der GO., auch wenn sie in Verbindung mit einer Landwirtschaft betrieben werden.

Besondere Schwierigkeiten bieten die Gärtnereien. Man wird Betriebe, die sich in der Hauptsache auf die Produktion und den Verkauf gärtnerischer Naturerzeugnisse erstrecken, als landwirtschaftliche ansehen müssen. Dies gilt z. B. von der reinen Obst- und Gemüsegärtnerei; die in dieser beschäftigten leitenden Angestellten unterstehen nicht der GO. Handelt es sich dagegen weniger um eine Ausnutzung der Kräfte des Grund und Bodens als um die Herstellung von Kunstprodukten, so liegt ein Gewerbebetrieb vor. Gewerbebetriebe sind daher Baumschulen, Treibgärtnereien, Blumengärtnereien oder auch Landschaftsgärtnereien, die sich mit Anlegen von Parks und Ziergärten beschäftigen. Reine Gewerbebetriebe sind ferner diejenigen Gärtnereien, welche mit der Produktion aus dem Boden überhaupt nichts mehr zu tun haben, wie Kranz- und Blumenbindereien, Ladenbetriebe.

Eine weitere Einschränkung des Gewerbebetriebes enthält der § 6 GO. Dieser lautet:

„Das gegenwärtige Gesetz findet keine Anwendung auf die Fischerei, die Errichtung und Verlegung von Apotheken, die Erziehung von Kindern gegen Entgelt, das Unterrichtswesen, die advokatorische und Notariatspraxis, den Gewerbebetrieb der Auswanderungsunternehmer und Auswanderungsagenten, der Versicherungsunternehmer und der Eisenbahnunternehmungen, die Befugnis zum Halten öffentlicher Fähren und die Rechtsverhältnisse der Schiffsmannschaften auf den Seeschiffen. Auf das Bergwesen, die Ausübung der Heilkunde, den Verkauf von Arzneimitteln, den Vertrieb von Lotterielosen und die Viehzucht findet das gegenwärtige Gesetz nur insoweit Anwendung, als dasselbe ausdrückliche Bestimmungen darüber enthält.

Durch Kaiserliche Verordnung wird bestimmt, welche Apothekerwaren dem freien Verkehr überlassen sind."

Hier interessiert besonders die Stellung der Eisenbahnangestellten. Soweit sie Staatsbeamte sind, unterstehen sie, wie oben erörtert, nicht der GO., aber auch dann, wenn sie nicht Staatsbeamte sind, und dies trifft für alle Angestellte von Privatunternehmungen zu, finden auf ihre Rechtsverhältnisse nicht die Bestimmungen der GO. Anwendung. Unter den Begriff der Eisenbahnunternehmungen fallen nach herrschender Ansicht auch Kleinbahnen, Pferde-, Dampf- und elektrische Straßenbahnen. Streitig ist, inwieweit das Personal der Hilfsbetriebe der Eisenbahn von der GO. ausgenommen ist. Man hat versucht, nicht nur das eigentliche Fahrpersonal, sondern auch das Streckenpersonal, insbesondere das Werkstättenpersonal und die Angestellten der sog. Annexe des Eisenbahnbetriebes (Bahnhofswirtschaft, Bahnhofsbuchhandlung, Schlafwagen, Speisewagen, sogar Bahnhofsautomaten und Bahnhofsfriseure) der GO. zu entziehen. Die Gewerbegerichte haben dagegen mit Recht nur den Bahnbetrieb im engsten Sinne, d. h. die Eisenbahn als reines Transportunternehmen, als der GO. nicht unterstehend angesehen. Das GG. Berlin insbesondere nimmt sogar auf Grund der Entstehungsgeschichte des preußischen Kleinbahnengesetzes an, daß auch die Kleinbahnen nicht unter den Begriff der Eisenbahnen fallen und erachtet daher deren Angestellte, insbesondere die Angestellten der Hochbahn und Berliner Straßenbahn, als gewerbliche Angestellte.*)

*) Als gewerblicher Angestellter wurde angesehen ein Angestellter der Berliner Hochbahn (GG. Berlin, Handbuch Nr. 18), ein Angestellter der Haupteisenbahn-Reparaturwerkstatt (GG. Berlin, Handbuch Nr. 22), Kellner der Schlafwagengesellschaft (GG. München, Handbuch Nr. 23), ein bei der Gleislegung beschäftigter Angestellter (GG. Frankfurt a. M., Handbuch Nr. 21).

Für Handlungsgehilfen gilt nicht § 133f. GO., sondern die Bestimmungen des neuen G. v. 10. 6. 14. Die Abgrenzung ist daher von besonderer Wichtigkeit. Über den Begriff des Handlungsgehilfen vgl. oben S. 66 ff. Es kommt häufig vor, daß derselbe Angestellte sowohl kaufmännische und gewerbliche Dienste leistet, z. B. der Reiseingenieur. Es kommt dann darauf an, welche Tätigkeit überwiegt (OLG. Hamm, Recht 07 1474; RG. in JW. 1910, 839 Nr. 78; OLG. Kolmar in LZ. 09 792). Besteht z. B. die Tätigkeit eines Reiseingenieurs im Verkauf der Erzeugnisse seiner Firma und verwendet er seine technischen Kenntnisse nur zum Zweck der Ausübung dieser Tätigkeit, so ist er nicht Gewerbegehilfe, sondern Handlungsgehilfe. Der Bautechniker, der mit der Leitung eines als Handlungsfirma eingetragenen Baugeschäfts beschäftigt wird, ist Handlungsgehilfe, wenn seine Tätigkeit vorwiegend im Erwerb von Aufträgen, weniger in der Ausführung besteht, Gewerbegehilfe dagegen, wenn die ausführende Tätigkeit die Hauptsache ist und der Erwerb von Aufträgen nur nebenher geschieht. Es kommt darauf an, welche Tätigkeit objektiv überwiegt, nicht, auf welche Tätigkeit die Parteien das Hauptgewicht legen. Der objektive Tatbestand bestimmt die Rechtsstellung des Angestellten. Wer nach der Art seiner Tätigkeit Handlungsgehilfe ist, wird nicht durch Parteiabrede zum Gewerbegehilfen. Noch weniger entscheidend ist die Bezeichnung im Anstellungsvertrage.

2. Unter den § 133a GO. fällt:

„Das Dienstverhältnis der von Gewerbeunternehmern gegen feste Bezüge beschäftigten Personen, welche nicht lediglich vorübergehend mit der Leitung oder Beaufsichtigung des Betriebs oder einer Abteilung desselben beauftragt (Betriebsbeamte, Werkmeister und ähnliche Angestellte) oder mit höheren

---

Nicht als gewerbliche Angestellte wurden angesehen: Wagenführer einer elektrischen Straßenbahn (GG. Hamburg, Handbuch Nr. 15), Werkstättenangestellte einer Straßenbahn (GG. Bielefeld, Handbuch Nr. 20).

technischen Dienstleistungen betraut sind (Maschinentechniker, Bautechniker, Chemiker, Zeichner und dergleichen)."

A. Werkmeister ist nur, wer folgende Erfordernisse erfüllt:

1. Der Angestellte muß gegen feste Bezüge angestellt sein,
2. die Tätigkeit muß in der Leitung oder Beaufsichtigung des Betriebes oder einer Abteilung desselben bestehen,
3. diese Tätigkeit darf nicht lediglich eine vorübergehende sein.

Zu 1: Der Gegensatz zu festen Bezügen sind schwankende Bezüge. Feste Bezüge sind solche, deren Höhe nach bestimmten Zeitabschnitten bemessen wird, also von vornherein feststeht (Zeitlohn); im Gegensatz hierzu steht eine Vergütung, die nach dem Umfang der geleisteten Arbeit gewährt wird (Stücklohn, Akkordlohn) oder in einem Anteil am Gewinn oder Umsatz besteht. Feste Bezüge sind nicht nur Wochen- und Monatslohn, sondern auch Tagelohn; denn es kommt, wie bereits angeführt, lediglich darauf an, daß die Vergütung nicht nach dem Umfang geleisteter Dienste, sondern nach der Zeit, innerhalb welcher sie geleistet werden, bezahlt wird. (GG. Osnabrück, GG. 8 165 hält deshalb Tagelohn für einen schwankenden Bezug, weil Feiertage nicht gezahlt werden. Die Zahl der Feiertage steht aber schon bei Abschluß des Dienstvertrages fest, demnach auch der Verdienst der Angestellten). Stundenlohn ist kein fester Bezug, es sei denn, daß schon beim Vertragsschluß die Zahl der Arbeitsstunden feststeht, was in der Praxis kaum vorkommt.

Ein Angestellter, der lediglich schwankende Bezüge erhält, kann niemals Werkmeister sein, z. B. selbst dann nicht, wenn ihm die Betriebsleitung obliegt, er aber an Stelle festen Gehalts nur einen Anteil vom Reingewinn erhält (KG. in Baum, Handbuch Nr. 624). Häufig erhalten Angestellte außer einem festen Gehalt noch einen Anteil am Gewinn oder eine Umsatzprovision. Sie haben also hier in dem Gehalt feste Bezüge, außerdem aber in ihrer Beteiligung am Gewinn oder Umsatz einen schwankenden Bezug. Sie fallen unter § 133a; denn es kommt nicht darauf an, daß sie neben festen Bezügen noch andere haben, vorausgesetzt allerdings, daß nicht etwa die schwankenden

Bezüge die Haupteinnahme darstellen (GG. Berlin, Baum, Handbuch Nr. 663).

Zu 2: Neben der Art des Gehalts verlangt § 133a eine besonders geartete Beschäftigung. Der Angestellte muß mit der Leitung oder Beaufsichtigung des Betriebes oder eines Teils desselben beauftragt sein. Das Gesetz macht zunächst einen Unterschied zwischen leitender und beaufsichtigender Tätigkeit. Es ist nicht erforderlich, daß der Angestellte die Leitung des Betriebes hat, es genügt vielmehr, daß er mit der Beaufsichtigung des Betriebes betraut ist. Daraus folgt: Wer neben einem Betriebsleiter oder unter einem Betriebsleiter den Betrieb nur zu beaufsichtigen hat, dagegen mit seiner Leitung nicht betraut ist, verliert dadurch die Werkmeistereigenschaft nicht. Es ist auch kein wesentliches Erfordernis, daß die Tätigkeit eine selbständige ist. Es kann demnach ein Angestellter, der unter der Aufsicht eines anderen Beamten, z. B. eines Obermeisters oder eines Betriebsleiters den Betrieb zu leiten hat, Werkmeister im Sinne des § 133a GO. sein. Was unter Aufsicht zu verstehen ist, ergibt die Übung des praktischen Lebens. Die Aufsicht besteht regelmäßig darin, daß der Angestellte die ihm unterstellten Arbeiter in ihrer Tätigkeit kontrolliert, daß er die Arbeiten überwacht. Äußerlich zeigt sich seine Aufsichtsstellung häufig darin, daß er die Akkordlöhne festsetzt, und daß ihm das Recht eingeräumt ist, die Arbeiter anzunehmen und zu entlassen. Indessen sind diese Tätigkeitsmerkmale nicht unbedingt wesentlich.

Es ist nicht erforderlich, daß der Angestellte mit der Leitung oder Beaufsichtigung des ganzen Betriebes beauftragt ist, es genügt vielmehr, daß er eine Abteilung leitet oder beaufsichtigt. Was eine Abteilung des Betriebes ist, ist in größeren Betrieben, die aus verschiedenen Werkstätten, wie Schlosserei, Tischlerei usw. bestehen, nicht zweifelhaft, wohl aber in kleineren Betrieben, in denen die verschiedenen Fabrikationszweige häufig räumlich und leitungstechnisch vereint sind. Hier ist die Frage, ob der Wirkungskreis des Angestellten als eine Abteilung anzusehen ist, aus der Selbständigkeit des ihm unterstellten Fabrikationszweiges gegenüber anderen Fabrikationszweigen zu beantworten. So ist z. B. der Spinner, der nur die Verantwortung für eine einzelne Spinnmaschine hat, und dessen Tätigkeit auch darin besteht, daß er die ihm unterstellten Hilfsarbeiter beaufsichtigt, nicht Werkmeister, sondern nur Vorarbeiter, weil dieser Fabrikationszweig, nämlich die einzelne Spinnmaschine, gegenüber den anderen Fabrikationszweigen der Spinnerei als selbständiger nicht angesehen werden kann. (Rechtsprechung: Stuhlmeister einer Weberei; Werkmeistereigenschaft verneint LG. Gera, bejaht LG. Düsseldorf, Baum, Handbuch Nr. 635. Maurerpolier: verneint vom KG. in GewKfmG. 15 110; OLGRspr. 15 Nr. 3a; Baum, Handbuch Nr. 631. Steinmetzpolier: verneint KG. in GG. 10 3; bejaht: Platzmeister: GG. Berlin, RArbBl. 2 233; Baum, Handbuch 633. Druckereifaktor: GG. Eberswalde, GG. 7 110; Baum, Handbuch 627).

Zu 3: Die Beaufsichtigung und Leitung darf endlich nicht lediglich eine vorübergehende sein. Es kommt häufig vor, daß gewöhnliche Arbeiter, sei es probeweise, sei es in Vertretung eines erkrankten oder sonst verhinderten Werkmeisters, mit dessen Obliegenheiten betraut werden. Das Gesetz will verhindern, daß dem Arbeiter durch eine vorübergehende Maßnahme des Betriebsinhabers, die seine soziale Stellung nicht ändert, die höheren Rechte des Werkmeisters zufallen. Eine Zeitspanne, die im Sinne dieser Bestimmung als „lediglich vorübergehend" anzusehen ist, ist im Gesetz nicht bestimmt; denn es kann unter Umständen eine Tätigkeit von Wochen und Monaten als eine dauernde nicht angesehen werden, nämlich dann nicht, wenn diese Tätigkeit zur Erfüllung eines vorübergehenden Zweckes, z. B. zur Vertretung eines Werkmeisters und mit der ausgesprochenen Absicht ausgeführt wird, daß sie nach Fortfall der Behinderung wieder aufhören soll.*) Es ist aber unter

*) Das OLG. Kiel hat in einer nicht veröffentlichten Entsch. v. 25. 5. 07 die Stellung eines Angestellten, der die Gießerei einer in Liquidation befindlichen Gesellschaft zu leiten hätte, für eine vorübergehende erklärt; aus dem Umstande, daß sich die Gesell-

Umständen daraus, daß ein zunächst nur zur Vertretung berufener Angestellter eine verhältnismäßig lange Zeit diese Funktionen ausübte, darauf zu schließen, daß die ursprüngliche Vertreterstelle in eine Werkmeisterstelle übergeht.

Andere Erfordernisse verlangt das Gesetz für die Werkmeistereigenschaft nicht. Es liegt z. B. kein Gewicht darauf, daß der Werkmeister nur eine beaufsichtigende Tätigkeit ausübt und nicht mitarbeitet. Der Werkmeister, der selbst mit Hand anlegt, dessen Tätigkeit aber vorwiegend in der Beaufsichtigung des Betriebes oder einer Abteilung besteht, verliert dadurch, daß er mitarbeitet, nicht seine Werkmeistereigenschaft. Auch legt der Gesetzgeber kein entscheidendes Gewicht auf eine gewisse Art oder ein gewisses Maß der Ausbildung. Er macht also insbesondere die Werkmeistereigenschaft nicht davon abhängig, daß der Angestellte eine Meisterprüfung bestanden hat. Selbst in solchen Bundesstaaten, wie z. B. in Baden, in denen besondere Werkmeisterprüfungen eingeführt worden sind, ist der Besitz eines Prüfungsdiploms nicht entscheidend. Schließlich ist noch hervorzuheben, daß die Werkmeistereigenschaft vornehmlich nicht durch den Vertrag, sondern durch die tatsächlich ausgeübte Tätigkeit begründet wird. Wer z. B. im Engagementsvertrag als Vorarbeiter bezeichnet wird, trotzdem aber die im § 133a GO. angegebene Tätigkeit ausübt, ist trotz der vertraglichen Bezeichnung nicht Vorarbeiter sondern Werkmeister. Umgekehrt wird ein Angestellter, der zwar im Anstellungsvertrag als Werkmeister bezeichnet ist, der aber die im § 133a GO. erwähnten Meisterfunktionen nicht ausübt, auch nicht zum Werkmeister durch die im Vertrag enthaltene Bezeichnung.

B. Techniker. Als zweite Kategorie der technischen Betriebsbeamten nennt das Gesetz die „mit höheren technischen Dienstleistungen Betrauten". (Maschinentechniker, Bautechniker, Che-

schaft in Liquidation befand, ergibt sich ohne weiteres, daß der Betrieb der Gießerei nur vorübergehend, nämlich so lange aufrechterhalten werden sollte, bis die laufenden Geschäfte erledigt waren.

miker, Zeichner u. dgl.) Für diese gilt gemeinschaftlich mit den Werkmeistern das Erfordernis, daß sie gegen feste Bezüge beschäftigt sein müssen. An die Stelle der Leitung und Beaufsichtigung tritt hier die Beschäftigung mit höheren technischen Dienstleistungen. Wer mit solchen betraut ist, fällt daher auch dann unter § 133a, wenn er keinerlei leitende oder beaufsichtigende Tätigkeit ausübt, sondern lediglich Weisungen seiner Vorgesetzten zu befolgen hat. Eine nähere Abgrenzung des Begriffs der höheren technischen Dienstleistungen gibt der Gesetzgeber nicht, die von ihm gebrauchten Beispiele (Maschinentechniker, Bautechniker, Chemiker, Zeichner u. dgl.) erschöpfen den Begriff keineswegs, sondern geben nur Anhaltspunkte. Zu Streit gibt die Frage Anlaß bei Zuschneidern und Musterzeichnern. (Für Zuschneider Technikereigenschaften verneint: GG. Chemnitz, GG. Offenburg, OLG. Hamburg, bejaht: LG. Koblenz, Handbuch 626; vom RG. für den Regelfall verneint, bejaht nur bei ganz hervorragender Befähigung und Beschäftigung in Geschäften ersten Ranges (JW. 11 334; WarnRspr. 7 Nr. 247); für Zeichner von Stickereimustern verneint: GG. Berlin, Handbuch 639). Auf jeden Fall ist aber der Zuschneider Werkmeister, wenn er neben seiner Tätigkeit als Zuschneider mit der Leitung oder Beaufsichtigung einer größeren Werkstatt dauernd befaßt ist, denn in diesem Fall erfüllt seine Tätigkeit, vorausgesetzt, daß die leitende Tätigkeit nicht gegenüber der handwerksmäßigen völlig zurücktritt, er gegen feste Bezüge angestellt ist, den Tatbestand des § 133a GO. (vgl. RG. in WarnRspr. 7 246. Dort ist die Werkmeister- und Technikereigenschaft auf Grund der konkreten Sachlage verneint.) Ev. kann der Zuschneider, wenn er überwiegend im Verkauf tätig ist, auch Handlungsgehilfe sein. Bloße kaufmännische Nebenbeschäftigung genügt nicht.

Anders wie bei den Werkmeistern ist es bei den Technikern unerheblich, ob sie dauernd oder nur vorübergehend angestellt sind. Selbst bei einer nur vorübergehenden Anstellung gelten sie als Betriebsbeamte im Sinne des § 133a GO. Verständlich wird dieser Unterschied, wenn man erwägt, daß offensichtlich der Gesetzgeber dem Werkmeister die Stellung eines höheren Beamten wegen seiner

Tätigkeit innerhalb der **Verwaltung**, dem Techniker wegen seiner Tätigkeit in der **Produktion** einräumt.

Auch bei dieser Kategorie ist an sich nicht die besondere Art der Vorbildung entscheidend, sondern die tatsächlich im Betriebe ausgeübte Tätigkeit, wenn auch nicht zu verkennen ist, daß häufig im Streitfalle aus der Art der Vorbildung Schlüsse auf die Stellung des Angestellten im Betriebe gezogen werden können.

b) § 133 f GO. im speziellen.

§ 133 f. GO. lautet:

„Eine Vereinbarung zwischen dem Gewerbeunternehmer und einem der im § 133a bezeichneten Angestellten, durch die der Angestellte für die Zeit nach der Beendigung des Dienstverhältnisses in seiner gewerblichen Tätigkeit beschränkt wird, ist für den Angestellten nur insoweit verbindlich, als die Beschränkung nach Zeit, Ort und Gegenstand nicht die Grenzen überschreitet, durch welche eine unbillige Erschwerung seines Fortkommens ausgeschlossen wird.

Die Vereinbarung ist nichtig, wenn der Angestellte zur Zeit des Abschlusses minderjährig ist."

Die Bestimmung gilt nur für die in § 133a bezeichneten Angestellten. Über den Begriff vgl. oben S. 179. Für die technischen Angestellten gilt hiernach im Gegensatz zu den kaufmännischen Angestellten nicht:

1. die **Formvorschrift** (§ 74 Abs. 1 HGB.).

Das Wettbewerbsverbot kann formlos vereinbart werden. Es bedarf auch nicht der Aushändigung einer Urkunde an den Gehilfen.

2. die **Karenzentschädigung** (§ 74 Abs. 2).

Der Prinzipal ist nicht verpflichtet, dem Gehilfen für die Dauer der Beschränkung eine Entschädigung zu zahlen.

3. die **Begrenzung der Dauer** (§ 74a Abs. 1).

Das Wettbewerbsverbot kann auf beliebige Zeit vereinbart werden, wenn es keine unbillige Erschwerung des Fortkommens enthält. Immerhin werden die Bestimmungen des HGB für die Frage der Billigkeit einen gewissen Anhalt geben, wenn auch der Gesetzgeber gerade wegen der Frage der zeitlichen Beschränkung es bisher unterlassen hat, die für Handlungsgehilfen geltenden Bestimmungen auf die Gewerbegehilfen auszudehnen (vgl. oben S. 32).

4. die Gehaltsgrenze (§ 74a Abs. 2).

Das Wettbewerbsverbot kann auch mit den geringst bezahlten Technikern vereinbart werden. Es ist lediglich im Einzelfall zu prüfen, ob die Abrede wegen der geringen Besoldung des Angestellten wider die guten Sitten verstößt.

5. die Nichtigkeit der Vereinbarung des Wettbewerbsverbots mit Dritten (§ 74a Abs. 2);
6. die Nichtigkeit der heimlichen Konkurrenzklausel (§ 75 f.);
7. die Nichtigkeit des Wettbewerbsverbots bei Lehrlingen (§ 76 Abs. 1).

Eine ausdrückliche Bestimmung, daß das Wettbewerbsverbot insoweit unverbindlich sei, als es nicht zum Schutz eines berechtigten Interesses dient (§ 74a Satz 1), ist im Gesetz nicht enthalten. Die Praxis verlangt aber in der Regel ein solches Interesse, schon mit Rücksicht auf § 226 BGB. (vgl. Landmann § 133 f GO. Anm. 2).

Die Nichtigkeit einer ehrenwörtlichen Verpflichtung zur Konkurrenzenthaltung ist im Gesetz nicht ausdrücklich ausgesprochen, wird aber von der Praxis regelmäßig angenommen (RG. 68 231; JW. 1911 297). Allerdings ist hier noch zu prüfen, ob die Parteien die Wettbewerbsabrede auch ohne die Bindung auf Ehrenwort abgeschlossen haben würden. In diesem Falle fällt gemäß § 139 BGB. nur diese Bindung weg, während das Wettbewerbsverbot im übrigen bestehenbleibt (RG. in WarnRspr. 7 248).

Ob die Bestimmungen des § 75 HGB. auf Techniker entsprechend anzuwenden sind, ist zweifelhaft. Das Reichsgericht führt in der Entsch. v. 26. 4. 11 (GewArch. 12 350) aus, der Inhalt des § 75 HGB. sei absichtlich in den § 133 f GO. nicht aufgenommen und infolgedessen auch für Gewerbeangestellte nicht anwendbar. Nach den Entsch. v. 14. 10. 04 (RG. 59 79) und vom 15. 11. 12 (JW. 1913, 216 Nr. 33) gilt § 75 HGB. in der Regel und im Zweifel als Auslegungsregel. Die Bestimmung ist also abweichend vom

HGB. nicht anwendbar, wenn ausdrücklich abweichende Parteiabreden getroffen sind.

Das Wettbewerbsverbot ist für den Angestellten nur insoweit verbindlich, als die Beschränkung nach Zeit, Ort und Gegenstand nicht die Grenzen überschreitet, durch welche eine unbillige Erschwerung seines Fortkommens ausgeschlossen wird (vgl. zu dieser Frage § 74a S. 100). Es ist hierbei jedoch zu berücksichtigen, daß der Techniker keine Karenzentschädigung erhält und deshalb bei ihm die Grenzen des Wettbewerbsverbotes schärfer gezogen werden müssen.

3. Das Wettbewerbsverbot gegenüber anderen Arbeitnehmern.

Für Arbeitnehmer, die weder Handlungsgehilfen im Sinne der §§ 59 ff. HGB. noch Betriebsbeamte im Sinne des § 133a GO. sind, bestehen innerhalb und außerhalb des Geltungsbereichs der GO. besondere gesetzliche Vorschriften nicht. Es fallen also für sie nicht nur die bereits für die Betriebsbeamten nicht geltenden Schutzvorschriften für Handlungsgehilfen (vgl. oben S. 189) sondern auch noch die besonderen Schutzvorschriften für Betriebsbeamte weg. Hiernach fällt insbesondere fort:

1. die absolute Nichtigkeit der Vereinbarung mit Minderjährigen;
2. das richterliche Einschränkungsrecht gegenüber dem Wettbewerbsverbot, das nach Zeit, Ort und Gegenstand die Grenzen der Billigkeit überschreitet.*)

*) A. M. Marcus, DJZ. 07 952, der aus den Bestimmungen der §§ 74 HGB. und 343 BGB. ein allgemeines richterliches Ermäßigungs- und Modifikationsrecht ableiten will; dagegen mit Recht Staub, § 22 HGB. Anm. 36: das richterliche Ermäßigungsrecht ist stets eine Abweichung von der Regel, nach der der Richter nur über Gültigkeit zu entscheiden, nicht aber an Stelle getroffener Vereinbarungen andere Verhältnisse zu setzen hat; vgl. dazu auch

Hiernach ist die Rechtswirksamkeit des Wettbewerbsverbots lediglich unter dem Gesichtspunkte des § 138 BGB. zu prüfen. Ein Verstoß wider die guten Sitten liegt vor, wenn durch die Abrede lediglich das einseitige Interesse des Arbeitgebers gewahrt, die Vermögensstellung des Arbeitnehmers aber dauernd vernichtet oder erheblich gefährdet wird und von einem auch nur versuchten Ausgleich der beiderseitigen Interessen in keiner Weise die Rede ist (RG. 68 231). Im übrigen vgl. über Verstoß gegen die guten Sitten die Ausführungen zu § 74a Abs. 3.

Gegenüber einfachen gewerblichen Arbeitern ist die Grenze besonders streng zu ziehen. Ist ihr Gehalt so bemessen, daß es zur Ersparnis nicht ausreicht, und würden sie bei Einhaltung des Wettbewerbsverbotes darauf angewiesen sein, lediglich als ungelernte Arbeiter Beschäftigung zu suchen, so verstößt das Verbot wider die guten Sitten (vgl. KfmG. Charlottenburg, GewKfmG. 15 38; LG. Hamburg, DJZ. 05 272; OLG. Celle, OLGRspr. 12 13). Dies gilt auch dann, wenn sich der Arbeiter die betreffenden Kenntnisse und Fähigkeiten erst im Betrieb des Prinzipals angezeigt hat, und wenn er vorher nur als ungelernter Arbeiter oder in einer ganz anderen Branche tätig war. Dagegen ist keineswegs schlechthin jedes Wettbewerbsverbot gegenüber ungelernten Arbeitern ein Verstoß wider die guten Sitten (OLG. Düsseldorf, RheinArch. 108 224). Die Industrie ist darauf angewiesen, auch gewöhnliche Arbeiter in Betriebsgeheimnisse einzuweihen. Sie hat den Anspruch auf deren Wahrung, zumal die Gefahr des Wegengagierens durch die Konkurrenz bei dem gewerblichen Arbeiter bedeutend größer ist als beim Handlungsgehilfen oder Betriebsbeamten. Bleibt daher dem Arbeiter, wenn auch unter ungünstigeren Bedingungen, ein Fortkommen in seiner Branche noch möglich (z. B. dem beim Motorbau beschäftigten Schlosser in irgendeiner anderen Werk-

---

OLG. Braunschweig, OLGRspr. 21 205, Anm. Daß im Wege richterlicher Auslegung das Wettbewerbsverbot auf billige Grenzen zurückgeführt werden kann, wird hierdurch nicht ausgeschlossen. Vgl. auch Lemberg S. 57.

statt oder Maschinenfabrik), so verstößt das Wettbewerbsverbot nicht ohne weiteres gegen die guten Sitten (vgl. Cantor, Konkurrenzklausel 23). Das zu weit gehende Wettbewerbsverbot unterliegt nicht der Einschränkung, sondern ist in vollem Umfang nichtig.

Lediglich die allgemeinen Grundsätze des § 138 BGB. gelten auch hinsichtlich der Wettbewerbsverbote mit Vorstandsmitgliedern von Aktiengesellschaften oder Geschäftsführern von Gesellschaften m. b. H., da diese nicht Handlungsgehilfen, sondern gesetzliche Vertreter sind (vgl. oben S. 79, Staub § 59 Anm. 8). Die §§ 74 ff. HGB. sind daher auch nicht analog anzuwenden, vielmehr gilt lediglich das Recht des § 138 BGB. Zu berücksichtigen ist hierbei die in der Regel höhere soziale Stellung der betreffenden Persönlichkeiten, infolge deren bei Anwendung des § 138 BGB. strengere Anforderungen zu stellen sind als bei gewöhnlichen Arbeitern. Allerdings nähert sich auch vielfach die Stellung namentlich der Geschäftsführer der Gesellschaften m. b. H. der der Handlungsgehilfen (Filialbetriebe). Hier wird wieder genauer zu prüfen sein, ob nicht das Wettbewerbsverbot tatsächlich jedes Fortkommen untergräbt. Vielfach werden gerade mit Rücksicht auf die Erleichterung des Wettbewerbsverbotes Personen, die wirtschaftlich den Handlungsgehilfen gleichstehen, als Geschäftsführer von Gesellschaften m. b. H. angestellt werden. Auch dies kann aber nicht dazu führen, sie dem Recht der §§ 74 ff. HGB. zu unterstellen.

---

4. Das Wettbewerbsverbot außerhalb des Arbeitsvertrages.*)

Die Vereinbarung eines Wettbewerbsverbots außerhalb eines Arbeitsvertrags ist ziemlich häufig. Sie kommt insbesondere vor bei Kaufverträgen, Gesellschafts- und Liquidationsverträgen,

*) Vgl. Staudinger § 138 Anm. 6; Planck § 138 Anm. 2; Staub § 22 Anm. 33 ff.; Cantor 5 ff.; Lemberg, Vertragsmäßige Beschränkung der Gewerbe- und Handelsfreiheit, Breslau 1888.

Agentur-, Miets-, Werkverträgen, Kartellen und Syndikaten. Es findet sich ferner auch bei den Koalitionen und den Tarifverträgen, die gleichfalls keine Einzelarbeitsverträge sind.

Auf diese Wettbewerbsverbote sind die Bestimmungen über Wettbewerbsverbote für kaufmännische und gewerbliche Angestellte auch nicht analog anzuwenden, da der soziale Schutzzweck des G. v. 10. 6. 14 und des § 133 f GO. hier wegfallen (vgl. OLG. Karlsruhe, OLGRspr. 1 53; OLG. Frankfurt, Recht 07 1273; OLG. Hamburg, Bauers Zeitschrift 18 161 ff.; RG. in LZ. 08 297; JW. 01 726; 06 477). Das Wettbewerbsverbot ist daher auch gegenüber einem ordnungsmäßig gesetzlich vertretenen Minderjährigen nicht ausgeschlossen (RG. in JW. 00 473).

Das Wettbewerbsverbot ist hier lediglich nichtig, wenn es wider die guten Sitten verstößt (§ 138 BGB., vgl. hierzu die Erklärungen der Regierung bei Beratung des BGB. S. 16; vgl. zu HGB. § 74a Abs. 3 S. 112 ff.). Aus dem durch die GO. normierten Prinzip der Gewerbefreiheit folgt die Nichtigkeit des Wettbewerbsverbots nicht ohne weiteres (vgl. oben S. 12). Vielmehr kommen nur folgende Fälle in Betracht:

1. Nichtig ist das Wettbewerbsverbot, durch das die Erwerbsfreiheit des einzelnen nicht nur beschränkt, sondern im ganzen oder nach gewissen Richtungen vernichtet wird (vgl. RG. 38 159; 53 155; SeuffA. 35 Nr. 196; für früheres Recht RG. 31 98 ff.; PrOTr. 80 1 ff.; ROHG. 12 29 ff.; SeuffA. 32 310; über Beschränkung der Bewegungsfreiheit beim Bierlieferungsvertrage vgl. RG. 76 178 ff.). Vertragsmäßige Wettbewerbsverbote ohne jede Beschränkung nach Zeit und Ort sind in der Regel unzulässig. Dagegen ist ein zeitlich unbeschränktes, aber auf eine Mittelstadt und ihren fünfmeiligen Umkreis beschränktes Wettbewerbsverbot als gültig anzusehen (OLG. Kolmar, Recht 1911 Nr. 1098; OLGRspr. 24 262; RG. in JW. 01 726). Auch ein zeitlich und örtlich unbeschränktes Wettbewerbsverbot kann rechtswirksam sein, wenn es nur eine Spezialität betrifft und dem Verpflichteten noch ein weiteres Feld für seine Fachtätigkeit bleibt (OLG. Hamm, Bauers Zeitschrift 1914, 187; RG. 53 154; vgl. auch GewArch. 2 12; 3 2).

2. Vom Standpunkt der Allgemeinheit ist ein Wettbewerbsverbot sittenwidrig, wenn es ersichtlich auf die Herbeiführung eines tatsächlichen Monopols und die wucherische Ausbeutung der Konsumenten abgesehen ist oder diese Folgen doch in einer beim Vertragsschluß voraussehbaren Weise durch die getroffenen Vereinbarungen und Einrichtungen tatsächlich herbeigeführt werden (RG. 38 158; vgl. auch RG. 73 432). Näheres s. unten S. 200.

3. Bei gewissen freien Berufen verstößt eine Beschränkung der Bewegungsfreiheit und die vertragliche Sicherung des Kundenkreises mit Rücksicht auf das von ihnen in Anspruch genommene öffentliche Vertrauen überhaupt gegen die guten Sitten und ist deshalb jedes Wettbewerbsverbot nichtig (vgl. hierüber unten S. 209 ff.).

4. Nicht klagbar ist das Wettbewerbsverbot soweit es zugleich eine Vereinbarung zur Erzielung günstiger Lohn- und Arbeitsbedingungen im Sinne des § 152 GO. darstellt.

5. Unwirksam ist das Wettbewerbsverbot endlich auch, wenn der Berechtigte daran keinerlei schützenswertes Interesse mehr hat (vgl. oben zu § 74a, ferner OLG. Braunschweig, LZ. 1911, 77). Hierzu genügt noch nicht die Aufgabe des Geschäfts, solange die Möglichkeit einer Neueröffnung besteht (RG. 47 238; JW. 00 82 Nr. 6). Insbesondere bleibt das zugunsten eines Grundstücks vereinbarte Wettbewerbsverbot bestehen, wenn der Berechtigte zwar das Grundstück verkauft, den Kaufpreis aber noch nicht erhalten hat (RG. im Recht 08 582).

Bei Prüfung der Sittenwidrigkeit ist lediglich von den Verhältnissen zur Zeit der Eingehung des Wettbewerbsverbots auszugehen (RG. in LZ. 09 233 Nr. 15), spätere Umstände können nur berücksichtigt werden, wenn das Verbot die geänderte Sachlage mit umfaßte, oder wenn durch die Änderung Erfahrungstatsachen des Lebens bestätigt werden, die schon zur Zeit der Eingehung des Verbots bekannt oder voraussehbar und vom Vertragswillen mit umfaßt waren (RG. im Recht 1910 Nr. 8 u. 11).

Über das Wettbewerbsverbot bei einzelnen Vertragsarten ist noch folgendes anzuführen:

1. Veräußerung und Auflösung eines Unternehmens.

Daß beim Verkauf eines Handelsgeschäfts der Verkäufer, oder bei der Auseinandersetzung einer Gesellschaft der ausscheidende Gesellschafter die Verpflichtung übernimmt, dem weiterzuführenden Geschäft keine Konkurrenz zu machen, ist eine in der Praxis recht häufige, den Bedürfnissen und Anschauungen des Verkehrs entsprechende Vereinbarung. Durch dieselbe schützt der Erwerber des Geschäfts sein Interesse daran, daß dasselbe nicht nachträglich durch den Wettbewerb des in alle geschäftlichen Verhältnisse eingeweihten Verkäufers oder Gesellschafters entwertet oder gefährdet werde (RG. 53 156).

Unter Umständen ist sogar stillschweigende Vereinbarung des Wettbewerbsverbots anzunehmen, z. B. wenn ein 70jähriger Prinzipal sich vom Geschäft zurückzieht und es deshalb einem bisherigen Angestellten verkauft (RG. in DJZ. 08 425; OLG. Kolmar, OLGRspr. 12 51). Es gilt in der Regel als stillschweigende Absicht der Parteien bei Veräußerung des Geschäfts, daß der Betrieb mit der Kundschaft auf den Erwerber übergehen soll; schon hieraus folgt, daß der Veräußerer dem Nachfolger diesen Übergang der Kundschaft weder erschweren, noch vereiteln darf. — Hiernach wird die Aufmachung eines Konkurrenzgeschäftes seitens des Verkäufers in derselben Straße bei Kleinhandelsgeschäften ohne weiteres als Vertragsverletzung gelten. Im Einzelfalle müssen die Umstände über die Ausdehnung des stillschweigenden Konkurrenzausschlusses zufolge des Vertragsverhältnisses entscheiden (Marcus im Recht 10 561 ff.; OLG. Hamburg, OLGRspr. 12 255, betr. Verkauf einer Gastwirtschaft; OLG. Kiel, OLGRspr. 20 143; OLG. Kolmar, Recht 05 431). Auch wenn nichts Besonderes vereinbart ist, wird es meist gegen Treu und Glauben verstoßen, wenn der Geschäftsveräußerer eine Firma annimmt, die der übertragenen ähnlich lautet, oder wenn er die alte Telegrammadresse für sein neues Geschäft führt (Staub § 22 Anm. 33; RG. im Recht 08 Nr. 2073; OLG. Dresden, GoldschmidtsZ. 46 472).

Bei Prüfung der Frage, ob eine Vernichtung der Erwerbsfreiheit im ganzen oder nach einzelnen Richtungen eintritt, ist insbesondere auch der gezahlte Kaufpreis in Rechnung zu ziehen. Gingen die Parteien davon aus, daß der Veräußerer als Rentner weiterleben sollte, so kann sich dieser nicht darüber beschweren, daß ihm eine seinen Kenntnissen und Fähigkeiten angemessene Tätigkeit nicht mehr übrigbleibt. Es braucht daher auch ein örtlich und zeitlich unbeschränktes Konkurrenzverbot nicht unbedingt nichtig zu sein. Zulässig ist es z. B., wenn der aus einer Handelsgesellschaft der chemischen Industrie ausscheidende Gesellschafter gegen eine ihm gewährte hohe Abfindung sich ohne örtliche und zeitliche Einschränkung verpflichtet, in den von der Gesellschaft fabrizierten und geführten Artikeln keine Konkurrenz zu machen, wenn ihm im übrigen die Möglichkeit der geschäftlichen Betätigung auch auf den Gebieten der Chemie gelassen wird, und insbesondere seiner erfinderischen Tätigkeit und deren Entwicklung keine Schranken gesetzt werden (RG. im Recht 09 Ziff. 1447).

Die Veräußerung eines Handelsgeschäftes gehört noch zum Betrieb des Handelsgewerbes gemäß § 348 HGB., und kann deshalb die im Veräußerungsvertrage für Verletzung des Wettbewerbsverbots festgesetzte Vertragsstrafe nicht herabgesetzt werden (RG. im Recht 08 104).

Über den Übergang der Rechte aus dem Wettbewerbsverbot auf den Rechtsnachfolger des Erwerbers vgl. oben S. 98 ff.). Der aus dem Wettbewerbsverbot Verpflichtete haftet nicht ohne weiteres für die Innehaltung desselben durch seinen Rechtsnachfolger (RG. in DJZ. 08 62). Auch besteht keine allgemeine Verpflichtung, dem Geschäftsnachfolger die Verpflichtungen aus dem Wettbewerbsverbot aufzuerlegen (RG. in JW. 08 435 Ziff. 13). Doch darf die Übertragung des Geschäftes nicht lediglich zur Umgehung der Wettbewerbsabrede erfolgen (RG. in JW. 08 544 Ziff. 2). Tritt der Verpflichtete in eine offene Handelsgesellschaft ein, so gilt das Wettbewerbsverbot auch für diese (OLG. Celle, OLGRspr. 20 148). Wer sich bei einer Geschäftsübertragung verpflichtet hat, bei ferneren gewerblichen Unternehmungen sich in öffentlichen Ankündigungen jedes Hinweises auf seine frühere

Tätigkeit zu enthalten und auch niemanden zu solchen Hinweisen zu ermächtigen, ist, wenn er sich demnächst von einem Dritten anstellen läßt, verpflichtet, auf diesen so weit als möglich einzuwirken, daß auch er jenen Hinweis unterläßt (RG. im Recht 09 Ziff. 26, 37).

2. Mietsvertrag.*)

Wer in gemieteten Räumen ein Geschäft betreiben will, wählt vielfach gerade dies Lokal, weil er sich infolge der Lage, der Vorbenutzung desselben usw. darin einen besonders günstigen Geschäftsbetrieb verspricht. Vielfach wird ein Mietsvertrag auch in Verbindung mit einem Geschäftskauf dergestalt geschlossen, daß der Erwerber des Geschäfts die vom Veräußerer bisher innegehabten Lokalitäten weiter mietet. Der Mieter hat daher in solchem Falle ein erhebliches Interesse daran, Konkurrenz fernzuhalten. Trotzdem ist nicht etwa ohne besondere Abrede stets die Verpflichtung des Vermieters zur Fernhaltung der Konkurrenz Vertragsbestandteil, denn es ist keineswegs selbstverständlicher Endzweck des Vertrages, daß der Mieter ein gewinnbringendes Geschäft betreibe, und daß ihm der Geschäftsbetrieb nicht erschwert werden dürfe (OLG. Dresden, OLGRspr. 27 142). Nur unter besonderen Umständen, namentlich in kleinen Städten und auf dem Lande kann im einzelnen Fall angenommen werden, daß die Parteien damit gerechnet haben, daß der Vermieter in sein Grundstück ein Konkurrenzunternehmen nicht aufnehmen dürfe. Dies gilt auch, wenn durch die Zulassung eines Konkurrenzgeschäftes die Mietsräume den ihnen im Vertrag zugeschriebenen Zweck und Wert verlieren. In der Regel wird bei Schankwirtschaften nach der Anlage und Eigenart des Mietsgebäudes auf eine Ausschließlichkeit des Geschäftsbetriebes gerechnet werden (OLG. Dresden l. c.). Der Hauseigentümer verletzt daher seine Vertragspflicht, wenn er Räume zum Restaurationsbetriebe vermietet und nachträglich auch seinerseits im Hause ein Restaurant einrichtet (OLG. Braunschweig,

*) Niendorff, Mietrecht, 10. Aufl., S. 111 ff.; Mittelstein, Miete, S. 193; Fuld, Mietrecht, S. 80 ff.).

OLGRspr. 5 23). In Großstadt-Geschäftsstraßen dagegen, wo Laden an Laden liegt, muß jeder Ladeninhaber ohnehin damit rechnen, daß sich in allernächster Nähe ein Konkurrenzgeschäft auftut. Ob dies im eigenen Hause oder im Nachbarhause geschieht, macht keinen großen Unterschied. Es ist deshalb hier nicht als regelmäßiger Parteiwille anzunehmen, daß sich der Vermieter zur Fernhaltung von Konkurrenz verpflichtet. Vielmehr bedarf es hierzu einer ausdrücklichen Abrede. Aus der bloßen Höhe des Mietzinses kann unter solchen Umständen eine stillschweigende Abrede nicht gefolgert werden. Noch weniger ist, wenn der Mieter nicht vom Hauseigentümer, sondern von einem Mieter mietet, bei dem Schweigen des Mietsvertrages anzunehmen, daß der Vermieter sich zur Fernhaltung einer Konkurrenz von Firmen verpflichten will, mit denen er in keinem Rechtsverhältnis steht (RG. im Recht 1914 Nr. 186). Die Vereinbarung eines Wettbewerbsverbots liegt nicht schon dann vor, wenn der Vermieter beim Abschluß des Mietsvertrages die Frage des Reflektanten verneint, ob seine Waren von einem anderen Mieter geführt werden. Verpflichtet sich der Vermieter, an ein Konkurrenzgeschäft nicht zu vermieten, so ist er noch nicht verpflichtet, einem bereits im Hause vorhandenen Geschäft den Verkauf der Konkurrenzware zu untersagen.

Maßgebend für die Auslegung eines im Vertrage vereinbarten Wettbewerbsverbots ist hier der Zweck, dem Mieter die Lokalkundschaft zuzuführen und zu erhalten. Das Wettbewerbsverbot wird daher noch nicht verletzt, wenn ein anderer Mieter in einem ganz anders gearteten Betriebe gleiche oder verwandte Waren nebenher und in unerheblichem Umfange führt. — Ein Weinrestaurant, das Bier in Flaschen führt, und ein Bierrestaurant, in dem man auch eine Flasche Wein erhalten kann, sind regelmäßig in diesem Sinne keine Konkurrenzgeschäfte, ebensowenig gegenüber beiden ein Kolonialwarengeschäft, das auch Bier und Wein in Flaschen verkauft, oder eine Destillation gegenüber einem Restaurant für das bessere Publikum. Dagegen kann eine Konditorei, besonders wenn sie auch warme Speisen und Bier vom Faß verabfolgt, wohl einer Restauration gegenüber ein Konkurrenzgeschäft darstellen. Ist ein Laden als „für Fleischer konkurrenzlos" vermietet, so stellt auch ein Roßfleischverkauf ein Konkurrenzgeschäft dar.

Für die Auslegung des Wettbewerbsverbots kommt ferner in Frage, welche Art Geschäfte zur Zeit des Vertragsschlusses im Mietshause betrieben werden; befindet sich dort bereits ein Warenhaus oder ein Partiewarengeschäft, so kann sich der Mieter nicht darüber beschweren, wenn sich diese Geschäfte nachträglich auch im Rahmen des Partiewarengeschäfts bzw. Warenhausbetriebes Waren seiner Art zulegen, auch wenn sie sie bei Abschluß des Mietvertrages noch nicht geführt haben.

In der Regel ist dem Vermieter bei Vereinbarung eines Wettbewerbsverbots auch verboten, das Schild eines im Nachbarhause wohnenden Konkurrenten anbringen zu lassen. Dagegen folgt eine stillschweigende Verpflichtung, die Unterbringung solcher Schilder zu verhindern, noch nicht ohne weiteres aus dem Mietsvertrage (KG. in OLGRspr. 13 359).

Das Wettbewerbsverbot gilt auch hier im Zweifel nur so lange, als der Mieter daran ein wirtschaftliches Interesse hat. Es gilt daher in der Regel nicht mehr, wenn der Mieter zur Zeit der Aufnahme des Konkurrenzgeschäfts bereits ausgezogen ist oder den Geschäftsbetrieb aufgegeben hat (RG. in GruchotsBeitr. 50 956).

3. Kartelle.*)

Kartelle sind Vereinigungen von Gewerbetreibenden zum Zwecke vertragsmäßiger Bestimmung der Preisbildung.

1. **Konkurrenzverbote unter den Kartellmitgliedern selbst.** Aus dem Begriff des Kartells folgt ohne weiteres, daß die Teilnehmer sich gewisse Beschränkungen ihrer Erwerbstätigkeit auferlegen lassen müssen. Diese Beschränkung erfolgt durch vertragliche Unterwerfung unter einheitliche Zahlungs- oder Lieferungs-

*) Staub, Exkurs zu § 346 Nr. 4; Rundstein, Die Konkurrenzverbote in den Kartellverträgen, ArchBürgR. 25 94; Kestner, Organisationszwang, Berlin 1912; Flechtheim, Deutsches Kartellrecht, Mannheim 1912.

bedingungen, durch Vereinbarung über Rabattgewährung, Festsetzung von Umsatzprämien usw. (Preiskartell, Konditionenkartell), durch Regulierung der Produktion (Kontingentierungskartell), durch Einräumung bestimmter geographischer Gebiete als Monopolbezirke (Gebietskartell), durch Verbot der Offerierung oder Lieferung an Kunden anderer Mitglieder (Kundenschutzverträge). Kartelle sind ebenso wie die in ihnen vereinbarten Konkurrenzverbote an sich gesetzlich zulässig, insbesondere ist auf sie nicht der § 152 GO. anwendbar, der Vereinigungen von Gewerbetreibenden zum Zweck der Erlangung günstigerer Lohn- und Arbeitsbedingungen für klaglos erklärt. § 152 bezieht sich nur auf die Lohnkämpfe zwischen Arbeitern und Arbeitgebern (RG. 38 D. 155; 53 19). Die Ungültigkeit der Konkurrenzabrede in einem Kartellvertrag kann nur unter zwei Gesichtspunkten in Betracht kommen:

a) Wenn durch die Abrede die Erwerbsfreiheit des einzelnen völlig aufgehoben, nicht nur beschränkt wird. Hierbei ist zu berücksichtigen, daß Verträge über alleinigen Verkauf und alleinige Abnahme, wenn sie sich in angemessenen zeitlichen Grenzen halten, zulässig sind (vgl. Staub, Exkurs zu § 346 Anm. 16). In gleichem Rahmen muß daher auch eine freiwillig übernommene Einschränkung des Geschäftsbetriebes, namentlich wenn dafür auf der andern Seite geschäftliche Vorteile erkauft werden, für zulässig erachtet werden. Nicht rechtswirksam wäre dagegen eine langjährige Bindung auch für die Zeit nach Auflösung des Kartells (vgl. Rundstein l. c. 97).

b) Unter dem Gesichtspunkt der Beschränkung der Gewerbefreiheit. Gegen die Gewerbefreiheit verstößt es noch nicht, wenn sich Gewerbegenossen miteinander verbinden, um einem Gewerbezweig durch Schutz gegen die Entwertung seiner Erzeugnisse oder die sonstigen aus Preisunterbietungen einzelner hervorgehenden Nachteile lebensfähig zu erhalten. Ein Verstoß liegt erst dann vor, wenn durch die Abrede zugleich ein tatsächliches Monopol und die wucherische Ausbeutung der Konsumenten oder Lieferanten herbeigeführt wird (RG. 38 155; 56 271; 28 238 ff.), z. B. wenn Lieferanten durch ein Kartell der Abnehmer (Vereinbarung ausschließlicher Einkaufsgebiete) zur Abgabe ihrer Waren zu unangemessenem Preise genötigt werden sollen (OLG. Bamberg, LZ. 1911, 715). Die noch weiter gehenden Ausführungen von Kestner l. c. 323 ff., der den Verstoß gegen die guten Sitten in der Verletzung des die Gewerbeordnung beherrschenden Gedankens der Konkurrenzfreiheit finden will, erscheinen vom Standpunkt des geltenden Rechts nicht haltbar. Verstoß gegen die guten Sitten ist lediglich ein Verhalten, das gegen die Auffassung aller recht und billig Denkenden verstößt (RG. in JW. 10 142). Dies wird man von einer bloßen Beseitigung der Konkurrenzfreiheit auf einem bestimmten Gebiet namentlich dann nicht sagen können, wenn die Interessen des Publikums nicht übermäßig beeinträchtigt werden. Auch die Gewerbefreiheit, auf der die GO. beruht, ist keineswegs identisch mit Konkurrenzfreiheit. Die GO. will keineswegs das Prinzip aufstellen, daß der freie Wettbewerb durch keinerlei vertragliche Schranken eingeengt werden soll.

Über Submissionskartelle insbesondere vgl. S. 204.

Nach Rundstein l. c. S. 105 bedingt es die gesellschaftliche oder gesellschaftsähnliche Natur des Kartells, daß auch ohne ein ausdrückliches Wettbewerbsverbot die Kartellteilnehmer sich an verwandten oder gleichartigen Unternehmungen nicht beteiligen dürfen. Ob ein solches stillschweigendes Wettbewerbsverbot vorliegt, wird wohl stets nach der Lage des Falles zu beurteilen sein. In den meisten Fällen wird die Grenze der Wettbewerbsbeschränkung im Kartellvertrag selbst normiert.

Es besteht kein allgemeiner Rechtssatz, daß die Kartellverpflichtung und das Wettbewerbsverbot auf den Rechtsnachfolger übergeht, oder der Verpflichtete für seinen Rechtsnachfolger haftet bzw. ihm die Verpflichtung auferlegen muß (RG. in DJZ. 08 138; LZ. 08 62, 537, 782; JW. 08 435; RG. 68 299). Doch darf die Geschäftsübertragung nicht lediglich zum Zwecke der Umgehung der Kartellpflicht erfolgen (RG. in JW. 08 544).

2. Wettbewerbsverbote im Verhältnis zwischen Kartellteilnehmern und Außenstehenden. Zwischen Kartellen verwandter Branchen oder zwischen Kartellen und ihren nichtkartellierten Lieferanten bzw. Abnehmern kommen häufig Wett-

bewerbsverbote vor, die sog. Verpflichtungen zum ausschließlichen Verkehr. Auch sie sind in dem oben angegebenen Rahmen an sich zulässig, wenn sie weder die Erwerbsfreiheit völlig vernichten, noch zum Zwecke wucherischer Ausbeutung der Lieferanten oder Konsumenten geschlossen werden (vgl. Rundstein l. c. S. 110). Eine besondere Art dieser Wettbewerbsverbote sind die sog. Sperren, die das Kartell verhängt, um Außenseiter zum Beitritt zu veranlassen oder sie dem Willen des Kartells gefügig zu machen. Die Sperre kommt in Form der Lieferanten-, Kunden- und Arbeitersperre vor (Vereinbarung mit den Lieferanten, an Außenseiter nicht zu liefern, mit Kunden bei Außenseitern nicht zu kaufen und mit Arbeitern für Außenseiter nicht zu arbeiten). Alle diese Abreden werden in der Regel durch die Androhung des Abbruchs der Geschäftsbeziehungen durchgesetzt. Soweit die Konkurrenzabrede als Kampfmittel gegen Außenseiter benutzt wird, ist sie unzulässig, wenn sie geeignet ist, die wirtschaftliche Vernichtung des Gegners herbeizuführen oder wenn sie ihn derartig schwer schädigt, daß die dadurch herbeigeführten Nachteile in keinem Verhältnis zu den erreichten Vorteilen stehen. An der Unsittlichkeit der Abrede wird auch nichts geändert, wenn der erstrebte Zweck ein erlaubter ist, auch dadurch nichts, wenn das Kampfmittel nur so lange angewendet werden soll, als der Außenseiter dem Verbande nicht beitritt und wenn ihm der Beitritt jederzeit ohne Schwierigkeiten offen steht (RG. in JW. 1913, 134 Nr. 11).

Die Unterwerfung unter das Konkurrenzverbot darf insbesondere nicht mit unerlaubten Mitteln erzwungen werden. Darüber, inwieweit eine Sperre unerlaubt ist, vgl. Abs. 1. Die gleichen Grundsätze gelten auch für alle sonstigen Arten der Verrufserklärung, Eintragung in eine schwarze Liste usw. Unerlaubt ist auch der Zwang zum Beitritt durch ehrverletzende Handlungen oder Kreditschädigung. Der durch solche Handlungen erzwungene Abschluß des Konkurrenzverbots ist nicht ohne weiteres nichtig, da nur das Verhalten des Nötigenden gegen die guten Sitten oder gegen ein Verbot verstößt (§§ 134, 138 BGB.), das Rechtsgeschäft selbst aber dadurch noch nicht ohne weiteres verbots-

und sittenwidrig wird (vgl. den ähnlichen Fall in RG. 60 274). Nichtig ist die erzwungene Konkurrenzabrede nur, wenn sie selbst in dem oben angegebenen Rahmen unter § 138 BGB. fällt oder wenn, was in der Regel schwierig sein wird, nachgewiesen werden kann, daß nicht nur die Notlage des Kontrahenten ausgebeutet ist, sondern auch die ihm durch das Konkurrenzverbot gewährten Vorteile in auffälligem Mißverhältnis zu den übernommenen Verpflichtungen steht (§ 138 Abs. 2 BGB.). Dieser Nachweis wird in der Regel nicht geführt werden können, weil die Gegenleistung für die Wettbewerbsabrede in der Zulassung zum Geschäftsverkehr mit den Kartellmitgliedern besteht und derjenige, für den diese Zulassung keinen erheblichen Vermögensvorteil bietet, den Abbruch der Geschäftsbeziehungen zu den Kartellmitgliedern nicht zu scheuen braucht. Dagegen kann in allen Fällen unzulässiger Willensbeeinflussung das Wettbewerbsverbot gemäß § 123 BGB. wegen Drohung angefochten und, soweit die Anfechtungsfrist verstrichen ist, gemäß § 853 BGB. die Erfüllung der darin übernommenen Verpflichtung verweigert werden (vgl. Komm. der Reichsgerichtsräte § 853 Anm. 1).

4. Submissionen.

Öffentliche Körperschaften, vielfach aber auch Private, vergeben häufig Arbeiten auf Grund öffentlicher Ausschreiben. Die hierdurch entfesselte schrankenlose Konkurrenz durch unreelle Unterbietungen bildet eine schwere Gefahr für den Handwerkerstand, der vielfach nicht einmal ein entsprechender Vorteil für den Auftraggeber gegenübersteht, da natürlich die Unterbietung auf Grund der Qualität der Leistungen erfolgt und die Bewerber meist von vornherein darauf rechnen, sich in anderer Weise, z. B. durch hohe Preisforderungen bei notwendig werdenden, im Anschlag nicht strikt vorgesehenen Nacharbeiten schadlos zu halten. Diese Gefahren sind selbst dort nicht beseitigt, wo die Behörden angewiesen sind, nicht mehr das Mindestgebot, sondern das annehmbarste Gebot zu berücksichtigen und wo nur eine beschränkte Zahl leistungsfähiger Gewerbetreibender zur Bewerbung aufgefordert.

zu werden pflegt. Vereinbarungen von Unternehmern, die bezwecken, diese Gefahr zu bekämpfen und angemessene Preise aufrechtzuerhalten, sind grundsätzlich als zulässig anzusehen. Sie verstoßen nicht gegen die guten Sitten, sondern verdienen vom Standpunkt einer gesunden Wirtschaftspolitik im Gegenteil Billigung (RG. in JW. 08 296 Nr. 2; 1911, 642 Nr. 5; 1913, 734 Nr. 2). Bei den zu diesem Zweck geschlossenen **Submissionskartellen** wird in der Regel die Vereinbarung getroffen, daß einem bestimmten Mitglied die Erteilung des Auftrags dadurch gesichert wird, daß die andern bedeutend höhere sog. „Schutzangebote" einreichen. Auch ein solches Abkommen verstößt im allgemeinen nicht wider die guten Sitten. Auch die selbstverständliche Verabredung seiner Geheimhaltung vor dem Verdingenden macht es nicht unsittlich und verletzt keine berechtigten Interessen. Der Verdingende hat keinen Anspruch darauf, Geschäftsgeheimnisse der Unternehmer oder die für die Stellung der Offerten bestimmenden Umstände zu erfahren. Seine Sache ist es, die Offerten auf ihre Angemessenheit zu prüfen. Nur aus besonderen Umständen kann sich die Sittenwidrigkeit einer derartigen Abrede ergeben, z. B. wenn nur ein bestimmter Kreis von Unternehmern zur Bewerbung aufgefordert ist und der Verdingende sich von vornherein verpflichtet hat, dem Mindestfordernden den Zuschlag zu erteilen. Hier würde eine solche Abrede jedenfalls dann unzulässig sein, wenn durch sie der Verdingende zur Zahlung eines unangemessenen Preises genötigt und den Unternehmern unangemessene Vorteile zu gewendet werden sollen (RG. l. c. 7. ZS., 8. 11. 07, Rep. VII 51/07). Unter dem Gesichtspunkt der **Täuschung des Verdingenden** kann ein Verstoß gegen die guten Sitten insbesondere auch darin gefunden werden, wenn die Schutzangebote lediglich reine Scheinangebote sind. Hierzu genügt aber nicht, daß sie sich über einem gewissen Mindestpreis halten müssen. Auch das höhere Gebot kann ernstlich gemeint sein. In richtiger Würdigung der Verhältnisse wird mitunter auch einem höheren Gebot der Zuschlag erteilt, weil es nach der Gesamtheit der Umstände das vorteilhaftere ist. Ein Scheinangebot liegt erst dann vor, wenn das vereinbarte Mindestgebot so erheblich überstiegen wird, daß das andere Gebot überhaupt nicht in Betracht kommen kann (RG. in JW. 1911, 642 Nr. 5). Nach der letzten Entscheidung des Reichsgerichts (JW. 1913, 734 Nr. 2) will der 5. Zivilsenat das Schutzabkommen ohne Rücksicht auf die Täuschung des Verbingenden anscheinend schon dann als sittenwidrig ansehen, wenn es auf Erzielung unberechtigter Vorteile gerichtet ist. Hierbei ist aber neben dem Streben des Verbingenden, zu möglichst niederem Preise die Lieferung zu erlangen, auch das des Unternehmers nach einem auskömmlichen Lohn für seine Leistung zu berücksichtigen.

Für Preußen bestimmt § 270 StGB. für die preußischen Staaten v. 14. 4. 51:

> „Wer andere vom Mitbieten oder Weiterbieten bei den von öffentlichen Behörden oder Beamten vorgenommenen Versteigerungen, dieselben mögen Verkäufe, Verpachtungen, Lieferungen, Unternehmungen oder Geschäfte irgendeiner Art betreffen, durch Gewalt oder Drohung, oder durch Zusicherung oder Gewährung eines Vorteils abhält, wird mit Geldbuße bis zu 300 Talern oder mit Gefängnis bis zu sechs Monaten bestraft."

Diese Bestimmung ist noch in Kraft (RGSt. 10 221; 17 203; 27 106; 35 393; RGZ. 18 219; 26 314; 32 261; 51 401). Sie gilt insbesondere auch für Submissionen (RG. 35 392; KGJ. 33 92). Eine Vereinbarung, durch die sich die Kontrahenten gegenseitig verpflichten, an der Versteigerung nicht teilzunehmen, ein wechselseitiges Abhalten vom Mitbieten fällt jedoch nach Ansicht des Reichsgerichts nicht unter die Strafbestimmung (JW. 08 296 Nr. 2). Dagegen kann möglicherweise der Zwang zum Höherbieten bei Submissionen, die Abgabe von Schutzgeboten als strafbar angesehen werden (RG. ebenda). Auch wenn eine Zuwiderhandlung aus § 270 PrStGB. vorliegt, so ergibt sich hieraus noch keineswegs die Nichtigkeit der Submissionsvereinbarung. Allerdings ist nach § 134 BGB. ein Rechtsgeschäft, das gegen ein gesetzliches Verbot verstößt, nichtig, wenn sich nicht aus dem Gesetz ein anderes ergibt. Nach der Plenarentscheidung des RG. 60 273 ist aber durch das PrStGB. nur die Tätigkeit des von der Versteigerung Abhaltenden, nicht aber das Rechtsgeschäft zwischen dem Abhaltenden und seinem Gegenkontrahenten, d. h. der Vertrag als solcher, verboten. Auch im Rahmen des § 270 PrStGB. ist daher eine Submissionsabrede ohne Rücksicht auf die Frage ihrer Strafbarkeit zivilrechtlich nur insoweit nichtig, als nach den oben angeführten Grundsätzen ein Verstoß wider die guten Sitten vorliegt.

5. Koalitionen.

Jede Verabredung und Vereinigung zum Behufe der Erlangung günstiger Lohn- und Arbeitsbedingungen (Koalition) im Sinne des § 152 GO. enthält zugleich ein Wettbewerbsverbot, indem sie ihre Mitglieder verpflichtet, die Vorschriften der Koalition beim Abschluß von Arbeitsverträgen zu beachten und sich des Abschlusses entgegenstehender Arbeitsverträge zu enthalten. Von der Koalitionsabrede kann jeder Teilnehmer frei zurücktreten. Es findet aus ihr weder Klage noch Einrede statt. Die Unterstellung derartiger Abreden unter § 152 GO. ist für kaufmännische Prinzipale jetzt vom Gesetz besonders hervorgehoben worden (sog. „geheime Konkurrenzklausel" vgl. zu § 75 f). Das gleiche gilt aber auch für alle anderen Abreden von Arbeitgebern oder Arbeitnehmern, soweit sie der GO. unterstehen. Auch Vertragsstrafen für Verletzung derartiger Wettbewerbsverbote sind nicht einklagbar. Bezahlte Strafen können allerdings nicht mehr zurückgefordert werden, ebensowenig sonstige Leistungen auf Grund der Koalitionsabrede, insbesondere Streikunterstützungen, die vor dem Rücktritt gewährt sind (OLG. Stuttgart 17. 2. 00, GG. 5 210).

6. Tarifvertrag.

Der Tarifvertrag, d. h. der Vertrag, der zwischen den Arbeitgebern einerseits und den Arbeitnehmern andererseits über die Bedingungen der in einem gewissen Gewerbe und in einem bestimmten Gebiet künftig abzuschließenden Arbeitsverträge geschlossen wird, ist keine Koalition im Sinne des § 152 GO. (RG. 73 92 f.;

DJZ. 1910 (Sp. 313 u. 1435). Auch in Tarifverträgen sind in der Regel Wettbewerbsverbote enthalten, indem entweder die einzelnen Arbeitgeber und Arbeitnehmer direkt verpflichtet werden, Arbeitsverträge nur zu den tariflichen Bedingungen einzugehen oder die vertragschließenden Organisationen sich verpflichten, ihre Mitglieder zum Abschlusse — lediglich tarifmäßiger Verträge — anzuhalten. Dem Tarifvertrag widersprechende Einzelverträge sind trotzdem in beiden Fällen nach herrschender Ansicht rechtsgültig, die Tarifparteien haben gegen die vertragsuntreuen Einzelkontrahenten nur Ansprüche auf Schadensersatz, ev. auch auf Aufhebung des tarifwidrigen Einzelvertrages (so die herrschende Meinung; vgl. Landmann § 105 GO. Anm. 1 i und die dort zitierte Literatur; Baum in GruchotsBeitr. 49 261 f.; Baum, Handbuch für Gewerbe- und Kaufmannsgerichte Nr. 347—351).*) Zur wirksamen Durchführung der Tarifverträge ist es wünschenswert, daß die tariftreuen Arbeitgeber gegen Unterbietung durch andere Arbeitgeber geschützt werden, die dem Tarifvertrag nicht beigetreten sind und deshalb zu billigeren Bedingungen arbeiten können. Es finden sich deshalb vielfach in den Tarifverträgen Bestimmungen, nach denen die Mitglieder der vertragschließenden Arbeiterorganisationen für Arbeitgeber, die der Tarifgemeinschaft nicht angehören, nicht arbeiten dürfen (vgl. Sinzheimer 1 56 f.). Darüber hinaus sucht man in den Tarifverträgen den Arbeitgebern die Bezahlung angemessener Löhne dadurch zu ermöglichen, daß Arbeitgeber und Arbeitnehmer gemeinschaftlich zur Erzielung angemessener Preise beim Absatz der Arbeitsprodukte mitwirken. Dies geschieht durch die Bestimmungen zur Bekämpfung der sog. Schmutz- und Schleuderkonkurrenz, wie sie z. B. in der Tarifgemeinschaft im Buchdruckgewerbe und im Reichstarif für das deutsche Malergewerbe getroffen sind. Nach dem letzteren

*) Auf Einzelheiten kann im Rahmen dieses Buches nicht eingegangen werden. Es sei hierfür insbesondere auf Wölbling, Akkordvertrag und Tarifvertrag, Berlin 1908, sowie Sinzheimer, Der korporative Arbeitsnormenvertrag, Leipzig 1907 und 1908 verwiesen.

Vertrag wird z. B. die Schmutzkonkurrenz durch Verhängung der Werkstattsperre bekämpft, und zwar wird Schmutzkonkurrenz angenommen, wenn ein Meister, gleichgültig, ob er Mitglied des vertragschließenden Hauptverbandes ist oder nicht, einen Auftrag unter dem Selbstkostenpreis übernimmt oder Angebote bei Submissionen macht, die unter dem Selbstkostenpreis stehen, oder wenn er übernommene Arbeiten nicht den kontraktlichen Bestimmungen gemäß ausführt. An die Bestimmungen der Tarifgemeinschaft über die Bekämpfung der Schmutzkonkurrenz sind die Beteiligten gebunden. Der durch die Sperre getroffene Arbeitgeber kann, solange er auf der Vertragswidrigkeit beharrt, keine Schadensersatzansprüche geltend machen, selbst wenn durch sie sein Geschäft lahm gelegt wird. Es handelt sich nicht um eine Verpflichtung, sich die gewerbliche Existenz untergraben zu lassen, sondern um die Verpflichtung zur Unterlassung und Unterdrückung eines dem Verpflichteten selbst als ungesunder Auswuchs erscheinenden unsoliden der Allgemeinheit der Beteiligten schädlichen Geschäftsgebarens. Eine vertragsmäßige Verpflichtung, sich eine solche Sperre gefallen zu lassen, ist daher rechtswirksam (RG. 81 4 f.; vgl. Lieb, Die Bekämpfung der unlauteren Konkurrenz im Handwerk und die Rechtsprechung, Einigungsamt 1 Sp. 33, 67, 102).

5. Das Wettbewerbsverbot in den freien Berufen.

Für gewisse Berufe sind die Rechtsgrundsätze über die Zulässigkeit der Konkurrenzklausel im sonstigen Verkehrsleben nicht anwendbar. Es ergeben sich hier besondere Gesichtspunkte, die gleichmäßig sowohl im Angestelltenverhältnis wie bei Selbständigen zur Anwendung kommen.

1. Rechtsanwälte. Der Rechtsanwalt hat, obwohl er nicht Staatsbeamter ist, eine Stellung öffentlichrechtlicher Natur. Seine Tätigkeit ist nicht ein Gewerbebetrieb, sondern ein staatlich geord-

neter, wissenschaftlicher Beruf im Dienste des Rechts und der öffentlichen Rechtspflege (RG. 14 285). Der öffentliche Zweck des Berufs schließt es aus, obwohl die Berufstätigkeit honoriert wird, ihn lediglich zum Zweck des Geldverdienens und nach den Antrieben dieses Zweckes auszuüben. Der allgemeinen Sittenanschauung, nicht nur des Standes und nicht nur der sonst höher gebildeten Volkskreise, sondern des gesamten deutschen Volkes widerspricht es deshalb, wenn der Rechtsanwaltsberuf zu einer reinen Gelderwerbstätigkeit und auf die Stufe eines gewerblichen Unternehmens herabgedrückt wird (RG. 66 148). Der Beruf darf deshalb nicht ausgeübt werden wie ein lediglich auf Geldverdienen gerichtetes Unternehmen. Demgemäß widerspricht es den geltenden Sittenanschauungen, wenn der Einfluß, den der Anwalt auf das Publikum gewonnen hat und das Vertrauen, das ihm vom Publikum entgegengebracht wird, zum Gegenstand eines Gewinns gemacht und in gewinnsüchtiger Absicht ausgenützt werden. Es ist daher der Verkauf einer Anwaltspraxis, der unter diesem Gesichtspunkte erfolgt, sogar schon die öffentliche anonyme Ankündigung der Bereitschaft zum Verkauf einer Anwaltspraxis als unzulässiger Mißbrauch der Stellung des Anwalts anzusehen (EGH. für Anwälte 2 9; RG. 66 149). Unter dem gleichen Gesichtspunkt widerstreitet es der herrschenden Sittenanschauung, wenn der Anwalt sich seine Stellung dem Publikum gegenüber und ein Monopol zur Ausnutzung der Rechtsuchenden innerhalb eines gewissen Kreises durch eine Konkurrenzklausel sichern wollte. Der Fall einer Konkurrenzklausel zwischen Rechtsanwälten ist dem EGH. für Rechtsanwälte niemals unterbreitet worden. In der Entscheidung des EGH. 3 117 ist der Fall behandelt, daß ein Rechtsanwalt seinem Schreiber eine fünfjährige Konkurrenzklausel dahin auferlegt hatte, sich an einem bestimmten Ort weder als Rechtskonsulent niederzulassen, noch dort bei einem solchen oder bei einem Rechtsanwalt tätig zu sein. Der Ehrengerichtshof erklärte diese Abrede für standesunwürdig. Sie widerspricht nicht nur dem Standesgefühl der Anwälte, sondern der allgemeinen Anschauung aller recht und billig Denkenden und daher den guten Sitten (vgl. RG. 66 151).

Der Verstoß wider die guten Sitten folgt aber auch aus einem andern Gesichtspunkt. Es verletzt das öffentliche Interesse unmittelbar und verstößt gleichfalls gegen die sittliche Empfindung der Gesamtheit, wenn für die Ausübung eines Berufs, der im öffentlichen Interesse kraft der ihm innewohnenden sittlichen Würde frei sein muß, private Monopole irgendwelcher Art geschaffen und diese der Allgemeinheit gewidmeten Funktionen im privaten Interesse und zum privaten Nutzen gehemmt und gebunden werden (RG. 66 150). Solche Konkurrenzklausel trifft der Satz, daß Verträge gegen die guten Sitten verstoßen, welche eine ökonomische Leistung in Kausalbeziehung zu einer Unterlassung setzen, die von Moral wegen nicht in Kausalbeziehung zu Geld oder Geldeswert stehen soll (RG. ebenda; Lotmar, Der unmoralische Vertrag S. 73; Kohler, ArchBürgR. 5 218, 255; Lehrb. des Bürgerlichen Rechts 2 Abt. I S. 101, 102).

2. Ärzte. Die Ärzte nehmen eine, den Anwälten ähnliche Stellung ein. Auch ihr Beruf dient einem öffentlichen Zweck und erfordert besondere Verantwortung. Auch bei ihnen darf deshalb nach der herrschenden Sittenanschauung der Beruf nicht zu einer reinen Gelderwerbstätigkeit herabgezogen werden (RG. 66 148). Es verstößt deshalb gegen die guten Sitten, wenn der Arzt das ihm entgegengebrachte Vertrauen dadurch täuscht, daß er seine Praxis an eine andere Person unter Umständen überträgt, die eine Verwertung dieses Vertrauens zum Zwecke reinen Vermögensgewinnes dartun (RG. 66 141). Der Verkauf einer ärztlichen Praxis ist aber nicht allgemein, sondern nur unter solchen besonderen Verhältnissen ein Verstoß gegen die guten Sitten (RG. in WarnRspr. 1912 Nr. 150). Der Verkauf der Praxis ist gültig, wenn das angegebene besondere Moment nicht vorliegt.

Die gleichen Grundsätze gelten auch bezüglich des Wettbewerbsverbots. Auch hier darf weder, um pekuniäre Ausnutzung der Praxis zu sichern, ein Wettbewerbsverbot vereinbart werden, noch darf durch ein Wettbewerbsverbot die freie Berufsausübung des Arztes verhindert werden (RG. 66 150; Cantor 6). Eine solche Beschränkung der Niederlassungsfreiheit ist selbst dann unzulässig, wenn sie von einem Ärzteverband im ideellen und materiellen Interesse der gesamten deutschen Ärzteschaft mit einem einzelnen Arzt vereinbart wird (RG. 68 190). Die Wettbewerbsklausel ist aber nur ungültig, wenn sie die spezielle ärztliche Berufsausübung betrifft. Gültig erscheint z. B. eine Wettbewerbsklausel beim Verkauf eines Sanatoriums, nach der der veräußernde Arzt am gleichen Platz kein anderes Sanatorium eröffnen oder für ein solches tätig sein darf (Cantor 6). Die Unsittlichkeit der Wettbewerbsklausel zwischen Ärzten beruht in der Volksüberzeugung lediglich darauf, daß der Beruf frei sein muß und nicht als reines Geschäft ausgenutzt werden darf. Aus der bloßen Tatsache der Approbation dürfte die Volksüberzeugung schwerlich herzuleiten sein. Wenn man dem RG. 66 152, vgl. auch JW. 1913, 17 folgt, müßte man auch die Konkurrenzklausel bei Apothekern für unsittlich erklären, ebenso auch bei Privatkrankenanstalten, Hebammen, Beschlagschmieden (GO. § 30a), da schließlich der Approbation doch wohl das im öffentlichen Interesse verlangte Prüfungszeugnis und die aus gleichem Grunde erteilte Konzession gleichsteht.

3. Zahnärzte. Das Reichsgericht dehnt die für Ärzte ausgesprochenen Grundsätze auch auf staatlich geprüfte und approbierte Zahnärzte aus. In RG. 66 152 heißt es:

> Die Zahnheilkunde ist ein spezieller Zweig der Heilkunde, der an sich jedem anderen ärztlichen Spezialfach gleichsteht. Es sind nur technische und historische Umstände, die veranlaßt haben, daß die Zahnärzte als Spezialärzte auf Grund einer besonderen, und zwar geringeren Vorbildung staatlich zugelassen werden (vgl. Motive zu § 29 GO.), und daß dieselben nicht organisiert sind. Diese zufälligen Momente können nicht dazu führen, die den praktischen Ärzten in einer Reihe gesetzlicher Rechte und Pflichten gleichstehenden approbierten Zahnärzte als außerhalb, und zwar unterhalb, der ärztlichen Standes- und Sittenanschauungen stehend zu erachten. Eine solche Unterscheidung wird denn auch von dem allgemeinen Volksbewußtsein nicht gemacht.

Dagegen ist (entgegen der Ansicht des OLG. Frankfurt a. M., LOGRspr. 20 46) eine Konkurrenzklausel zwischen Zahntechnikern oder nichtapprobierten amerikanischen Zahnärzten für gültig erklärt. Das Reichsgericht führt aus (RG. 70 343):

Wenn aber auch die Doktortitel der Parteien völlig in Ordnung gehen, und wenn auch die Parteien, insbesondere die Beklagten, von dem urteils- und zahlungsfähigen Publikum mit Recht deutschen Zahnärzten mindestens gleichgewertet werden, so ist das doch durchaus unerheblich. Die hohe Wertschätzung, welche ein nichtapprobierter Heilbeflissener beim Publikum genießt, kann und darf nicht dazu führen, ihn dem Arzt irgendwie rechtlich gleichzustellen. Sie kann es nicht, weil die individuelle Wertschätzung von seiten des Publikums ein durchaus schwankendes und gerade auf diesem Gebiete durchaus nicht unfehlbares Moment ist; und sie darf es insbesondere nicht, weil individuelle Verhältnisse gegenüber dem durch die staatliche Approbation objektiv fest begrenzten gesetzlichen Begriffe des Arztes überhaupt nicht in Betracht kommen. Noch weniger verschlägt, daß die Parteien sich selbst als akademisch vorgebildete Zahnärzte fühlen und bezeichnen. Die Gründe des Berufungsrichters würden auch zutreffen auf gewerbliche Unternehmungen beliebiger Art, die von akademisch gebildeten Personen mit akademischen Titeln geleitet werden, von Personen, welche etwa von seiten des urteilsreifen Publikums jedem staatlichen, akademisch gebildeten Funktionär und jedem approbierten Arzte gleich gewertet werden. Sollte diesen gewerblichen Unternehmungen, deren Bestehen und Gedeihen etwa auch, wie die Gesundheitspflege, im allgemeinen öffentlichen Interesse liegt, z. B. der chemischen Industrie, die Konkurrenzklausel gegenüber ihren gleichermaßen akademisch gebildeten Angestellten untersagt sein? Jene Gründe würden auch zutreffen, wenn etwa ein Naturheilkundiger ohne akademische Grade seine Leistungen weit höher einschätzt als die der gesamten Fachmedizin und der approbierten Ärzteschaft, und wenn ihm etwa ein großer Teil des angesehenen Publikums in dieser Wertschätzung folgt. Diese unerträglichen Konsequenzen der Anschauung des Berufungsrichters bestätigen, daß der staatliche, rechtlich festgelegte Begriff des Arztes nicht verlassen werden darf, wenn nicht die bezügliche Anwendung des § 138 BGB. ins Uferlose geraten soll.

Der Standpunkt des Reichsgerichts dürfte nicht zu billigen sein; in die Approbation kann das entscheidende Merkmal nicht gelegt werden (s. oben). Es muß vielmehr für den Einzelfall festgestellt werden, ob tatsächlich die allgemeine Sittenanschauung nicht nur der beteiligten Kreise, sondern des gesamten Volks die Ausübung des betreffenden Berufs als reine Gelderwerbstätigkeit mißbilligt. Das Bestehen einer solchen Volksanschauung dürfte aber schon hinsichtlich der approbierten Zahnärzte sehr zweifelhaft sein. Einen Unterschied zwischen in Deutschland und im Ausland approbierten Zahnärzten macht die Volksanschauung nach dieser Richtung keinesfalls. Das Reichsgericht hält jedoch auch in einer neueren Entscheidung (JW. 1913, 604 Nr. 16) seinen Standpunkt hinsichtlich der nichtapprobierten Zahntechniker aufrecht. Soweit es Angestellte sind, sollen die Grundsätze des § 133 f GO. zur Anwendung gebracht werden.

4. Patentanwälte. Dieselben Grundsätze wie für Ärzte, Zahnärzte und Rechtsanwälte stellt das Reichsgericht auch für das Wettbewerbsverbot zwischen Patentanwälten auf. Es widerstrebt dem Ansehen des Patentanwaltsberufs und dem öffentlichen Interesse, sich in der freien Ausübung des Berufs durch Wettbewerbsverbote zu binden (WarnRspr. 1913 Nr. 218).

5. Künstler und andere freie Berufe. Für andere freie Berufe, insbesondere für die Ausübung der Kunst, die, sofern es sich um wirkliche Kunst handelt, kein gewerbliches Unternehmen ist, sind die für Rechtsanwälte und Ärzte aufgestellten Grundsätze nicht analog anzuwenden. Kann man auch nicht mit dem Reichsgericht den Unterschied daraus herleiten, daß der Künstler seinen Beruf nicht auf Grund vom Staate angeordneter Prüfung ausübt (JW. 1913, 18), so besteht doch eben die Volksauffassung hinsichtlich der Schranken der Gelderwerbstätigkeit gegenüber dem Künstlerberuf nicht. Der Künstlerberuf ist, wie das Reichsgericht mit Recht annimmt, überhaupt nicht fest umschrieben. Wenn der Künstler im höchsten Sinne der Allgemeinheit dient und öffentliche Zwecke verfolgt, so beruht dies auf der Durchsetzung der speziellen eigenen Persönlichkeit und der Entfaltung individueller Kräfte und einem bestimmten Gebiet. Die Wirksamkeit des Künstlers

läßt sich nicht in den Rahmen einer einseitigen wissenschaftlichen Berufsausbildung einfügen.

„Es läßt sich nicht schlechthin sagen, daß dem Künstler ohne Verletzung des Volksempfindens in der Ausübung seiner Kunst keinerlei Schranken auferlegt werden dürften. Insbesondere läßt es sich nicht für die Künstler sagen, die ihre Kräfte in den Dienst einer bestimmten Kunststätte gestellt haben und vertragsmäßig an sie gebunden sind. Wäre es richtig, daß der Beruf des Künstlers unbedingt frei sein müsse, so würde schon diese Bindung verwerflich und jede Klausel eines Anstellungsvertrags, die dem Mitgliede z. B. eines Theaterunternehmens die anderweite Ausübung seines künstlerischen Berufs ohne Erlaubnis der Bühnenleitung verbietet, sittenwidrig sein. Dies wird ernstlich nicht behauptet werden können. Wenn es aber gestattet sein muß, daß sich ein Theaterleiter eine bewährte Kraft für seine Bühne sichert und durch entsprechende Vertragsbestimmungen ihre Tätigkeit an einer anderen Bühne mindestens beschränkt, so kann auch eine bei Auflösung des Vertrags getroffene Abrede nicht anstößig sein, die darauf abzielt, daß das frühere Mitglied innerhalb gewisser Grenzen nicht in Wettbewerb zu dem Unternehmen trete, dem es bisher angehört hat."

Eine Wettbewerbsklausel, die im Verhältnis zu den berechtigten Interessen des andern Teils steht und die künstlerische Bewegungsfreiheit nicht übermäßig beschränkt, ist daher als rechtsgültig anzusehen (Fall Weingartner: Wettbewerbsverbot für Berlin und Umgegend auf gewisse Zeit, JW. 1913, 18; vgl. hierzu Neumond und Wolff, DJZ. 17 Sp. 1499; ferner durch OLG. Hamburg, OLGRspr. 12 269).

Anhang.

Die gesetzlichen Bestimmungen in Österreich und der Schweiz.*)

a) Österreich.

Das G. über den Dienstvertrag der Handlungsgehilfen und anderer Dienstnehmer in ähnlicher Stellung v. 16. 1. 10 bestimmt in den §§ 36, 37 und 38:

§ 36. Eine Vereinbarung, durch die der Dienstnehmer für die Zeit nach Beendigung des Dienstverhältnisses in seiner Erwerbstätigkeit beschränkt wird (Konkurrenzklausel), ist unwirksam, wenn der Dienstnehmer zur Zeit der Vereinbarung minderjährig ist oder das Entgelt zur Zeit der Beendigung des Dienstverhältnisses den Betrag von 4000 Kronen jährlich nicht übersteigt.

Bei höherem Entgelt ist eine solche Vereinbarung nur insoweit wirksam, als:

1. sich die Beschränkung auf die Tätigkeit in dem Geschäftszweige des Dienstgebers bezieht und den Zeitraum eines Jahres nicht übersteigt, und
2. die Beschränkung nicht nach Gegenstand, Zeit oder Ort und im Verhältnisse zu dem geschäftlichen Interesse,

*) Vgl. im übrigen die Übersicht über die „Konkurrenzklausel im Ausland" (Belgien, England, Österreich, Ungarn, Niederlande, Schweiz, Italien, Polen und Rußland, Dänemark: GewKfmG. 13 Sp. 337 ff.).

das der Dienstgeber an ihrer Einhaltung hat, eine unbillige Erschwerung des Fortkommens des Dienstnehmers enthält.

§ 37. Hat der Dienstgeber durch schuldbares Verhalten dem Dienstnehmer begründeten Anlaß zum vorzeitigen Austritt oder zur Kündigung des Dienstverhältnisses gegeben, so kann er die durch die Konkurrenzklausel begründeten Rechte gegen den Dienstnehmer nicht geltend machen.

Das gleiche gilt, wenn der Dienstgeber das Dienstverhältnis löst, es sei denn, daß der Dienstnehmer durch schuldbares Verhalten hierzu begründeten Anlaß gegeben oder daß der Dienstgeber bei der Auflösung des Dienstverhältnisses erklärt hat, während der Dauer der Beschränkung dem Dienstnehmer das ihm zuletzt zukommende Entgelt zu leisten.

Hat der Dienstnehmer für den Fall des Zuwiderhandelns gegen die Konkurrenzklausel eine Konventionalstrafe versprochen, so kann der Dienstgeber nur die verwirkte Konventionalstrafe verlangen; der Anspruch auf Erfüllung oder auf Ersatz eines weiteren Schadens ist ausgeschlossen.

§ 38. Konventionalstrafen unterliegen dem richterlichen Mäßigungsrechte.

Über die Anwendung dieses Gesetzes, kurz Handlungsgehilfengesetz genannt, schreiben die §§ 1, 2 und 3 vor:

§ 1. Die Bestimmungen dieses Gesetzes gelten für das Dienstverhältnis von Personen, die im Geschäftsbetrieb eines Kaufmanns vorwiegend zur Leistung kaufmännischer Dienste (Handlungsgehilfen) oder höherer, nichtkaufmännischer Dienste angestellt sind.

Bei einem Kaufmann angestellte Personen, die nur ausnahmsweise zu kaufmännischen Diensten verwendet werden, sowie diejenigen Personen, die vorwiegend untergeordnete Verrichtungen leisten, sind nicht als Handlungsgehilfen anzusehen.

§ 2. Die Bestimmungen dieses Gesetzes finden ferner Anwendung auf das Dienstverhältnis von Personen, die vorwiegend zur Leistung kaufmännischer oder höherer, nichtkaufmännischer Dienste im Geschäftsbetrieb von Unternehmungen oder Anstalten der nachstehenden Art angestellt sind, wenngleich der Unternehmer oder die Anstalt nicht Kaufmann im Sinne des Handelsgesetzbuches ist:

1. in Unternehmungen jeder Art, auf welche die Gewerbeordnung Anwendung findet;
2. in Kreditanstalten, Sparkassen, Vorschußkassen, Erwerbs- und Wirtschaftsgenossenschaften, Versatz-, Versorgungs- und Rentenanstalten, Krankenkassen, registrierten Hilfskassen, Versicherungsanstalten jeder Art, gleichviel, ob sie private Versicherungsgeschäfte betrieben oder den Zwecken der öffentlichrechtlichen Versicherung dienen, sowie in Verbänden der genannten Anstalten;
3. in der Schriftleitung, Verwaltung oder dem Verschleiß einer periodischen Druckschrift;
4. in Kanzleien der Advokaten und Notare;
5. bei Handelsmäklern, behördlich autorisierten Privattechnikern, Patentanwälten, Privatgeschäftsvermittlungen und Auskunftsbureaus;
6. in k. k. Tabaktrafiken und Lottokollekturen.

§ 3. Wird eine Unternehmung der in den §§ 1 oder 2 bezeichneten Art vom Hofe, einem öffentlichen Fonds, von einem Lande, Bezirk oder von einer Gemeinde betrieben, so unterliegen die in diesen Unternehmungen zu kaufmännischen oder höheren, nichtkaufmännischen Diensten verwendeten Personen den Bestimmungen dieses Gesetzes, wenn ihr Dienstverhältnis auf einem privatrechtlichen Vertrage beruht.

b) Schweiz.

Das Obligationenrecht v. 30. 3. 11 bestimmt ganz allgemein für den Dienst- und Lehrvertrag und außerdem für solche Verhältnisse, in denen gegen Honorar Arbeiten zu leisten sind, die besondere wissenschaftliche oder künstlerische Ausbildung voraussetzen, in den Artt. 356—360:

Art. 356. Bei einem Dienstverhältnis, das dem Dienstpflichtigen einen Einblick in Kundenkreise oder Geschäftsgeheimnisse gewährt, kann in den Vertrag die Bestimmung aufgenommen werden, daß der Dienstpflichtige nach der Beendigung des Verhältnisses weder auf eigenen Namen ein mit dem des Dienstherrn konkurrierendes Geschäft betreiben oder in einem solchen sich betätigen, noch als Anteilhaber oder auf andere Weise sich beteiligen dürfe.

Das Konkurrenzverbot ist nur da zulässig, wo der Dienstpflichtige durch die Verwendung jenes Einblicks den Dienstherrn erheblich schädigen könnte.

Es ist nichtig, wenn der Dienstpflichtige zur Zeit des Abschlusses der Vereinbarung unmündig war.

Art. 357. Das Konkurrenzverbot ist nur im Umfang einer nach Zeit, Ort und Gegenstand angemessenen Begrenzung verbindlich, durch die eine unbillige Erschwerung des wirtschaftlichen Fortkommens des Dienstpflichtigen ausgeschlossen wird.

Art. 358. Das Konkurrenzverbot bedarf zu seiner Gültigkeit der schriftlichen Vereinbarung.

Art. 359. Der Dienstpflichtige, der ein Konkurrenzverbot übertritt, ist seinem ehemaligen Dienstherrn zum Ersatz des

Schadens verpflichtet, der diesem aus der Übertretung entsteht.

Ist eine Konventionalstrafe auf die Übertretung des Verbotes gesetzt, so kann sich der Dienstpflichtige in der Regel durch deren Entrichtung von dem Verbote befreien, bleibt indessen für allfälligen weiteren Schaden ersatzpflichtig.

Ausnahmsweise kann bei besonderer schriftlicher Abrede der Dienstherr neben der Bezahlung der Konventionalstrafe und dem Ersatz allfälligen weiteren Schadens die Aufhebung des vertragswidrigen Zustandes verlangen, wenn die Bedeutung der durch die Übertretung des Konkurrenzverbots verletzten oder bedrohten Interessen des Dienstherrn und das Verhalten des Dienstpflichtigen dies rechtfertigen.

Art. 360. Das Konkurrenzverbot fällt dahin, wenn der Dienstherr nachweisbar kein erhebliches Interesse an dessen Aufrechterhaltung besitzt.

Wenn ein Dienstherr das Verhältnis zum Dienstpflichtigen ohne wichtigen, vom Dienstpflichtigen zu verantwortenden Grund aufgehoben, oder durch sein eigenes Verschulden dem Dienstpflichtigen einen wichtigen Grund zur Aufhebung des Vertrages gegeben hat, so kann er wegen Übertretung des Verbotes nicht klagen.

Sachregister.

(Die Ziffern verweisen auf die Seiten.)

A

B

C

D

G

L

M

Z

Guttentagsche Sammlung

Deutscher Reichsgesetze.

Text-Ausgaben mit Anmerkungen. Taschenformat.

1. **Verfassung des Deutschen Reichs.** Von Dr. **L. von Rönne.** **10. Aufl.** von Landrat **P. von Rönne** und Regierungsassessor **von Dobbeler.** 1912. 2 M. 60 Pf.

2. **Strafgesetzbuch** für das Deutsche Reich nebst 20 d. wichtigsten strafrechtlichen Nebengesetze. Von Prof. Dr. **Franz v. Liszt** und Dr. **Ernst Delaquis. 24. Aufl.** 1914. 3 M.

3. **Militärstrafgerichtsordnung** nebst Einführungsgesetz. Von Wirkl. Geheimen Kriegsrat Dr. jur. **A. Romen** und Kriegsgerichtsrat Dr. jur. **Carl Rissom.** 1910. 6 M.

4. **Handelsgesetzbuch vom 10. Mai 1897** unter Ausschluß des Seerechts. **14. Aufl.** Herausgegeben von Geh. Justizrat Prof. Dr. **A. Mosse.** 8°. 1911. 5 M.

5. **Wechselordnung vom 3. Juni 1908. Kommentar** von Justizrat Dr. **J. Stranz** und Rechtsanwalt Dr. **M. Stranz,** und das **Wechselstempelgesetz vom 15. Juli 1909** von Geh. Regierungsrat **P. Loeck. 11. Aufl.** 1913. 4 M.

5a. **Wechselstempelgesetz apart. 11. Aufl.** 1913. 1 M. 50 Pf.

6. **Reichsgewerbeordnung** nebst Ausführungsbestimmungen. Von **Berger** und **Wilhelmi. 18. Auflage** von Stadtrat Dr. **Karl Flesch** in Verbindung mit Dr. **Friedr. Hiller** und Dr. **Herm. Luppe.** Mit Nachtrag, enthaltend die Änderungen **bis** 31. 3. 1912. **4 M.**

7. **Post- und Telegraphen-Gesetzgebung.** Nebst Weltpostvertrag und internationalem Telegraphenvertrag. **6. Aufl.** von Geh. Ober-Postrat Dr. **M. König.** 1908. 4 M.

8. **Die Reichsgesetze über den Unterstützungswohnsitz, die Freizügigkeit, den Erwerb und Verlust der Bundes- und Staatsangehörigkeit.** Von Geheimrat Dr. **J. Krech**, Mitglied des Bundesamtes für das Heimatwesen. 8. **Aufl.** 1913. 3 M. 60 Pf.

9. Sammlung **kleinerer strafrechtlicher Reichsgesetze.** Von Dr. **R. H. Kriegsmann**, Privatdozent in **Kiel. 3. Aufl.** 1910. 4 M.

10. **Das Reichsbeamtengesetz** von **J. Pieper. 2. Aufl.** 1901. 4 M. 50 Pf.

Reichsbeamtengesetz von 1907 siehe Nr. 82.

11. **Zivilprozeßordnung mit Gerichtsverfassungsgesetz.** Von **R. Sydow.** Fortgeführt von **L. Busch**, Reichsgerichtsrat, jetzt zugleich mit **A. Busch**, Gerichtsassessor. **14. Aufl.** 8°. 1913. 8 M.

12. **Strafprozeßordnung und Gerichtsverfassungsgesetz** nebst den Gesetzen, betr. die Entschädigung der im Wiederaufnahmeverfahren freigesprochenen Personen und die Entschädigung für unschuldig erlittene Untersuchungshaft. Von Dr. **A. Hellweg**, Reichsgerichtsrat. **16. Aufl.** von Professor Dr. **Kohlrausch.** 1912. 3 M.

13. **Konkursordnung und Anfechtungsgesetz.** Von **R. Sydow.** Fortgeführt von **L. Busch. 11. Aufl.** 1911. 2 M. 80 Pf

14. **Gerichtsverfassungsgesetz** mit Einführungsgesetz. Herausgegeben von **R. Sydow.** Fortgeführt von **L. Busch. 9. Aufl.** 1905. Mit Nachtrag, enthaltend die Novelle vom 1. Juni 1909. 1 M. 50 Pf.

15. **Das Deutsche Gerichtskostengesetz** nebst den Gebührenordnungen für Gerichtsvollzieher, Zeugen und Sachverständige. Von **R. Sydow.** Weiter bearbeitet von Reichsgerichtsrat **L. Busch** und Gerichtsassessor **Arno Busch. 9. Aufl.** 1912. 2 M. 60 Pf.

16. **Rechtsanwaltsordnung.** Von **R. Sydow. 5. Aufl.** von Justizrat **M. Jacobsohn.** 1907. Mit Nachtrag, enthaltend die Bestimmungen vom 22. Mai 1910. 1 M. 20 Pf.

17. Die **Deutsche Gebührenordnung für Rechtsanwälte und das Preußische Gebührengesetz** vom 27. September/6. Oktober 1899. Von **R. Sydow.** Fortgeführt von **L. Busch** und Amtsrichter **A. Busch. 11. Aufl.** 1914. 3 M.

18. **Reichsstempelgesetz** vom 3. Juli 1913. (Börsen-, Lotterie- [Spiel und Wette], Frachturkunden-, Fahrkarten-, Kraftfahrzeug-, Tantieme-, Scheck- und Grundstücksübertragungssteuer.) Mit den gesamten Ausführungsbestimmungen. **12. Aufl.** von Geh. Regierungsrat **P. Loeck.** 1914. 8°. 8 M.

19. Die **Seegesetzgebung.** Von Dr. **W. E. Knitschky. 5. Aufl.** bearbeitet von Oberlandesgerichtsrat **Otto Rudorff** in Hamburg. 1913. 8 M.

20. **Krankenversicherungsgesetz.** Von weil. Dr. **E. von Woedtke.** Siehe Bd. 107.

21. Die **Konsulargesetzgebung.** Von Professor Dr. **Ph. Zorn. 3. Aufl.** bearbeitet von Reg.-Assessor Dr. **A. Zorn.** 1911. 4 M. 50 Pf.

22. **Patentgesetz.** Nebst Ausführungsbestimmungen, völkerrechtlichen Verträgen und der Patentanwalts-Ordnung. 7. **Aufl.** bearbeitet von **R. Lutter,** Geh. Reg.-Rat im Kaiserl. Patentamt. 1908. 2 M. 80 Pf.

23. **Gewerbe-Unfallversicherungsgesetz.** Von weil. Dr. **E. von Woedtke.** Siehe Bd. 108.

24. **Aktiengesellschaft und Kommanditgesellschaften auf Aktien.** Von Kammergerichtsrat Dr. **H. Keyßner** und Justizrat Dr. **H. Veit Simon. 6. Aufl.** von Amtsrichter **L. Keyßner.** 1911. 3 M.

25. **Brausteuergesetz.** vom 15. Juli 1909. Von **A. Düffe,** Oberzollrevisor. **2. Aufl.** 1910. 3 M.

26. Die Reichsgesetzgebung über **Münz- und Notenbankwesen.** Papiergeld, Prämienpapiere und Reichsschulden. Von Dr. jur **R. Koch,** Präsident des Reichsbankdirektoriums, **6. Aufl.** 1910. 4 M.

27. Die Gesetzgebung, betr. das **Gesundheitswesen** im Deutschen Reich. Von Dr. jur. **C. Goesch** und Dr. med. **J. Karsten.** 1888. 1 M. 60 Pf.

28. **Bau-Unfallversicherungsgesetz.** Vom 30. Juni 1900. Von **R. Chrzescinski.** Siehe Bd. 108.

29. **Erwerbs- und Wirtschaftsgenossenschaften.** Von **L. Parisius** und Dr. **H. Crüger. 14. neu bearb. Aufl.** von Dr. **H. Crüger.** 1912. 1 M. 80 Pf.

30. **Invalidenversicherungsgesetz** vom 13. Juli 1899. Von weil. Dr. **E. von Woedtke.** Siehe Bd. 109.

31. **Gewerbegerichtsgesetz.** Von Stadtrat **L. Mugdan. 7. Aufl.** bearbeitet von **W. Cuno**, Oberbürgermeister zu Hagen i. W. 1911. 2 M. 50 Pf.

32. Reichsgesetz, betr. die **Gesellschaften mit beschränkter Haftung.** Von **L. Parisius** und Dr. **H. Crüger. 13. Aufl.** von Dr. **H. Crüger.** 1914. 2 M.

33. **Vereins- und Versammlungsrecht.** Von Dr. **E. Ball. 2. Aufl.** von Dr. **F. Friedenthal.** 1907. 2 M. 50 Pf.

Reichs-Vereinsgesetz vom 19. April 1908 siehe Nr. 88.

34. Die **Abzahlungsgeschäfte.** Gesetz vom 16. Mai 1894. **3. vermehrte Aufl.** besorgt von Dr. **E. Wilke**, Landgerichtsrat. 1910. 1 M. 25 Pf.

35. Die **Reichs-Eisenbahngesetzgebung.** Von **W. Coermann**, Kaiserl. Amtsrichter. 1895. 2 M. 25 Pf. S. auch Bd. 66.

36. Gesetze, betr. die **privatrechtlichen Verhältnisse der Binnenschiffahrt und der Flößerei.** Von **E. Löwe**, Landgerichtsrat. **4. Aufl.** 1909. 3 M.

37. Gesetz gegen den **unlauteren Wettbewerb.** Von Justizrat **A. Pinner. 6. Aufl.** 1912. 1 M. 50 Pf.

38/39. **Bürgerliches Gesetzbuch nebst Einführungsgesetz** von Dr. **A. Achilles.** In Verbindung mit Professor Dr. **André**, Kammergerichtsrat **Ritgen**, Reichsgerichtsrat Dr. **Strecker**, Senatspräsident Dr. **v. Unzner** herausgegeben von Wirkl. Geh. Ober-Justizrat u. Oberlandesgerichtspräsident **Greiff. 7. Aufl.** 8°. 1912. 7 M.

40. Gesetz, betr. die **Pflichten der Kaufleute bei Aufbewahrung fremder Wertpapiere (Depotgesetz).** Mit Erläuterungen. Von **F. Lusensky,** Geh. Ober-Regierungsrat. **2. Aufl.** 1905. 1 M.

41. **Börsengesetz.** Von Wirkl. Geh. Ober-Regierungsrat **Th. Hemptenmacher.** Dritte Aufl. im Druck.

42. **Grundbuchordnung** nebst den preußischen Ausführungsbestimmungen. Mit Einleitung. Von Prof. Dr. **O. Fischer. 6. Aufl.** 1912. 2 M.

43. **Zwangsvollstreckung in das unbewegliche Vermögen** im Reiche und in Preußen. Mit Einleitung, Kosten- und Gebührentabellen. Von Dr. **J. Krech** u. Dr. **O. Fischer. 7. Aufl.** bearbeitet von Professor Dr. **O. Fischer** u. Landrichter Dr. **F. Krech.** 1914. 3 M.

44. Das Reichsgesetz über das **Auswanderungswesen** vom 9. Juni 1897. Von Professor Dr. **Felix Stoerk.** 1899. 2 M. 25 Pf.

45. Das **Entmündigungsrecht** unter Berücksichtigung der für Preußen geltenden Vorschriften nebst der preußischen Justiz-Ministerial-Verfügung vom 28. November 1899. Von Landgerichtsrat Dr. **P. Koll** in Cöln. 1900. 1 M. 50 Pf.

46. Die Gesetze des Reiches und Preußens über die **freiwillige Gerichtsbarkeit.** Von **Herm. Jastrow,** Amtsgerichtsrat. **5. Aufl.** 1911. 3 M. 60 Pf.

47. Das **deutsche Vormundschaftsrecht** und das preuß. Gesetz über die Fürsorgeerziehung Minderjähriger nebst den dazu gehörigen preußischen Nebengesetzen. Von Oberverwaltungsgerichtsrat **Max Schultzenstein** und Amtsgerichtsrat Dr. **Paul Köhne. 2. Aufl.** 1901. 3 M.

48. Gesetze und Verordnungen, betr. den **Drogen-, Gift- und Farbenhandel** außerhalb der Apotheken. Von Dr. **J. Broh**, Rechtsanwalt. 1899. 1 M. 25 Pf.

49. Deutsche **Kolonialgesetzgebung**. Von Geh. Justizrat Professor Dr. **Philipp Zorn**. 2. Aufl. von Gerichtsassessor Dr. **Sassen**. 1913. 7 M. 50 Pf.

50. Der **Viehkauf** (Viehgewährschaft) nach dem Bürgerlichen Gesetzbuche unter Berücksichtigung des ausländischem Rechts. Verordnung betr. die Hauptmängel und Gewährsfristen beim Viehhandel. Von Rechtsanwalt Dr. **H. Stölzle** und Königlichem Regierungs- und Veterinärrat **H. Weiskopf**. **5. Aufl.** 1913. 6 M.

51. **Hypothekenbankgesetz** vom 13. Juli 1899. Von Dr. **H. Göppert**. **2. Aufl.** Bearbeitet von Geh. Reg.-Rat Dr. **Seidel**. 1911. 2 M. 40 Pf.

52. Gesetz, betreffend die gemeinsamen **Rechte der Besitzer von Schuldverschreibungen**. Von Dr. **Heinrich Göppert**. 1900. 2 M.

53. **Reichspreßgesetz** vom 7. Mai 1874. Mit **Kommentar** von Erstem Bürgermeister **A. Born**. 1911. **2. Aufl.** 2 M.

54. Die Reichsgesetzgebung **über** den **Verkehr** mit **Nahrungsmitteln, Genußmitteln** und **Gebrauchsgegenständen**. Von Dr. **Georg Lebbin**, Nahrungsmittelchemiker in Berlin. 1900. 2 M. 25 Pf.

55. Das Recht der **Beschlagnahme von Lohn- und Gehaltsforderungen**. Von Justizrat **Georg Meyer**. **5. Aufl.** 1914. 2 M. 70 Pf.

56. Gesetz, betr. die **Bekämpfung gemeingefährlicher Krankheiten.** Nebst Ausführungsbestimmungen. Von Dr. **Bruno Burkhardt**, Regierungsrat, Mitglied des Kaiserl. Gesundheitsamts. 1900. 1 M. 40 Pf.

57. **See-Unfallversicherungsgesetz.** Von Dr. **Max Mittelstein**, Oberlandesgerichtsrat in Hamburg. Siehe Bd. 108.

58. **Das Recht der unehelichen Kinder** nach dem BGB. Von **Hermann Jastrow**, Amtsgerichtsrat. 1901. 1 M. 80 Pf.

59. Reichsgesetz über die **Beurkundung des Personenstandes und die Eheschließung.** Von Dr. **F. Fidler**, Amtsgerichtsrat. 1912. **2. Aufl.** 2 M. 50 Pf.

60. Gesetz, betreffend das **Urheberrecht an Werken der Literatur und der Tonkunst.** Von Geh. Justizrat **Otto Lindemann. 3. Aufl.** 1910. 1 M. 60 Pf.

61. Gesetz über das **Verlagsrecht.** Von Justizrat **E. Heinitz. 2. Aufl.** Bearbeitet von Rechtsanwalt Dr. **Br. Marwitz.** 1911. 1 M. 80 Pf.

62. Gesetz über **private Versicherungsunternehmungen.** Von **H. Könige**, Reichsgerichtsrat. **2. Aufl.** 1910. 4 M. 20 Pf.

63. **Gesetzestafel des Deutschen Reichsrechts.** Systematisch geordnete Nachweisung des z. Z. geltenden Reichsrechts. Von **Hugo Bruhns**, Bürgermeister. 1913. 8°. **2. Aufl.** 3 M. 50 Pf.

64. Gesetzsammlung betr. den **Handel mit Drogen und Giften.** Reichsgesetzliche Bestimmungen und Anhang mit den landesgesetzlichen Verordnungen sämtlicher Bundesstaaten. Von Rechtsanwalt **H. Sonnenfeld**, Syndikus der Berliner Drogisten-Innung. **2. Aufl.** 1912. 4 M.

65. Das **Weingesetz** in der Fassung von 1909. Mit Ausführungsbestimmungen von Dr. **Georg Lebbin**, Nahrungsmittelchemiker. **2. Aufl.** 1909. 2 M. 50 Pf.

66. Die **Eisenbahn-Gesetzgebung.** Von **W. Pietsch**, Rechnungsrat im Reichs-Eisenbahn-Amt. **2. Aufl.** 1913. 3 M. 60 Pf.

67. **Militär-Strafgesetzbuch für das Deutsche Reich** mit der Novelle vom 8. 8. 1913. Von Wirklichem Geheimen Kriegsrat Dr. **A. Romen** und Kriegsgerichtsrat Dr. **C. Rissom.** 1912. 6 M.

68. Das **Fleischbeschaugesetz.** Vom 3. Juni 1900. Von Dr. **Georg Lebbin**, Nahrungsmittelchemiker und Rechtsanwalt Dr. **Georg Baum.** 1903. 4 M.

69. Reichsgesetz über die **Naturalleistungen der bewaffneten Macht im Frieden** nebst den in Preußen geltenden Bestimmungen. Von Landrat Dr. **Walter v. Hippel.** 1903. 1 M. 25 Pf.

70. Das **Reichs-Haftpflichtgesetz**, vom 7. Juni 1871. Von Regierungsrat Dr. **G. Eger.** 1903. 3 M.

71. **Kinderarbeit in gewerblichen Betrieben**, vom 30. März 1903. Von **H. Spangenberg**, Oberverwaltungsgerichtsrat. **2. Aufl.** 1904. 1 M. 60 Pf.

72. **Unfallversicherungsgesetz für Land- und Forstwirtschaft** von weil. Dr. **E. von Woedtke.** Siehe Band 108.

73. **Entschädigung für unschuldig erlittene Verhaftung und Bestrafung.** Nebst Anhang, enthaltend die dazu gehörigen Nebengesetze über Schadensersatz. Von Dr. jur. **A. Romen**, Wirklichem Geheimen **Kriegsrat.** 1904. 2 M.

74. Die **Kaufmannsgerichte** nebst den preuß. Ausführungsbestimmungen. Von Professor Dr. **Max Apt. 3. Aufl.** 1905. 2 M.

75. Reichsgesetz über die **Konsulargerichtsbarkeit.** Von Dr. jur. **A. F. Vorwerk**, Rechtsanwalt in Schanghai. 2. Ausgabe, mit dem Schutzgebietsgesetz und der Ausführungsverordnung, betr. die Rechtsverhältnisse in den Schutzgebieten. 1908. 2 M.

76. **Die Rechtshilfe im Verkehr mit den ordentlichen Gerichten nach deutschem Reichsrecht.** Von Landrichter Dr. **A. Friedländer.** 1906. 1 M. 80 Pf.

77. **Das Reichserbschaftssteuergesetz.** Vom 3. Juni 1906. Von **Ulrich Hoffmann**, Rechnungsrat im Königl. Preuß. Finanzministerium. **2. Aufl.** mit Nachtrag, enth. die Bestimmungen v. 3. Juli 1913. 1911. 5 M.

78. **Zigarettensteuergesetz.** Vom 15. Juli 1909. Von Dr. **Cuno**, Regierungsassessor. **2. Aufl.** in Vorbereitung.

79. **Die Militärpensionsgesetze** vom 31. Mai 1906 nebst Ausführungsbestimmungen. Zum Gebrauch für Heer, Marine und Schutztruppe von Dr. jur. **A. Romen**, Wirklicher Geheimer Kriegsrat.
    a) I. Teil: Offizierpensionsgesetz. 1907. 3 M. 50 Pf.
    b) II. Teil: Mannschaftsversorgungsgesetz. 1908. 3 M. 50 Pf.

80. Reichsgesetzgebung über **gerichtliche Registerführung.** Von **Otto Lindemann**, Geh. Justizrat. 1906. 3 M.

81. Gesetz, betr. **Urheberrecht an Werken der bildenden Künste und der Photographie.** Von Dr. **Ludwig Fuld**, Rechtsanwalt. 1907. 1 M.

82. **Reichsbeamtengesetz** in der Fassung vom 18. Mai 1907 und seine Ergänzungen von Geheimrat Professor Dr. **Adolf Arndt.** 1908. 3 M.

83. Reichsgesetz über **den Versicherungsvertrag** nebst Einführungsgesetz. Von Dr. **Paul Hager** und Dr. **E. Bruck. 3. vermehrte und verbesserte Auflage.** 1913. 6 M.

84. **Sammlung kleinerer privatrechtlicher Reichsgesetze** von Oberlandesgerichtsrat **Georg Müller.** 1908. 6 M. 50 Pf.

85. **Scheckgesetz** mit Einleitung usw. Von Prof. Dr. **Max Apt. 5. Aufl.** Mit Postscheckordnung vom 6. Nov. 1908 und im Anhang „Besteuerung des Schecks". 1909. 2 M.

86. **Die Auslieferungsverträge des Deutschen Reiches** von Landrichter **A. Cohn.** 1908. 4 M.

87. Gesetz zum **Schutz der Warenbezeichnungen.** Von Geh. Reg.-Rat, Mitglied des Patentamts Dr. **Freund** und Rechtsanwalt **Magnus. 5. Aufl.** 1909. 3 M. 50 Pf.

88. **Vereinsgesetz** vom 19. April 1908. Von Dr. jur. **A. Romen,** Wirkl. Geh. Kriegsrat. **3. Aufl.** 1912. 2 M. 50 Pf.

89. **Vogelschutzgesetz** vom 30. Mai 1908 nebst den das Flugwild betr. Bestimmungen der Preußischen Jagdordnung von Dr. jur. **Leo von Boxberger.** 1908. 1 M.

90. Die Haager Abkommen über das **Internationale Privatrecht.** Von Dr. **G. A. E. Bogeng.** 1908. 2 M. 20 Pf.

91. **Eisenbahn-Verkehrsordnung** vom 23. Dez. 1908. Mit **Ausführungsbestimmungen.** Von Regierungsrat Dr. **Ernst Blume.** 1909. 2 M. 50 Pf.

92. Gesetz, betr. den **Verkehr mit Kraftfahrzeugen.** Von Amtsrichter **R. Kirchner. 2. Ausgabe** ergänzt durch die Bundesratsverordnung vom 3. Febr. 1910 und das Internationale Uebereinkommen vom 11. Okt. 1909. 1910. 3 M.

93. Gesetz über die **Sicherung der Bauforderungen** von Justizrat Dr. **E. Harnier. 2. Aufl.** 1912. 1 M. 60 Pf.

94. **Haftpflicht der Reichs- und Staats-Beamten** von Dr. **H. Delius. 2. Aufl.** 1909. Mit Nachtrag, enth. das Gesetz über die Haftung des Reichs für seine Beamten vom 22. Mai 1910. 3 M. 50 Pf.

95. Die Berner Uebereinkunft über **internationales Urheberrecht** von Geh. Ob.-Reg.-Rat Dr. **Herm. Dungs.** 1910. 1 M.

96. **Branntweinsteuergesetz** vom 15. Juli 1909. Unter Berücksichtigung der für das Reich erlassenen Ausführungsbestimmungen. Von Geh. Reg.-Rat **Johs. Ray,** vortrag. Rat im Reichsschatzamt. 1910. 3 M. 50 Pf.

97. **Schutzgebietsgesetz** nebst Verord. betr. die Rechtsverhältnisse in den Schutzgebieten, dem Gesetz über die Konsulargerichtsbarkeit sowie den Ausführungsbest. Von **Johs. Gerstmeyer,** Wirkl. Legationsrat und vortrag. Rat im Reichskolonialamt. 1910. 3 M.

98. **Sechs Haager Abkommen** über **Internationales Privatrecht.** Von Geh. Ob.-Reg.-Rat Dr. **Herm. Dungs.** 1910 1 M. 50 Pf.

99. **Die Abkommen der Haager Friedenskonferenz.** Von Dr. jur. **Hans Wehberg.** 1910. 3 M.

100. Gesetz über den **Absatz von Kalisalzen.** Von Geh. Bergrat **Carl Voelkel.** 1910. 2 M. 40 Pf.

101. **Zuwachssteuergesetz** vom 14. Februar 1911. Von Dr. **W. Cuno**, Geheimer Regierungsrat im Reichsschatzamt. 1911. 3 M. 60 Pf.

102. **Urheberrecht an Mustern und Modellen** u. Ges. betr. Schutz v. Gebrauchsmustern von Reg.-Rat **Johs. Neuberg**, Mitgl. d. K. Patentamts. 1911. 2 M. 40 Pf.

103. **Reichs-Viehseuchengesetz** vom 26. Juni 1909 nebst Ausführungsvorschriften u. dem preuß. Ausführungsgesetz. Von Landrat Dr. **Walter v. Hippel. 2. Aufl.** 1912. 4 M. 50 Pf.

104. **Versicherungsgesetz** für Angestellte vom 20. Dez. 1911. Von Rechtsanwalt **O. Bernstein** und Dr. **J. Kupferberg. 2. Aufl.** 1912. 3 M. 50 Pf.

105. **Das Geldwesen in den deutschen Schutzgebieten.** Von **W. Hintze**, Geheimer expeb. Sekretär im Reichskolonialamt. 1912. 2 M.

106—109. **Reichs-Versicherungsordnung nebst Einführungsgesetz:** Herausgegeben unter Mitwirkung von Dr. **F. Caspar**, Wirkl. Geh. Rat, Direktor im Reichsamt d. Innern und **A. Spielhagen**, Geh. Ob.-Reg.-Rat, vortr. Rat im Reichsamt d. Innern. 4 Bände.

106. Erstes, fünftes und sechstes Buch. **Gemeinsame Vorschriften. — Beziehungen der Versicherungsträger zu einander und zu anderen Verpflichteten. — Verfahren.** Bearbeitet von Dr. **K. Lippmann**, Reg.-Rat im Reichsversicherungsamt, Professor, Geh. Reg.-Rat Dr. **L. Laß** und Geh. Reg.-Rat **H. Siefart**, vortrag. Räte im Reichsamt des Innern. 1913. 6 M.

107. Zweites Buch. **Krankenversicherung.** Von Geh. Reg.-Rat **H. Siefart**, vortrag. Rat im Reichsamt des Innern. Im Druck.

108. Drittes Buch. **Unfallversicherung.** Von Geh. Reg.-Rat **A. Radtke,** Senatsvorsitzender im Reichsversicherungsamt. 1913. 8 M.

109. Viertes Buch. **Invaliden- und Hinterbliebenenversicherung.** Bearbeitet von Geh. Ober-Regierungs-Rat **B. Jaup,** vortragender Rat im Reichsamt des Innern und **H. Follmann,** Geh. Reg.-Rat im Reichsversicherungsamt. 1912. 4 M.

110. **Wehrbeitragsgesetz** mit Ausführungsbestimmungen. Von Geheimem Ober-Finanzrat **A. Fernow. 2. Aufl.** 1913. 2 M.

111. **Reichs- und Staatsangehörigkeitsgesetz.** Vom 22. Juli 1913. Von Dr. **R. Romen,** Wirklichem Geheimen Kriegsrat. 1913. 2 M. 20 Pf.

112. **Kaufmannsgerichtsgesetz** und die anzuwendenden Bestimmungen des Gewerbegerichtsgesetzes unter besonderer Berücksichtigung der Literatur und Rechtsprechung. Von Magistratsrat Dr. **H. Depène,** Vorsitzender des Kaufmannsgerichts Berlin. 1914. 2 M. 60 Pf.

113. **Postscheckgesetz.** Von Oberpostinspektor **J. Weiland.** 1914. 1 M. 50 Pf.

113a. **Postscheckordnung** mit Ausführungsbestimmungen. Von Oberpostinspektor **J. Weiland.** 1914. Kart. 1 M. 50 Pf.

114. **Waffengebrauch und Festnahmerecht des Militärs.** Von Dr. **A. Romen,** Wirkl. Geh. Kriegsrat und Dr. **C. Rissom,** Kriegsgerichtsrat. 1914. 2 M.

115. **Das vertragliche Wettbewerbsverbot (Konkurrenzklausel).** Nebst Kommentar zum Gesetz vom 10. Juni 1914. Von Rechtsanwalt Dr. **G. Baum.** 1914. 3 M.

In Vorbereitung:

Besitzsteuergesetz (Vermögenszuwachssteuergesetz). Von Geheimem Ober-Finanzrat **A. Fernow.**

Guttentagsche Sammlung

Preußischer Gesetze.

Textausgaben mit Anmerkungen. Taschenformat.

---

1. Die **Verfassungs-Urkunde** für den Preußischen Staat. Mit Einleitung, vollständigem **Kommentar**. Von Prof. Dr. **Adolf Arndt. 7. Aufl.** 1911. 4 M.

2. Preußische **Beamten-Gesetzgebung.** Enthaltend die wichtigsten Beamtengesetze in Preußen. Von **C. Pfafferoth. 4., neubearb. Aufl.** 1905. Mit Anhang: Abänderung vom 27. Mai 1907. 2 M.

3. **Die Aufnahme des Notteſtaments** durch die bestellten Urkundspersonen. Anweisung mit Musterbeispielen und Abriß des Erbrechts von Amtsgerichtsrat **C. Kurtz.** 1904. 1 M. 50 Pf.

4. **Gebührenordnung** für **Notare** vom 25. Juli 1910. **4. Aufl.** bearbeitet von Justizrat **Rausnitz.** 1910. 2 M. 20 Pf.

5. Gesetz vom **24. April 1854 (betr. die außerehel. Schwängerung).** Von Dr. **Schulze.** 1873. 75 Pf.
Gültiges Recht siehe: Reichsgesetze Nr. 58.

6. Die Preuß. **Ausführungsgesetze und Verordnungen zu den Reichs-Justizgesetzen.** Von **R. Sydow.** Siehe Seite 24, Busch-Eylau, Ausführungsgesetze.

7. Allg. **Gerichtsordnung** und Preuß. **Konkursordnung.** Von **F. Vierhaus.** Vergriffen.

8. **Vormundschaftsordnung.** **Von F. Schultzenstein.**
Gültiges Recht siehe: Reichsgesetze Nr. 47.

9. Die Preußische **Grundbuchgesetzgebung.** Von Prof. Dr. **Fischer.** Vergriffen. Siehe: Reichsgesetze Nr. 42.

10. **Einkommensteuergesetz.** Von **A. Fernow,** Geh. Ober-Finanzrat. 8. **Aufl.** 1913. 5 M.

11. **Gewerbesteuergesetz.** Von **A. Fernow,** Geh. Ober-Finanzrat. **5., vermehrte Aufl.** 1910. 3 M.

12. **Allgemeines Berggesetz.** Mit seinen Novellen und Nebengesetzen. 3. **Aufl.,** bearbeitet von den Oberbergräten **Schlüter** und **Hense.** 1913. 7 M. 50 Pf.

13. **Ergänzungssteuergesetz** (Vermögenssteuergesetz). Von **A. Fernow,** Geh. Ober-Finanzrat. 5. **Aufl.** 1914. 4 M.

14. **Kommunalabgabengesetz.** Vom 14. Juli 1893 und Gesetz wegen Aufhebung direkter Staatssteuern. Von Dr. **F. Adickes,** Oberbürgermeister. 5. **Aufl.** Bearbeitet von Stadtrat Dr. **Woell.** 1911. 2 M. 40 Pf.

15. Die **Kreisordnungen** für den Preußischen Staat. Von **O. Kolisch,** Landgerichtsrat. 1894. 4 M.

16. **Konzessionierung gewerblicher Anlagen.** Preuß. Ausführungs-Anweisung zu §§ 16 u. ff. der Gewerbe-Ordnung. Von Dr. **W. v. Rüdiger,** Geh. Regierungs- u. Gewerberat. 2. **Aufl.** 1901. 2 M.

17. Preußisches **Gerichtskostengesetz.** Vom 25. Juli 1910. Mit **Kostentabellen.** Von Dr. **P. Siméon, Kammergerichtsrat.** 7. **Aufl.** 1913. 4 M.

18. **Preußisches Stempelsteuergesetz** vom 30. Juni 1909. Mit sämtlichen Ausführungsbestimmungen. Von **P. Loeck**, Geh. Regierungsrat. 7. **Aufl.** 8°. 1911. 7 M.

19. Das **Jagdscheingesetz.** Von **F. Kunze**, Wirklichem Geh. Ober-Regierungsrat. 2. **Aufl.** 1899. 2 M.

20. Die **preußischen Erbschaftssteuergesetze.** Von **U. Hoffmann**, Rechnungsrat im Königl. preuß. Finanzministerium. 1905. 4 M.

(**Reichs**-Erbschaftssteuergesetz s. Reichsgesetze Nr. 77).

21. Gesetz über die **Handelskammern.** Von **F. Lusensky**, Geh. Regierungsrat. 2. **Aufl.** 1909. 3 M.

22. Gesetz, betr. **Anstellung und Versorgung der Kommunalbeamten.** Von Dr. **W. Ledermann.** 2. **Auflage.** 1914. Bearbeitet von Dr. **Ludwig Brühl.** 2 M. 20 Pf.

23. **Ausführungsgesetz zum Bürgerlichen Gesetzbuche.** Von Kammergerichtsrat Dr. **P. Siméon.** 3. **Aufl.** 1914. 2,20 M.

24. Die **Hinterlegungsordnung** nebst Ausführungsbestimmungen. Von Regierungsrat Dr. **Georg Bartels.** 2. **Aufl.** 1908. 2 M.

—, Gesetz vom 21. April 1913 s. Nr. 53.

25. **Preußische Kommunalbeamtengesetzgebung.** Von Magistrats-Assessor Dr. **Fr. Kremski**, Berlin. 1901. 3 M.

26. **Gesetze über das Diensteinkommen der Lehrer und Lehrerinnen, Ruhegehalt und Fürsorge für Hinterbliebene.** Tabelle zur Berechnung der Ruhegehalts-, Witwen- und Waisenbezüge. Von Dr. **Ed. Cremer**, Beigeordneter. 1900. 2 M. 40 Pf.

27. **Gesetz,** betreffend die **Warenhaussteuer.** Von Geh. Ober-Finanzrat Dr. **G. Strutz.** 1900. 1 M. 20 Pf.

28. **Gesetz über die Fürsorgeerziehung Minderjähriger.** Von Landgerichtsdirektor Dr. **P. F. Aschrott. 2. umgearbeitete Aufl.** 1907. 2 M. 80 Pf.

29. Gesetz, betr. **die ärztlichen Ehrengerichte, das Umlagerecht und die Kassen der Aerztekammern.** Von Amtsgerichtsrat Dr. **F. Fidler.** 1901. 1 M. 50 Pf.

30. **Das Preußische Staatsschuldbuch** und **Reichsschuldbuch.** Von Wirkl. Geh. Ober-Finanzrat **J. Mücke.** 1902. 2 M.

31a. **Die geltenden Preußischen Gesindeordnungen.** Herausgegeben in zwei Bänden von **Stephan Gerhard,** Rechtsanwalt in Berlin.

Band I: Gesindeordnung für die altpreußischen Provinzen vom 8. Nov. 1810, bearbeitet mit ausführlichen Erläuterungen unter Berücksichtigung der Ergänzungsgesetze, der Rechtsverhältnisse der Stellenvermittler und der Reichsversicherungsordnung, sowie die Gesindeordnungen für Neuvorpommern und Rügen und für die Rheinprovinz. **2. Aufl.** 1914. 3 M.

31b. **Band II:** Gesindeordnungen für Hannover, Schleswig-Holstein, Hessen-Nassau und den Regierungsbezirk Hohenzollern. 2 M. 50 Pf.

Siehe **auch** Seite 25: **Ratgeber** von **Grieben.**

32. **Die Städteordnung für die sechs östlichen Provinzen** Preußens vom 30. Mai 1853. Von Stadtrat Dr. **Walter Ledermann** u. Magistratsrat Dr. **Ludwig Brühl. 2. Aufl.** 1913. 7 M. 50 Pf.

33. **Rentenguts- und Anerbenrechts-Gesetzgebung in Preußen.** Von Landgerichtsrat **M. Peltasohn** und Rechtsanwalt **Bruno Peltasohn.** 1903. 3 M.

34. Sammlung der wichtigsten **preußischen Strafgesetze** nebst Anhang: Gesetz betr. polizeiliche Strafverfügungen vom 23. April 1883. Von **Otto Lindemann**, Geheimen Justizrat. 1912. **2. Aufl.** 3 M. 50 Pf.

35. **Geschäftsordnung für Gerichtsvollzieher.** Von **Emil Exner.** 1904. 3 M. 50 Pf.

36. **Polizeiverordnungen in Preußen.** Von **Otto Lindemann,** Geheimen Justizrat. 1912. **2. Aufl.** 2 M. 50 Pf.

37. Gesetz über die **Enteignung von Grundeigentum** vom 11. Juni 1874. Von Oberlandesgerichtsrat **O. Meyer. 2. Aufl.** 1911. 2 M. 25 Pf.

38. **Kreis- und Provinzial-Abgabengesetz.** Vom 23. April 1906, Von **Fr. Schmidt,** Gemeindevorsteher. 1906. 1 M. 25 Pf.

39. Gesetz, betr. die **Unterhaltung der öffentl. Volksschulen.** Von Dr. **A. Marcks,** Regierungsrat. 1906. 2 M.

40. **Verwaltungsstrafverfahren** bei Zuwiderhandlungen gegen die Zollgesetze und indirekte Reichs- und Landesabgaben. Von Dr. **Richard Katzenstein.** 1907. 3 M. 60 Pf.

41. Die **preußischen Jagdpolizeigesetze.** Von **Fr. Kunze,** Wirkl. Geh. Oberregierungsrat und **R. Kühnemann,** Rechtsanwalt. **2. Aufl.** 1907. 3 M. 60 Pf.

42. Die Gesetzgebung über die **Allgemeine Landesverwaltung** und über die **Zuständigkeit der Verwaltungs- und Verwaltungsgerichtsbehörden.** Von Rechtsanwalt Dr. **Karl Friedrichs.** 1908. 3 M.

43. Gesetz betr. die **Zulassung einer Verschuldungsgrenze** für land- und forstwirtschaftlich benutzte Grundstücke. Von Dr. jur. **R. Leweck,** Syndikus. 1908. 2 M. 40 Pf.

44. **Quellenschutzgesetz** nebst den Ausführungsbestimmungen von **Carl Voelkel**, Geheimer Bergrat. 1909. 1 M.

45. **Rechtsverhältnisse der Juden in Preußen** von Dr. jur. **Max Kollenscher**, Rechtsanwalt. 1910. 2 M. 40 Pf.

46. **Austritt aus der Landeskirche** vom 14. Mai 1873. Von Gerichtsassessor **Hrch. Chr. Caro.** 1911. 2 M. 40 Pf.

47. Gesetz, betr. die **Feuerbestattung** von Amtsgerichtsrat Dr. **W. Lohmann.** 1911. 1 M. 50 Pf.

48. **Zweckverbandsgesetz für Groß Berlin** vom 19. Juli 1911 nebst Abdruck des allgemeinen Zweckverbandsgesetzes. Von Magistratsräten Dr. **Ludw. Brühl**, Dr. **Kurt Gordan** und Stadtrat Dr. **Walter Ledermann** in Berlin. 1912. 4 M.

49. **Gesetze gegen die Verunstaltung landschaftlich hervorragender Gegenden** mit Ausführungsanweisungen. Von Regierungsrat **Otto Goldschmidt.** 1912. 2 M. 50 Pf.

50. **Gesetz, betr. die Anlegung und Veränderung von Straßen und Plätzen in Städten und ländlichen Ortschaften** von Oberlandesgerichtsrat **O. Meyer.** 1912. 3 M.

51. **Das preußische Disziplinargesetz für die nichtrichterlichen Beamten** nebst dem Disziplinargesetze für die Privatdozenten. Von Regierungsrat Dr. **Eugen v. Dultzig.** 4 M. 50 Pf.

52. **Preußisches Wassergesetz** v. 7. April 1913 von Rechtsanwalt **Georg Wulff** und Rechtsanwalt **Ferd. Herold.** 1913. 5 M.

53. **Hinterlegungsordnung** v. 21. April 1913. Von **Hagemann**, Landrichter. 2 M. 25 Pf.

54. Gesetz, betr. die **Anlegung von Sparkassenbeständen in Inhaberpapieren** nebst Ausführungsverordnung vom 8. Mai 1913. Kommentar von Rechtsanwalt **Herbert Döhring.** 2 M.

Guttentagsche Sammlung
von Textausgaben mit Sachregister ohne Anmerkungen.

Taschenformat, elegant in Leinen gebunden.

Zivilprozeßordnung mit **Gerichtsverfassungsgesetz** und **Einführungsgesetzen.** Neue Fassung. Mit der Novelle vom 22. Mai 1910. 2 M.

Konkursordnung mit **Einführungsgesetz.** 80 Pf.

Bürgerliches Gesetzbuch nebst **Einführungsgesetz.** 10. Abdruck. 2 M. 50 Pf.

Handelsgesetzbuch nebst **Einführungsgesetz** und **Seerecht.** 8. Abdruck. 1910. 1 M. 80 Pf.

Reichsversicherungsordnung von 1911 (Kranken-, Unfall-, Invaliden- u. Hinterbliebenenversicher.). 20—30 Tausend. 2 M.

Militärstrafgerichtsordnung nebst **Einführungsgesetz** u. Gesetzen, betr. Dienstvergehen der richterlichen Militärjustizbeamten und unfreiwillige Versetzung derselben usw. mit **Militär-Strafgesetzbuch.***) **2. Aufl.** 1 M. 50 Pf.

*) Ist auch einzeln zu haben. Preis 1 M.

Wechselordnung mit Anhang: **Wechselprozeß und Ausführungsanweisung.** 1908. 1 M.

Die Preußischen Ausführungsgesetze zum Bürgerlichen Gesetzbuche und Nebengesetze. 5. Aufl. 1 M. 80 Pf.

Reichsfinanzgesetze von 1909 einschließlich der **Reichsstempelgesetze** und des **Erbschaftssteuergesetzes.** 1909. 2 M.

Zuwachssteuergesetz vom 14. Februar 1911. 80 Pf. **Ausführungsbestimmungen** dazu 60 Pf.

Versicherungsgesetz für Angestellte vom 20. Dez. 1911. 1 M. 25 Pf.

Strafgesetzbuch. Mit ausführl. Sachregister. 1912. 1 M. 20 Pf.

Wehrbeitrag und Besitzsteuer. Mit ausführl. Sachregister. 1913. 1 M.

Struckmann-Koch, Zivilprozeßordnung für das Deutsche Reich nebst den auf den Zivilprozeß bezüglichen Bestimmungen des Gerichtsverfassungsgesetzes und den Einführungsgesetzen. In den neuen Fassungen mit der Novelle von 1910. **Kommentar.** Herausgegeben unter Mitwirkung von **K. Rasch,** Landgerichtspräsident in Altona, Dr. **P. Koll,** Senatspräsident beim Oberlandesgericht in Cöln, Dr. **Flechtheim,** Rechtsanwalt beim Oberlandesgericht in Cöln. **9., umgearbeitete Auflage.** 1910. Lex.-8°. 24 M., geb. 26 M.

Pinner, Kommentar zum Gesetz **gegen den unlauteren Wettbewerb** vom 7. Juni 1909. **2. Aufl.** Herausgegeben von Justizrat **Albert Pinner** und Rechtsanwalt Dr. **Erich Eyck.** 1910. Gr.-8°. 5 M. 50 Pf., geb. 6 M. 50 Pf.

Das preußische Warenhaussteuergesetz vom 18. Juli 1900, in Verbindung mit den anderen deutschen Warenhaussteuergesetzen. Erläutert von Dr. **J. Wernicke,** Syndikus. 1913. Preis 4 M. 50 Pf., gebunden 5 M.

Die Stempelsteuerpflicht bei Grundstücksübertragungen. Ein Hilfsbuch zur Berechnung und Einziehung des Immobiliarstempels. Zusammengestellt und bearbeitet von **J. Brachvogel,** Amtsgerichtsrat. 1912. Gr.-8°. Preis 6 M., geb. 7 M.

Patentgesetz und Gesetz, betr. den **Schutz von Gebrauchsmustern.** Von Justizrat Dr. **A. Seligsohn. 4., neubearbeitete Auflage.** 1909. Gr.-8°. 12 M., geb. in Leinen 13 M.

Die Preußischen Ausführungsgesetze, Verordnungen und ministeriellen Verfügungen zu dem Bürgerlichen Gesetzbuche und den Reichs-Justizgesetzen nebst anderen zugehörigen Gesetzen. Von L. Busch. 2. Aufl. von Landrichter **O. Eylau. 8°.** Preis geb. 4 M. 50 Pf.

Preußische Bürgerliche Gesetzsammlung. Sammlung der noch geltenden Landesgesetze privatrechtlichen Inhalts. Herausgegeben von den Gerichtsassessoren **D. Fischer** und Dr. **F. Schroeder.** 8°. 2 Bände Preis geb. in ganz Leinen 20 M.

Erster Band: **Das Allgemeine Landrecht mit den Einführungs-Patenten.** Preis 6 M.

Zweiter Band: **Gesetze von 1773—1902.** Preis 14 M.

Kommentar zum Stellenvermittlergesetz vom 2. Juni 1910 unter besonderer Berücksichtigung des zivilrechtlichen Gesetzesinhaltes mit den Ausführungsbestimmungen für **Preußen, Bayern, Sachsen** von **M. K. Samter,** Amtsgerichtsrat. 1912. Gr.-8°. Preis 4 M., geb. 5 M.

Die Gerichtspraxis. Herausgegeben von Kammergerichtsrat Dr. **Ernst Pape** in Verbindung mit Amtsrichter **E. Armstroff,** Berlin-Lichterfelde, Staatsanwalt Dr. **E. Falk,** Berlin, Kammergerichtsrat **M. Gfrörer,** Berlin, Amtsrichter **Wilh. Häuseler,** Berlin-Weißensee, Amtsgerichtsrat **Georg Krause,** Berlin-Tempelhof, Amtsgerichtsrat **L. Levy,** Charlottenburg, Landrichter Dr. **Max Nadler,** Berlin, Amtsgerichtsrat **H. Riesenstahl,** Berlin. 1914. Gr. 8°. Geb. 18 M. 50 Pf.

Die Invaliden- und Hinterbliebenenversicherung nach der **Reichsversicherungsordnung.** Eine systemat. Zusammenstellung der gesetzl. Bestimmungen von Dr. **Richard Freund**, Vorsitzendem der Landes-Versicherungsanstalt Berlin. 1911. 2 M., geb. 3 M.

Wie leitet man eine Versammlung? Geschäftlicher Handweiser für Vorsitzende. Von einem Mitgliede des deutschen Reichstages und des preußischen Abgeordnetenhauses. **2. Aufl.** 1908. kart. 1 M.

Praktischer Ratgeber für Dienstherrschaften nach dem Preuß. Gesinderecht unter Berücksichtigung der neueren Entscheidungen bearbeitet von **H. Grieben**, Verwaltungsdirektor a. D. und Bürgermeister. 1908. 1 M.

Das Recht der Handlungsgehilfen und Handlungslehrlinge. Von Rechtsanwalt **Hugo Horrwitz. 2. Aufl.** Geb. 3 M.

Die Registratur. Von **Hermann Kollrack. 2. Aufl.** 1906. 8°. **Kart.** 1 M. 40 Pf.

Die Pflichten des Waisenrates. Ein praktischer Leitfaden für Waisenräte und Verwaltungsbeamte. Von **F. Baum**, Geh. Justizrat und Vormundschaftsrichter. **8. vermehrte und verbesserte Auflage.** 1906. 8°. 60 Pf.

Der Vormund, Gegenvormund, Pfleger und Familienrat. Nach dem Bürgerlichen Gesetzbuch, dem Reichsgesetz über die Angelegenheiten der freiwilligen Gerichtsbarkeit und dem Ausführungsgesetz zum BGB. Ein praktischer Leitfaden. Von **F. Baum**, Geh. Justizrat und Vormundschaftsrichter. 1899. 8°. 50 Pf.

Schlagwort-Register.

R. = Nummer der Sammlung Deutscher **Reichs**gesetze.
P. = Nummer der Sammlung **Preußischer** Gesetze.
S. = Seite.

Schlagwort-Register. (R. = Reichsgesetz, P. = preuß. Gesetz.)

Schlagwort-Register. (R. = Reichsgesetz, P. = preuß. Gesetz.)

Schlagwort-Register. (R. = Reichsgesetz, P. = preuß. Gesetz.)

 Nr. 14. VII .1914. 69 500.

FSC
www.fsc.org
MIX
Papier | Fördert
gute Waldnutzung
FSC® C083411

Kolibri 360 GmbH
Ferdinand-Jühlke-Straße 7
99095 Erfurt, Deutschland
produktsicherheit@kolibri360.de